朱光潜
译 文 集

Plato's Selected Dialogues on Arts
PLATO

柏拉图文艺对话集

[古希腊] 柏拉图 著

朱光潜 译

外语教学与研究出版社
北京

雅众文化 出品

目 录

伊安篇

——论诗的灵感

对话人：苏格拉底

伊　安

苏　伊安，欢迎你。你从哪里来？从你的家乡以弗所[1]吗？

伊　不是，苏格拉底。我从厄庇道洛斯[2]来。那里举行埃斯库勒普神的祭典，
　　我参加了。

苏　厄庇道洛斯人在祭典中举行了诵诗竞赛来纪念医神吗？

伊　是，不只诵诗，还有各种文艺竞赛哩。

苏　你参加了竞赛吗？结果怎样？

伊　哈，我全得了头奖，苏格拉底。

苏　好极了！我希望你参加我们的雅典娜神的祭典[3]，也得到同样的成功。

伊　若是老天保佑，我也一定成功。

苏　我时常羡慕你们诵诗人的这一行业，伊安。因为要做你们的这一行业，
　　就得穿漂亮衣服，尽量打扮得漂亮。而且你们不得不时常接触到许多伟
　　大诗人，尤其是荷马。荷马真是一位最伟大、最神圣的诗人，你不但要

熟读他的辞句，而且还要彻底了解他的思想，这真值得羡慕！因为诵诗人要把诗人的意思说出来，让听众了解，要让人家了解，自己就得先了解；所以一个人若是不了解诗人的意思，就不能做一个诵诗人。这了解和解说的本领都是很值得羡慕的。

伊 你说得对，苏格拉底。就我来说，我在诵诗技艺上就费过很多的心力啦。谈到解说荷马，我敢说谁也赶不上我。兰普萨库人墨特洛德也好，塔索斯人斯忒辛布洛特也好，格劳孔也好[4]，无论是谁，都比不上我对荷马有那样多的好见解。

苏 我听起很高兴，伊安。我知道你肯把你的那些好见解谈给我听听。

伊 当然，苏格拉底，你也应该听我怎样凭艺术来美化荷马，我敢说，凡是荷马的信徒都得用金冠来酬劳我。

苏 下一回我再找机会听你朗诵荷马，现在且只问你一个问题：你只会朗诵荷马呢，还是对于赫西俄德和阿喀罗库斯[5]，也同样朗诵得好？

伊 我只会朗诵荷马。我看这就很够啦。

苏 荷马和赫西俄德在某些题材上是否说的相同呢？

伊 是，我看他们说的有许多相同。

苏 在这些相同的题材上，哪一个诗人的话你解说得比较好，荷马的，还是赫西俄德的？

伊 若是他们说的相同，我对他们就能同样解说得好。

苏 在他们说的不相同的那些题材上怎样呢？比如说占卜，荷马说过，赫西俄德也说过，是不是？

伊 是。

苏 假如要你和一位占卜家来解说这两位诗人说到占卜的话，无论他们说的同不同，谁解说得比较好呢？

伊 占卜家会解说得比较好。

苏　若是你就是一个占卜家，无论他们说的同不同，你也会对他们都一样能解说吧？

伊　当然。

苏　你有本领解说荷马，却没有本领解说赫西俄德或其他诗人，这是什么缘故？荷马所用的题材和一般诗人所用的题材不是一样吗？他所叙述的主要的不是战争吗？他不是在谈人类关系——好人和坏人以及能人和无能人的关系——神与神的关系、神与人的关系、天上和地下有些什么事情发生以及神和英雄们的由来吗？荷马所歌咏的不是这些题材吗？

伊　你说的很对，苏格拉底。

苏　其他诗人所歌咏的不也正是这些题材吗？

伊　不错，苏格拉底。但是他们的方式和荷马的不同。

苏　你是说，荷马的方式比其他诗人的要好些？

伊　好得多，不可比较。

苏　再请问一句，亲爱的伊安，如果有许多人在讨论算学，其中某一位说得最好，我们能不能判别出来？

伊　能。

苏　能判别谁说得好，也就能判别谁说得不好？

伊　是。

苏　这样人一定是一位算学家吧？

伊　不错。

苏　再说，如果有许多人在讨论食品的营养价值，其中某一位说得最好，一个人既能判别谁说得好，也就能判别谁说得坏，是不是？

伊　是，那是很显然的。

苏　这能一样判别好坏的人是谁呢？

伊　他是医生。

苏　那么，一般说来，无论讨论什么，只要题目相同，说话的人尽管多，一个人能判别谁说得好，也就能判别谁说得坏；不能判别谁说得坏，也就不能判别谁说得好？

伊　当然。

苏　依你说，荷马和其他诗人们——例如赫西俄德和阿喀罗库斯——所用的题材都是一样，不过方式有好坏之别，荷马好些，其他诗人要坏些？

伊　我说过这样的话，我说的话是对的。

苏　如果你能判别谁说的好，你也就能判别谁说的坏？

伊　显然是这样。

苏　那么，亲爱的伊安，我说伊安既会解说荷马，也就会解说其他诗人，而且会解说得一样熟练，难道我说错了吗？因为这位伊安亲自承认了两点：一、只要题材相同，能判别好也就能判别坏；二、凡是诗人所用的题材都是一样的。

伊　但是事实上人们谈到其他诗人时，我都不能专心静听，要打瞌睡，简直没有什么见解，可是一谈到荷马，我就马上醒过来，专心致志地听，意思也源源而来了。这是什么缘故？

苏　朋友，那很容易解释，很显然地，你解说荷马，并非凭技艺[6]知识。如果你能凭技艺的规矩去解说荷马，你也当然就能凭技艺的规矩去解说其他诗人，因为既然是诗，就有它的共同一致性。

伊　你说得对。

苏　其他技艺也是一样，一个人把一种技艺看成一个有共同一致性的东西，就会对它同样判别好坏。伊安，我这话是否要加解释？

伊　我望你解释，苏格拉底，听你们哲人们谈话对我是一件乐事。

苏　哲人不是我，是你们，伊安，是你们诵诗人、演戏人和你们所诵所演的作家们；我只是一个平常人，只会说老实话。你看我刚才说的话是多么平凡，谁也会懂。我说的是：如果一个人把一种技艺当作全体来看，判别好和判别坏就是一回事。你看这话多平凡！举例来说，图画是不是一种有共同一致性的技艺？

伊　它是的。

苏　画家也有好坏之别吧？

伊　也有。

苏　你遇见过这样一个人没有？他只长于判别阿格劳芬的儿子波吕格诺特[7]的好坏，不会判别其他画家的好坏；让他看其他画家的作品，他就要打瞌睡，茫然无见解，可是要他批判波吕格诺特（或是任意举一个画家的名字），他就醒过来，专心致志，意思源源而来。

伊　我倒没有遇见过这样一个人。

苏　再说雕刻，你遇见过这样一个人没有？他只长于鉴定墨提翁的儿子代达罗斯、潘诺普斯的儿子厄庇俄斯、萨摩人忒俄多洛斯[8]之类雕刻家的优点；可是拿其他雕刻家的作品给他看，他就要打瞌睡，茫然无话可说。

伊　我从来也没有见过这样人。

苏　我想在笛师、琴师、竖琴歌人和诵诗人之中，你也没有遇见过一个人，只会批评奥林普斯、塔密里斯、俄耳甫斯或伊塔刻的诵诗人斐缪斯[9]，可是谈到以弗所的诵诗人伊安先生，他就简直不能判别好坏。

伊　我不能否认，苏格拉底。可是我自觉解说荷马比谁都强，可说的意思也比谁都要多，舆论也是这样看。对于其他诗人，我就不能解说得那样好。请问这是什么缘故？

苏　这缘故我懂得，伊安，让我来告诉你。你这副长于解说荷马的本领并不是一种技艺，而是一种灵感，像我已经说过的。有一种神力在驱遣你，像欧里庇得斯所说的磁石，就是一般人所谓的"赫拉克勒斯石[10]"。磁石不仅能吸引铁环本身，而且把吸引力传给那些铁环，使它们也像磁石一样，能吸引其他铁环。有时你看到许多个铁环互相吸引着，挂成一条长锁链，这些全从一块磁石得到悬在一起的力量。诗神就像这块磁石，她首先给人灵感，得到这灵感的人们又把它递传给旁人，让旁人接上他们，悬成一条锁链。凡是高明的诗人，无论在史诗或抒情诗方面，都不是凭技艺来作成他们的优美的诗歌，而是因为他们得到灵感，有神力凭附着。科里班特巫师们[11]在舞蹈时，心理都受一种迷狂支配；抒情诗人们在作诗时也是如此。他们一旦受到音乐和韵节力量的支配，就感到酒神的狂欢，由于这种灵感的影响，他们正如酒神的女信徒们受酒神凭附，可以从河水中汲取乳蜜，这是她们在神志清醒时所不能做的事。抒情诗人的心灵也正像这样，他们自己也说他们像酿蜜，飞到诗神的园里，从流蜜的泉源吸取精英，来酿成他们的诗歌。他们这番话是不错的，因为诗人是一种轻飘的长着羽翼的神明的东西，不得到灵感，不失去平常理智而陷入迷狂，就没有能力创造，就不能作诗或代神说话。诗人们对于他们所写的那些题材，说出那样多的优美辞句，像你自己解说荷马那样，并非凭技艺的规矩，而是依诗神的驱遣。因为诗人制作都是凭神力而不是凭技艺，他们各随所长，专作某一类诗，例如激昂的酒神歌、颂神诗、合唱歌、史诗或短长格诗[12]，长于某一种体裁的不一定长于他种体裁。假如诗人可以凭技艺的规矩去制作，这种情形就不会有，他就会遇到任何题目都一样能作。神对于诗人们像对于占卜家和预言家一样，夺去他们的平常理智，用他们做代言人，正因为要使听众知道，诗人并非借自己的力量在无知无觉中说出那些珍贵的辞句，而是由神凭附着来向人说话。卡尔喀斯人廷尼科斯[13]是一个著例，可以证明我的话。他平生只写了一首著名的《谢神歌》，那是人人歌唱的，此外就不曾写过什么值得记忆的作品。这首《谢神歌》倒真是一首最美的抒情诗，不愧为"诗神的作品"，像他自己称呼它的。神好像用这个实例来告诉我们，让我们不用怀疑，这类优美的诗歌本质上不是人的而是神的，不是人的制作而是神的诏语；诗人只是神的代言人，由神凭附着。最平庸的诗人也有时唱出最美妙的诗歌，神不是有意借此教训这个道理吗？伊安，我的话对不对？

伊　对，苏格拉底，我觉得你对。你的话说服了我，我现在好像明白了大诗人们都是受到灵感的神的代言人。

苏　而你们诵诗人又是诗人的代言人？

伊　这也不错。

苏　那么，你们是代言人的代言人？

伊　的确。

苏　请你坦白答复一个问题：每逢你朗诵一些有名的段落——例如奥德修斯闯进他的宫廷，他的妻子的求婚者们认识了他，他把箭放下脚旁[14]；或是阿喀琉斯猛追赫克托耳[15]；或是安德洛马刻、赫卡柏、普里阿摩斯诸人的悲痛[16]之类——当你朗诵那些段落而大受喝彩的时候，你是否神志清醒呢？你是否失去自主、陷入迷狂，好像身临诗所说的境界，伊塔刻、特洛伊[17]或是旁的地方？

伊　你说得顶对，苏格拉底，我在朗诵哀怜事迹时，就满眼是泪；在朗诵恐怖事迹时，就毛骨悚然，心也跳动。

苏　请问你，伊安，一个人身临祭典或欢宴场所，穿着美服，戴着金冠，并没有人要掠夺他的这些好东西，或是要伤害他，而他对着两万多待他友好的听众哭泣，或是浑身都表现恐惧，他的神志是否清醒呢？

伊　我该说他的神志不清醒，苏格拉底。

苏　你对多数听众也产生这样效果，你明白吗？

伊　我明白，因为我从台上望他们，望见在我朗诵时，他们的面孔上都表现哀怜、惊奇、严厉种种不同的神情。我不能不注意他们，因为在受报酬的时候，我如果不曾惹他们哭，自己就不能笑；如果惹了他们笑，自己就只得哭。

苏　听众是最后的一环，像我刚才所说的，这些环都从一块原始磁石得到力量；你们诵诗人和演戏人是些中间环，而诗人是最初的一环，你知道不？通过这些环，神驱遣人心朝神意要他们走的那个方向走，使人们一个接着一个悬在一起。此外还有一长串舞蹈者和大小乐师们斜悬在由诗神吸引的那些环上。每个诗人都各依他的特性，悬在他所特属的诗神身上，由那诗神凭附着——凭附和悬挂原来是一件事的两种说法。诗人是最初环，旁人都悬在这上面，有人从俄耳甫斯或缪赛俄斯[18]得到灵感，但是多数人是由荷马凭附着，感发着，伊安，你就是其中之一。听人说到其他诗人的作品，你就打瞌睡，没有话可说；但是听人说到荷马的作品，你马上就醒过来，意思源源而来，有许多话可说。这就是因为你解说荷马，不是凭技艺知识，而是凭灵感或神灵凭附；正如巫师们听到凭附自己的那种神所特别享用的乐调，就觉得很亲切，歌和舞也就自然随之而来了；遇见其他乐调，却好像听而不闻。你也是如此，伊安，一听到荷马，话就多得很；听到其他诗人，就无话可说。原因在你宣扬荷马，不是凭技艺而是凭神的灵感。这就是我对你的问题的答复。

伊　答复得很好，苏格拉底。可是我还很怀疑你是否能说服我，使我相信我在解说荷马时，神志不清醒，由神凭附着。若是你亲自听到我朗诵，你就不会这样想。

苏　我很愿意听，现在先请答复一个问题：你朗诵荷马，对哪些部分题材最拿手呢？当然不是全部吧？

伊　没有哪一部分题材不拿手，我敢说。

苏　荷马说的东西若是你不知道的，你也能朗诵得好吗？

伊　荷马说过什么东西我不知道？

苏　荷马不是常谈到各种技艺吗？例如驾御的技艺，可惜我记不得那段诗，否则我就背诵给你听。

伊　我记得，让我来背诵。

苏　请你背诵涅斯托耳[19]告诉他的儿子安提罗科斯，在纪念帕特洛克罗斯的赛车礼中，怎样当心转折那一段话。

伊　（背诵）在那华美的马车里，轻轻地转向马左边靠着车，用刺棒敲右边马，呼喊一声，就放松锤子。到了目标的时候，让左边马靠近标石，让轮轴紧挨着路标驶过，接近得似乎就要碰上那作为拐弯标志的石头。[20]

苏　够了，伊安，请问你，要评判这段诗是否妥帖，谁会做得比较好，一个御车人还是一个医生呢？

伊　当然是御车人。

苏　每种技艺都必有它的特殊知识，我们能不能凭医生的技艺，去知道只有驾御的技艺所能使我们知道的？

伊　当然不能。

苏　我们也不能凭木匠的技艺，来知道医生的技艺吧？

伊　当然也不能。

苏　凡是技艺都如此。我们不能凭某一技艺来知道某另一技艺。再请问你，你是否承认各种技艺彼此不同？

伊　我承认它们不同。

苏　你的看法和我的一致：知识题材不同，技艺也就不同。

伊　不错。

苏　对的，如果各种技艺都用同样知识题材，就不能说它们彼此不同。比如这是五个手指，我知道你也知道。你我知道这个事实不是都凭算学的知识吗？

伊　是的。

苏　那么，请回答刚才那个问题：同样技艺必凭同样知识，另样技艺必凭另样知识，这是不是一条普遍的真理？

伊　我也以为它是普遍的真理，苏格拉底。

苏　那么，若是一个人对于某一种技艺没有知识，他对于那种技艺的语言和作为，就不能作正确的判断了。

伊　当然不能。

苏　关于你刚才背诵的那段荷马诗，要你和一个御车人来评判，谁会评判得比较正确呢？

伊　御车人。

苏　对呀，因为你是一个诵诗人而不是一个御车人，而诵诗的技艺和御车的技艺本来不同，是不是？

伊　是。

苏　如果这两种技艺不同，它们的知识题材也就不同。

伊　不错。

苏　你记得荷马描写涅斯托耳的妾，赫卡墨得，拿酒乳给受伤的玛卡翁那段诗吗？他说：

　　　　用普拉诺酒做的；她用亮晃晃的刀把羊酪切成细片，还放了一个葱头在他身边，供他下酒。[21]

　　要评判这段诗，最好是凭诵诗人的技艺，还是凭医生的技艺呢？

伊　凭医生的技艺比较好。

苏　再如荷马的这段话：

　　　　她像牛角装了铅，没入海底，给贪食的鱼们送死。[22]

要评判它，最好是凭渔人的技艺，还是凭诵诗人的技艺呢？

伊　显然要凭渔人的技艺。

苏　假如你问我：苏格拉底，你既然能把荷马的各段诗，都配上与它们相关的技艺，你能否指出哪些段诗须请预言家凭预言的技艺来评判它们呢？我就马上可以回答你：这样的诗很多，尤其是在《奥德赛》里，例如墨兰普斯的预言家忒俄克吕墨诺斯向求婚者们说的那一段话：

> 你们这班可怜虫！你们在遭遇什么？你们的头脸手脚全让黑夜像寿衣似的裹着；突然一阵号哭声，你们满脸是泪，走廊里全是鬼魂，院子里也全是鬼魂，都走到阴间去；太阳在天上消失了，灾雾布满了世界。[23]

《伊利亚特》里也有许多同样的段落，例如描写城堡附近战事的那一段，荷马说：

> 他们正急于要越过那条壕沟，就来了一个预兆：一只鹰高飞掠过队伍的左边，鹰爪抓住一条血红的大蛇。那条蛇还活着在喘气，还在挣扎，扭转身来向抓住它的那只鸟的颈项咬了一口，那只鸟被咬痛了，把蛇放下，让它落到队伍的中央，于是叫了一声，就乘风飞去了。[24]

我敢说，像这类题材应该由预言家来评判。

伊　你说得对，苏格拉底。

苏　对，伊安，你也说得对。我已经替你从《伊利亚特》和《奥德赛》两部诗里，选出一些描写预言、打鱼和行医的段落了。你对荷马比我熟得多，现在请你替我选出一些关于诵诗人和诵诗技艺的段落，就是说，诵诗人比任何人较善于评判的段落。

伊　我应该说，全部荷马诗都有关诵诗人和诵诗的技艺。

苏　当然不能是全部，伊安，你忘记你所说的话吗？一个诵诗人的记性应该比较好一点。

伊　我忘记了什么话？

苏　你说过诵诗人的技艺和御车人的技艺不同，记得不？

伊　还记得。

苏　你也承认过，它们既然不同，就有不同的知识题材。

伊　对。

苏　那么，根据你自己的话，诵诗人不能对所有的事情都知道，诵诗的技艺也不能包括一切知识。

伊　我敢说，可能有些例外，苏格拉底。

苏　你的意思是说，诵诗人对其他技艺的题材不全知道，既然不全知道，知道的究竟是哪些呢？

伊　他会知道男人和女人，自由人和奴隶，统治者和被统治者，在怎样身份，该说怎样话。

苏　你是否说，一个诵诗人会比一位驾驶人，对于一个船长在海浪颠簸时所应该说的话，知道得还更清楚？

伊　不是，驾驶人知道最清楚。

苏　诵诗人是否比医生还更能知道诊病人所应该说的话？

伊　不能。

苏　但是他会知道奴隶所应该说的话？

伊　他会知道。

苏　假如那奴隶是一个牧牛人，在设法驯伏发狂的牛时，他应该说什么话？

诵诗人是否比牧牛人知道更清楚呢？

伊　他不能比牧牛人知道更清楚。

苏　他知道一个纺织妇关于纺织羊毛所应该说的话吗？

伊　他不知道。

苏　但是他知道一个将官劝导兵士所应该说的话？

伊　是，那类事情是诵诗人知道的。

苏　那么，诵诗人的技艺就是将官的技艺吗？

伊　我知道一个将官该说的话，这一点我却有把握。

苏　是，伊安，也许你知道将官的技艺，也许除掉弹竖琴的技艺之外，你还
　　知道骑马的技艺。若是这样，你就会能判别马骑得好坏。但是请问你，
　　伊安，你能判别马骑得好坏，是凭你的骑马的技艺，还是凭你的弹竖琴
　　的技艺呢？

伊　我该说，凭骑马的技艺。

苏　如果你评判竖琴的弹奏者，你是站在竖琴弹奏者的身份，而不是站在骑
　　马者的身份，来评判他们？

伊　我承认。

苏　在评判将官的技艺时，你是站在将官的身份，还是站在诵诗人的身份，
　　来评判它呢？

伊　在我看，那并没有什么分别。

苏　这话怎样讲？你说诵诗人的技艺和将官的技艺是一样？

伊　对，完全一样。

苏　那么，一个高明的诵诗人同时也就是一个高明的将官？

伊　当然是那样，苏格拉底。

苏　一个高明的将官同时也就是一个高明的诵诗人？

伊　不，我倒没有那样说。

苏　但是你说高明的诵诗人同时就是高明的将官？

伊　不错。

苏　你是希腊的最高明的诵诗人吧？

伊　首屈一指，苏格拉底。

苏　你也是希腊的最高明的将官吗？

伊　当然，苏格拉底；荷马就是我的老师。

苏　那么，伊安，你既然不仅是希腊的最好的诵诗人，而且也是希腊的最好的将官，可是你在希腊走来走去，总是诵诗，不当将官，这是什么缘故？你以为希腊只需要戴金冠的诵诗人，而不需要将官吗？

伊　理由很简单，苏格拉底：我们以弗所人是你们雅典人的仆从和兵卒[25]，而你们雅典和斯巴达也不会请我去当将官，因为你们自信有足够的将官。

苏　好伊安，你没有听说过奎卒库[26]人亚波罗多柔吗？

伊　你说的是谁？

苏　他虽是一个外国人，却屡次被雅典选为将官。此外还有安竺若人法诺特尼斯、克拉左弥尼人赫拉克利第，虽然也都是外国人，因为才能卓著，也都被雅典任命，统领过军队，还任过其他官职。[27] 如果以弗所人伊安先生有本领，雅典人不也会选他做将官，拿尊贵的职位给他吗？以弗所人本来不就是雅典人，而他们的城邦不也很不平凡吗？你说你宣扬荷马是凭技艺知识，如果这话是真的，你就不免欺哄我了。你在我面前自夸对于荷马知道许多珍贵的东西，而且允许我领教，可是到我再三恳求你的时候，你不但不肯显你的本领，而且不肯说你究竟擅长哪些题材，你这不是欺哄我吗？你真像普罗透斯[28]，会变许多形状；你左变右变，弯来扭去，变成各色各样的人物，到最后，你装成一个将官！你想溜脱了我的手掌心，不显出你朗诵荷马的本领！像我刚才所说的，若是你对荷马真有技艺的知识，允许我领教，口惠而实不至，你就真是在欺哄我。不过你如果并没有技艺的知识，对荷马能说出那些优美的辞句，是不由意识的，凭荷马灵感的，像我所想的那样，我就不能怪你不诚实了。不诚实呢，受灵感支配呢，你究竟愿居哪一项？

伊　这两项差别倒很大，受灵感支配总比不诚实要好得多。

苏　那么，伊安，我也就朝好的一边想，认为你的宣扬荷马的本领不是凭技艺的知识，而是凭灵感。

（根据 Louis Mèridier 参照 Shelley 译）

注释

1. 以弗所是小亚细亚的一个城邦。在柏拉图时代，它还受雅典统治。

2. 厄庇道洛斯是希腊南部萨罗尼克海湾（今埃伊纳湾）上一个镇市，有医神埃斯库勒普的庙，他的祭典很隆重，在夏天举行，每四年一次。

3. 雅典娜是雅典的护卫神，传说她是宙斯的女儿，智勇兼全。她的祭典是雅典人的大事，每年举行时全国人参加，有戏剧及各种技艺的竞赛。

4. 这三人都是当时有名的诵诗人。希腊人称呼人时，往往习惯在人名前冠上"某某人的儿子"或"某某地方的人"。兰普萨库是小亚细亚的一个重要城市，塔索斯是爱琴海北部的一个岛。

5. 希腊最大的诗人当然是荷马，在古代和他齐名的是赫西俄德。他的《工作与时日》写一年四季的各种工作，掺杂一些实际生活的经验教训；《神谱》叙世界创始及诸神起源。阿喀罗库斯是一位抒情诗人和讽刺诗人。

6. Tekhne一词通常译为"艺术"，指文学、音乐、图画之类，它的原义却较广，凡是"人为的"的不是"自然的"或"天生的"都是Tekhne。医药、耕种、骑射、木作、畜牧之类凡是可凭专门知识来学会的工作都叫作Tekhne。在柏拉图的著作里，就其使用Tekhne来说，作诗与做桌子、做鞋是同属一类的。所以这词译为"技艺"较合当时的用法。近代把"艺术"和"技艺"分开，强分尊卑，是一个不很健康的看法。

7. 波吕格诺特是公元前五世纪希腊大画家。

8. 代达罗斯在希腊原文中本义为"精巧的艺人"，他是传说中的雕刻家的祖师。以下两人都是雕刻家。

9. 这几个人都是希腊的音乐家或诗人，都是传说中的。

10. 欧里庇得斯是希腊的第三个大悲剧家。"赫拉克勒斯石"就是吸铁石。参看第181页注10。

11. 科里班特巫师们掌酒神祭，祭时击鼓狂舞。

12. 这些都是希腊诗的各种体裁，短长格以先短后长成音步，常用于诗剧。

13. 廷尼科斯不可考。

14. 故事见荷马史诗《奥德赛》卷二十二。奥德修斯参加了希腊军征特洛伊；二十年后回国时，许多人正坐在他家里向他妻子求婚，他突然乔装归家，用箭把他们射死。

15. 故事见荷马史诗《伊利亚特》卷二十二。特洛伊战争中，阿喀琉斯和赫克托耳是希腊和特洛伊两方面最勇猛的英雄。阿喀琉斯因争女俘事生气，拒绝参战。直到他的爱友帕特洛克罗斯被赫克托耳杀死，才肯出来为爱友报仇，打退了特洛伊军，在特洛伊城下穷追赫克托耳绕城三匝，终于把他杀死。

16. 安德洛马刻是赫克托耳的妻子，赫卡柏是他的母亲，普里阿摩斯是他的父亲。赫克托耳死后，安德洛马刻、赫卡柏、普里阿摩斯悲恸欲绝。《伊利亚特》记此事，甚沉痛。

17. 伊塔刻是希腊的一小国，归奥德修斯统治，就是奥德修斯射杀求婚者们的地方。特洛伊国在小亚细亚，荷马所歌咏的特洛伊战争的场所。

18. 俄耳甫斯是传说中荷马以前的希腊最大诗人。参看第18页注9。缪赛俄斯是传说中的古希腊诗人，据说是俄耳甫斯的学生。

19. 涅斯托耳是荷马的《伊利亚特》中希腊方面的老谋臣。

20. 见《伊利亚特》卷二十三，帕特洛克罗斯死后，阿喀琉斯替他举行大祭，其中有跑马竞赛。

21. 见《伊利亚特》卷十一。

22. 见《伊利亚特》卷二十四。

23. 见《奥德赛》卷二十。

24. 见《伊利亚特》卷十二。

25. 参看第18页注1。

26. 奎卒库是小亚细亚海岛之一，雅典的殖民地。

27. 安竺若是爱琴海中一大岛，克拉左弥尼在小亚细亚。亚波罗多柔、法诺特尼斯、赫拉克利第这三个在雅典当将官的外国人，都无确凿史迹可考。

28. 普罗透斯是"海上老人"，善变形，又善预言。

理想国（卷二至卷三）[*]
——统治者的文学音乐教育

对话人：苏格拉底

　　　　阿德曼特

　　　　格　罗　康

苏　我们且来放任想象，从从容容地谈一个故事——我们的城邦的保卫者们
　　的教育。

阿　我很赞成。

苏　我们的教育制度应该怎样呢？我们一向对于身体用体育，对于心灵用音
　　乐。现在想改进许多年代传下来的制度，恐怕不是一件易事吧？我们好
　　不好先从音乐开始，然后再谈体育？

阿　很好。

苏　你是否把文学包括在音乐里面？

阿　我看音乐包括文学在内。

苏　文学是不是有两种：写真和虚构的？

阿　不错。

苏　我们的教育要包括这两种，但是先从虚构的文学开始。

阿　我不懂你的意思。

苏　你不知道我们教儿童，先给他们讲故事吗？这些故事虽也有些真理，但大体上却是虚构的。我们先给儿童讲故事，后来才教他们体育。

阿　对的。

苏　我原先说文学应该在体育之前，就是为着这个缘故。

阿　你说得有道理。

苏　一切事都是开始最关重要，尤其是对于年幼的，你明白吧？因为在年幼的时候，性格正在形成，任何印象都留下深刻的影响。

阿　一点也不错。

苏　那么，我们是否应该随便准许我们的儿童去听任何人说的任何故事，把一些观念印在心里，而这些观念大部分和我们以为他们到成人时应该有的观念相反呢？

阿　我们当然不能准许那样。

苏　所以我以为我们首先应该审查作故事的人们，作的好，我们就选择；做的坏，我们就抛弃。我们要劝保姆们和母亲们拿入选的故事给儿童讲。让她们用故事来形成儿童的心灵，比起用手来形成他们的身体，还要费更多的心血。但是她们现在所讲的那些故事大部分都应该抛开。

阿　你指的是哪些故事？

苏　从大故事可以见小故事，因为无论大小，形式相同，效果也相同。你看对不对？

阿　对，但是我不明白你所谓大故事指什么。

苏　我指的是赫西俄德、荷马和其他诗人所做的，他们做了一些虚构的故事，过去讲给人听，现在还讲给人听。

阿　但是你指的究竟是哪些？你看出他们的什么毛病？

苏　应该指责的最严重的毛病是说谎，而且谎还说得不好。

阿　你指的是什么呢？

苏　我指的是把神和英雄的性格描写得不正确，像画家把想画的东西完全画得不像。

阿　这种情形倒是应该指责的，但是你究竟指哪些故事？

苏　第一个就是赫西俄德所讲的乌拉诺斯所干的事，以及他的儿子克洛诺斯报复他的情形[1]，这就是诗人对于一位最高的尊神说了一个最大的谎，而且就谎来说，也说得不好。关于乌拉诺斯的行为以及他从他儿子那方面所得到的祸害，纵然是真的，我以为也不应该拿来讲给理智还没有发达的儿童听。最好是不讲，假如必得要讲，就得在一个严肃的宗教仪式中讲，听众愈少愈好，而且要他们在仪式中献一个牺牲，不是宰一口猪就行，须是极珍贵、极难得的东西，像这样，听的人就会很少。

阿　那些故事的确有害处。

苏　这类故事在我们的城邦里就必须禁止。我们绝对不能让年轻人听到说，犯最凶恶的罪也不足为奇，若是父亲做了坏事，儿子就用最残酷的手段来报复，也不过是照最早的而且最高的尊神的榜样去做。

阿　的确，我也以为这类故事不宜于讲。

苏　我们还要严格禁止神和神的战争，神和神的搏斗，神谋害神之类的故事。它们根本不是真的，而且我们的城邦的保卫者们必须把随便就相争相斗看成最大的耻辱。巨人们的搏斗，以及神和英雄们与他们的亲友争吵之类的故事都不准讲，也不准绘绣。如果我们能找得一些故事使他们相信同在一个城邦的人们向来不会互相仇恨过，这种仇恨是罪过，老年人们就应该拿这类故事给儿童们讲。到他们长大的时候，我们就应该强迫诗人们替他们做这样性格的故事。但是赫拉被儿子捆绑，赫淮斯托斯被父亲从天上抛下来，因为他母亲挨打，他设法护卫她[2]之类的故事，以及荷马所说的神与神打仗的故事，无论它们是不是寓言的，都一律不准进我们的城邦来。因为儿童没有能力辨别寓言的和不是寓言的，他们在年幼时所听到的东西容易留下永久不灭的印象。因为这些缘故，我们必须尽力使儿童最初所听到的故事要做得顶好，可以培养品德。

阿 你的话是对的，但是如果有人问哪些是这样的故事，请举出例子来，我们怎样回答呢？

苏 阿德曼特，你和我现在都不是诗人，而是一个城邦的建立者，建立城邦的人们应该知道诗人说故事所当遵守而不准破坏的规范；他们自己并不必去做故事。

阿 很对，但是关于神的故事当有什么规范，这正是我想知道的。

苏 规范是这样：无论写的是诗史、抒情诗，还是悲剧，神本来是什么样，就应该描写成什么样。

阿 这是一定的。

苏 神在本质上不是善的吗？他是否就应该描写成善的？

阿 那是毫无疑问的。

苏 凡是善的都不是有害的，是不是？

阿 照我看，善的就没有害。

苏 不是有害的东西是否做有害的事呢？

阿 当然不会。

苏 不做害事的东西是否生祸呢？

阿 不。

苏 生祸的东西会是祸的因吗？

阿 那怎么可能呢！

苏 那么，凡是善的都是有益的。

阿 对。

苏　它是福的因？

阿　对。

苏　照这样说，善不是一切事物的因，它只是善的事物的因，而不是恶的事物的因，只是福的因而不是祸的因。

阿　这是不可辩驳的。

苏　神既是善的，他就不能像多数人所说的，为一切事物的因。人所碰到的事情之中只有少数是由神造因，多数都不是的，因为人生中好的事情少而恶的事情多，好的只有归原于神，恶的须另找原因，不能由于神。

阿　我看你说得顶对。

苏　那么，我们就不能听荷马或其他诗人说这样谩神的话：

　　　　宙斯宫门前摆着两个大桶，

　　　　一桶装着福，一桶装着祸；

　　宙斯把这种命运混在一起分配给人，

　　　　那人有时碰到福，有时碰到祸，

　　但是有人只从宙斯得到祸。

　　　　饥饿驱逐他在丰足的地面上到处流亡；[3]

　　我们也不能相信这样的话：

　　　　宙斯是祸与福的分配者。[4]

如果有诗人说，希腊人和特洛伊人背弃休战誓约是由于宙斯和雅典娜所怂恿的——这本来是由于潘达洛斯[5]——或是说，忒弥斯和宙斯酿成神与神的纷争[6]，我们就不能赞许他。我们也不能准允年轻人听埃斯库罗斯[7]说这样的话：

> 神要想把一家人灭绝，
>
> 先在那人家种下祸根。

如果一个诗人要用尼俄柏的灾祸——像上面两行诗所自出的那部悲剧——珀罗普斯家族、特洛伊战争之类故事为题材[8]，我们不能准许他说这些灾祸都是神干的事。如果他这样说，他也应该说明一个理由，像我们现在所要找的。他必须说，神所做的只有是好的、公正的，惩罚对于承受的人们是有益的。我们不能准许诗人说，受惩罚的人们是悲苦的，而造成他们的悲苦的是神。他可以说，坏人是悲苦的，因为他们需要惩罚，从神得了惩罚，他们就得到了益处。我们要尽力驳倒神既是善的而又造祸于人那种话；如果我们的城邦想政治修明，任何人就不能说这种话，任何人也就不能听这种话，无论老少，无论说的是诗还是散文。因为说这种话就是大不敬，对人无益，而且也不能自圆其说。

阿　这条法律我看很好，我赞成把它规定下来。

苏　那么，关于神的第一条法律和规范要人或诗人们遵守的就是：神不是一般事物的因，只是好的事物的因。

阿　那就够了。

苏　第二条法律怎样定呢？在你看，神是不是一个魔术家？他是不是故意要在不同的时候现不同的形状，时而现他的原形，时而抛开原形来变成许多不同的形状，时而用这类变形来欺哄我们，使我们认假成真呢？还是纯然一体，常驻不变呢？

阿　我不能马上回答这个问题。

苏　那么，就请回答这个问题：如果一件事物改变它的原来形状，这改变不是只有两种可能，不是由自变，就是由他变吗？

阿　不错。

苏　最完善的东西就最不容易受外来影响的变动。举例来说，身体最强健的人不容易受饮食或劳作的影响，最苗壮的草木也不容易受风日之类影响。你看是不是？

阿　当然。

苏　那么，最勇最智的心灵不是最不容易受外来影响的扰动吗？

阿　不错。

苏　这个原则也可以应用到人工制作的东西，例如器具、房屋、衣服之类。质良工精的就最不容易受时间之类影响的变动。

阿　的确如此。

苏　那么，一切事物，无论是天生的还是人为的，若是它本身完善，就最不容易受外来影响的改变。

阿　当然。

苏　可是神以及一切有神性的东西都是最完善的？

阿　不错。

苏　所以最不容易受外来影响而改变形状的就是神？

阿　的确。

苏　神是否自动地要改变自己呢？

阿　如果他改变，就只有由自变。

苏　如果他由自变，想变好变美，还是想变坏变丑呢？

阿　如果他要变，一定不免变坏。因为我们决不能说，神在善或美方面还有欠缺。

苏　你说得对极了。既然如此，阿德曼特，你想神或人会故意把自己变得比
原来坏吗？

阿　那是不可能的。

苏　那么，神要自动地改变自己，也就不可能；因为他既是尽善尽美的，自
然就永远使自己的形状纯一不变。

阿　我看这是必然的。

苏　那么，我的好朋友，就不要让任何诗人告诉我们说：

神们乔装异方的游客，
取各种形状周游城市。[9]

也不要让他对普罗透斯和忒提斯[10]说许多谎，或在悲剧里或别种诗里把
赫拉天后写成一个乔装的女道士化缘：

为着阿尔戈斯的河——伊那科斯[11]——的赋予生命的女儿们。

我们不能再有这类的谎话。我们不能让母亲们受诗人的影响，拿着坏故
事来吓唬儿童，说有些神乔装许多异方人的形状，在黑夜里到处游荡。
讲这样故事，她们就不但渎犯了神，也使儿童们变怯懦了。

阿　那是不能允许的。

苏　神们本来不变，是否要用魔术来欺哄我们，以各种形状出现，要使我们
信以为真呢？

阿　也有可能。

苏　那么，你以为神愿意在言语上或行为上撒谎吗？他不用本来面目而要用

变形来出现？

阿　我不知道。

苏　你知不知道凡是神和人都厌恶真谎——如果我们可以用这样一个名词？

阿　什么叫作真谎？

苏　真谎就是在自己性格中最高贵的那方面，对于最重大的事情所撒的谎，我以为没有人肯故意撒这种谎。每个人都最怕在这方面撒谎。

阿　我还是不大懂。

苏　那是因为你以为我在说什么神秘的话。我的意思只是说，在他的心灵方面，对于事物的本质或则说真实体，甘心受迷惑，处在蒙昧无知的情况，人在心灵里对于真理藏着一个谎，那是任何人都最厌恶的事。

阿　你说得顶对。

苏　所以凡是受迷惑的人在心灵里的蒙昧无知，就恰是我所谓真谎。言语上的谎是这种心灵状态的仿本或影像，起来较后，而且不是完全纯粹的谎。你看对不对？

阿　很对。

苏　这种真谎是不是神和人所同厌恶的？

阿　我看是这样。

苏　言语上的谎怎样呢？它是否有时对于某种人颇有用，所以不是可厌恶的？对付敌人它是很有用的，而且就连我们称为朋友的人们，由于疯狂或愚蠢的缘故，或许动念要做一件坏事，说谎话打消他们的念头，还是一种救药的方法。再比如说，我们刚才所提到的那些故事，我们对于这类古代事的真相既然不知道，就尽量把假的说得合于真理，也还是很有用处。你看对不对？

阿　那当然是对的。

苏　你看是为着这些理由中哪一层，谎对于神有用呢？他把谎话粉饰成真话，因为他对古代事不知道吗？

阿　那样说是很可笑的。

苏　那么，神就不能看成一个撒谎的诗人了？

阿　我想不能。

苏　他怕敌人才撒谎吗？

阿　不会有那样事。

苏　由于他的朋友们疯狂或愚蠢吗？

阿　不，没有愚人或疯子是神的朋友。

苏　那么，神就没有什么理由要撒谎了？

阿　没有。

苏　那么，神，以及一切有神性的，完全不可能说谎了？

阿　绝对不可能。

苏　所以神在本性上是纯一的，在言语和行为上是真实的，他并不改变自己；他也不欺哄旁人，无论是用形象，用语言，还是在醒时或梦中用征兆，来欺哄。是不是？

阿　听过你这番话之后，我也是这样想。

苏　那么，你就要赞成规定一切诗文描写到神的第二条法律了，就是神们不是一些魔术家，不变化他们的形状，也不在言语或行动上撒谎来欺哄我们。

阿　我赞成。

苏　那么，我们虽然赞赏荷马的许多东西，却不能赞赏他所讲的宙斯在阿伽门农睡中托梦的故事 [12]，也不能赞赏埃斯库罗斯所写的忒提斯追述阿波罗在他的婚礼中唱歌的那一段诗：

预告了她做母亲的幸福，许她生些儿女，都无灾无恙，长命到老；预告了我一生的命运都受着神们的保佑，我听到不禁衷心欢喜。我原来愿望从他神明的口中出来的既是预言，就不会有谎言。可是唱这歌的歌者，这位参加过我的婚筵的上宾，就是他杀了我的儿子。[13]

一个诗人对于神说出这样话，我们就应该激起义愤了，就不能给他一个合唱队来表演他的剧本了[14]，我们也不能准许教师们用他的诗来教育年轻人，如果我们希望我们的城邦的保卫者能尽人所能为地去敬神，求和神一样。

阿　我完全赞成这些规范，愿意把它们定成法律。[15]

苏　关于神学的原则，大致就像上面所说的，我们像已决定了我们的儿童该听哪些故事，不该听哪些故事，用意是要他们长大成人时知道敬神敬父母，并且互相友爱。

阿　我们的决定是合理的。

苏　现在我们要考虑另一个问题，如果我们要他们勇敢，是不是应该让他们听一些故事使他们尽量不怕死呢？你想一想，一个人心里怕死，还会勇敢吗？

阿　当然不会。

苏　一个人若是相信阴间以及阴间可怕的情形，他会不怕死吗？打起仗来，他会宁愿死不愿败，不愿做奴隶吗？

阿　绝不会。

苏　那么，我们就应该监督说这类故事的诗人们，告诉他们讲到阴间时，不要一味咒骂它，像他们所常做的那样，最好是把它写得好看一点；他们原先讲的那些故事既不真实，对于预备做战士的人们也不合宜。

阿　我们应该这样办。

苏　那么，我们应该勾销像以下这几段那一类诗，先从这一段起：

> 我宁愿活在人间做奴隶，
> 或是跟贫苦无地的人当雇工，
> 也不愿丢开生命到阴间，
> 在死人丛中摆皇帝的威风。[16]

和这一段：

> 阎王望这阴森鬼蜮……的地方，
> ——连神们也会厌恶它肮脏——
> 可朽者和不朽者都会来瞻仰。[17]

和这一段：

> 哎，我们死后到了阎王的世界，
> 只剩下一片魂影，没有感觉。[18]

和这一段：

> 只有忒瑞西阿斯还像生前聪明，
> 其余的全是些倏忽去来的阴影。[19]

和这一段：

他的灵魂脱体后就向阴间逃奔，

哀叹他的命运，夭折在青春。[20]

和这一段：

他的灵魂发了一声长叹，

就像一阵轻雾落到下界消散。[21]

和这一段：

像幽灵凭依的空崖洞里蝙蝠，

中间一个从崖壁上掉下乱扑，

一个抓着一个四处唧唧飞奔，

这些鬼魂们成群地飞奔哀哭。[22]

我们要请荷马和其他诗人们不必生气，如果我们勾销去这些以及类似的段落，这倒不是因为它们是坏诗，也不是因为它们不能悦一般人的耳，而是因为它们愈美，就愈不宜于讲给要自由、宁死不做奴隶的青年人和成年人听。

阿　理应如此。

苏　我们也应该取消一些令人毛骨悚然的字样，像"呜咽河""恨河"[23]"泉下鬼""枯魂"之类，听到这些字样的声音就够叫人打寒战。它们也许有别的用处，但是对于我们的城邦的保卫者们，我怕它们所引起的寒栗会使他们的勇气消沉。

阿　你这种顾虑是对的。

苏　我们可否把这类字样勾销?

阿　应该。

苏　我们在诗文里是否应该用和这些相反的声调?

阿　当然。

苏　诗人常让伟大人物们痛苦哀号,这些当然也应勾销去了?

阿　它们理应一律勾销。

苏　想一想勾销有没有理由。我们认为一个好人不会以为死对于另一个好
　　人——他的朋友——有什么可怕。

阿　我们是这样看。

苏　那么,他就不会因为那个朋友死了就痛哭,好像那个朋友遭了什么可怕
　　的灾祸。

阿　他不会哭。

苏　我们还可以说,这样一个人最能够单凭他自己去把生活弄得美满,比起
　　一般人来,他是最无须倚赖旁人。

阿　的确。

苏　所以丢了一个儿子或弟兄,或是丢了财产之类,对于这样一个人绝对没
　　有什么可怕的。

阿　当然。

苏　他遭遇到这类灾祸,就不像旁人那样哭哭啼啼的,会处之泰然。

阿　这是一定的。

苏　那么,我们就有理由把著名英雄的痛哭勾销,把这种痛哭交给女人们,
　　交给凡庸的女人们和懦夫们,使我们培养起来保卫城邦的人们知道这种
　　弱点是可耻的。

阿　很对。

苏　我们就要再请荷马和其他诗人把阿喀琉斯,一个女神的儿子,不描写成:

辗转反侧，时而面朝天，时而面朝地；[24]

时而站起沿空海岸行走，哀恸得像要发狂；时而用双手抓一把黑灰撒在头上；时而痛哭流涕，像荷马多次描写的。[25] 他们也不能把普里阿摩斯，一位血统和神很近的国王，描写成：

在灰土里打滚，一个个叫名字，
哀求他的所有的战士。[26]

我们要郑重地请求他们不要在诗里让神们这样痛哭：

哎呀！我真不幸，做了一个英雄的母亲。[27]

如果他们要提到神们，他们不应冒昧地把最伟大的神描写得失去本来面目，使他说出这样话：

哎呀，我亲眼看见我心爱的英雄，
被人驱逐着绕着城墙逃跑，心里真痛。[28]

以及：

哎呀，萨珀冬在人类中是我最钟爱的，
老天命定他要死在帕特洛克罗斯的手里。[29]

亲爱的阿德曼特，如果我们的年轻人认真听这类话，不把这些弱点看成不是神们所能有的而嘲笑它们，我们就很难使他们相信这些弱点是他们自己所不应该有的，因为他们究竟不过是凡人；我们也很难希望他们碰到自己做这种事说这种话时，知道责备自己。他们就会既不知羞耻，又没有勇气，遇到很细微的灾祸也要痛哭流涕了。

阿　你说得一点不错。

苏　这种情形是必须防止的，我们已经说出了我们的理由，除非旁人拿出一个更好的理由来，我们不能放弃它。

阿　是的，那必须防止。

苏　我们的保卫者也不应该动不动就笑，因为暴烈的笑总不免就有同样暴烈的心理反响跟着来。

阿　我也是这样想。

苏　所以我们不准诗人把一个好人写成轻易就发笑，尤其不能把神们写成这样。

阿　当然。

苏　我们就不能准许荷马这样形容神们：

> 神们都哄堂大笑不止，
> 看见火神在宴会厅里跛来跛去。[30]

依你的理由，这些是不能准许的。

阿　如果你说那是我的理由，就让你那么说吧，我承认那是不能准许的。

苏　还有一层，诚实应该特别重视。如果我们刚才所说的那番话不错，神用不着说谎，人也用不着说谎，除非把谎当作一种医疗的方法。很显然的，医疗的方法只有医生可以用，普通人不能用它。

阿　那是很显然的。

苏　所以只有城邦的保卫者可以说谎，来欺哄敌人或公民，目的是为着国家的幸福。此外一切人都不能说谎。我们以为普通公民如果向保卫者说谎，比起病人欺哄医生，学生向体育教师隐瞒他的身体状况，或是水手不把船和船员的真相告诉船长，他所犯的罪在原则上虽相同，实际还要严重得多。

阿　一点不错。

苏　所以城邦的保卫者如果发现一个普通公民说谎，

>　无论他们是哪一行手艺人
>　巫师，医生，或是木匠，[31]

都要惩罚他，因为他行了一个办法，可以颠覆国家，如同颠覆一只船一样。

阿　当然要惩罚，如果话说到就要做到。

苏　其次，我们的年轻人是否要有节制？

阿　当然。

苏　一般说来，节制的要点是不是一方面服从保卫者的统治，一方面自己能统治饮食色之类感官欲？

阿　对的。

苏　那么，我想我们要赞赏荷马让狄俄墨得斯说的那种话：

>　朋友，坐下息怒，来静听我的话，[32]

和下文两句：

>　希腊人鼓着勇气鸦雀无声地前进，[33]

> 他们的静默显出对他们将领的畏敬。[34]

以及类似的诗句。

阿　顶好。

苏　你看这句话怎样：

> 你这醉鬼，面恶于狼，胆小于鼠。[35]

以及下文那些诗句？还有在诗文中有许多普通人咒骂统治者的鲁莽话，你看好不好？

阿　都要不得。

苏　当然要不得。我不相信年轻人听了这类话，可以学会有节制，这类话可以使他们得到另一种快感，这倒不足为奇。你以为如何？

阿　我和你一样想。

苏　诗人让一个最聪明的人说世间最美的事是：

> 席上摆满了珍馐食品，
> 酒僮从瓶里倒酒不停，
> 斟到杯里劝客人痛饮，[36]

你想年轻人听到这种诗能学会自制吗？再如：

> 最惨痛的死是死于饥饿，[37]

以及关于宙斯的故事，说他当神和人们都睡着时，还不去睡，在定他的计划，可是色欲一动，就把什么都忘了，看见赫拉后，不肯等到回到卧房，就要在当时当地和她性交，说他从来没有现在那样热烈的兴致，就连他和她从前瞒着父母第一次偷情时也还比不上；[38] 再如战神和阿佛洛狄忒私通被火神捉住绑起的故事；[39] 你觉得它们怎样？

阿 我以为这类故事绝对不宜于说给年轻人听。

苏 但是如果有坚忍不驱的事迹，无论是现在英雄们做的，或是在诗歌里传述的，这些才是我们应该见闻的。例如：

> 奥德修斯拍着胸膛向自己的心说：
> 忍着吧，心，你忍受过更大的痛苦。[40]

阿 你说得对。

苏 我们也不能让保卫者们爱财或是受贿。

阿 当然不能。

苏 那么，这种诗就不能让他们听：

> 礼物能说服神，也能说服可敬的国王，[41]

我们也不能赞美阿喀琉斯的教师福尼克斯，以为他劝阿喀琉斯得了礼物才去援救希腊人，否则不要平息他的愤恨，[42] 是劝得有理；我们也不能相信或承认阿喀琉斯是那样贪婪，肯收阿伽门农的礼物，[43] 或是得了礼物才肯归还赫克托耳的尸体。[44]

阿 赞美这类事迹当然不妥当。

苏 我虽然钦佩荷马，不敢说出，却又不能不说出，他对于阿喀琉斯说了这些话，或是轻听旁人的报告把这事儿信以为真，未免犯了大不敬。我也不相信阿喀琉斯向阿波罗说出这样唐突的话：

> 你，神中最恶毒的，横加我这样侮辱，
> 若是我有权势，我要狠狠地对你报复；[45]

我不信他顽强地反抗河神，胆敢和他交战；[46] 或是他既然把自己的头发供奉给另一个河神斯珀勾斯，还居然向他说：

> 我要把这股头发献给帕特洛克罗斯。[47]

而且居然照这话做了，我们否认他拖着赫克托耳的尸体绕着帕特洛克罗斯的墓走，以及把俘虏杀死，抛到火葬的柴堆里去烧之类故事是真的。我们不能让我们的保卫者相信：阿喀琉斯既然有女神做母亲，而且又有源出宙斯的聪明和珀琉斯做父亲，又从哲人刻戎受过教育，心里还那样糊涂，有两种相反的毛病混在一起：一方面卑鄙贪婪；一方面对神和人都很傲慢。[48]

阿　你说得对。

苏　此外我们也不要相信，而且不能准人说，忒修斯既然是海神波塞冬的儿子，庇里托俄斯既然是宙斯的儿子，曾经犯过可怕的强奸罪，[49] 或是任何神的儿子，任何英雄，敢做出那样可怕的谩神的事，像一些荒唐故事所说的。我们要强迫我们的诗人作一个声明，说英雄们没有做过这类事，否则就说他们并不是神们的子孙。我们不能让诗人使我们的年轻人相信：神可以造祸害，英雄并不比普通人好。我们早就说过，这类故事既大不敬，而且也不真实；我们已经证明过，祸害不能从神那里来。

阿　这是不可辩驳的。

苏　而且这类故事对听众也有害处。听说过英雄们，

> 神们的子孙，宙斯的嫡传，
>
> 他们在伊达高峰筑了祭坛
>
> 向宙斯顶礼，而神明的血液
>
> 还在他们的血脉中循环，[50]

像这样的英雄们也做过同样的坏事，谁不自宽自解，以为自己的坏事可以原谅呢？所以我们必须禁止这类故事，免得年轻人听到容易做坏事。

阿　当然。

苏　我们讨论过诗的题材哪些是合宜的，哪些是不合宜的，是否还有哪些我们没有提到呢？诗人应该怎样描写神灵、英雄和阴间，算是已经决定了。

阿　不错。

苏　还剩下关于人的一类故事，是不是？

阿　是，很显然的。

苏　但是我们暂时还不能替这类故事定下规律。

阿　为什么缘故？

苏　因为我这样想，要定规律我们就得说：诗人们和做故事的人们关于这个题材在最重要的关头都犯了错误，他们说，许多坏人享福，许多好人遭殃；不公正倒很有益，只要不让人看破，公正只对旁人有好处，对自己却是损失。我以为我们应该禁止他们说这类话，命令他们在诗和故事中所说的话要恰恰和这类话相反，是不是？

阿　我们应该这样办。

苏　在这一点上你既然承认我是对的，你就得承认我们许久以来所要证明的那道理[51]，也是对的，是不是？

阿　你的推断是正确的。

苏　我们既然找到了正义的本质，发现正义对有正义的人根本是有益的，不管有没有人知道它有正义。我们既然知道这个道理了，就可以说，关于人的一类故事应该符合这个道理，是不是？

阿　对极了。

苏　关于题材，话已经说够了。现在我想应该研究语文体裁问题，然后我们就算把"说什么"和"怎样说"两个问题都彻底讨论过了。[52]

阿　我不懂你的意思。

苏　我要设法使你懂，也许这样去看，你就容易懂些，故事作者们和诗人们所说的不都是对于过去、现在和未来事情的叙述？

阿　当然，没有别的。

苏　他们是用单纯叙述、摹仿叙述[53]，还是两法兼用呢？

阿　请你把话说明白一点。

苏　我显然是一个很可笑的教师，不能把话说得明白，我且学那不会说话的人们的办法，把原则丢开不管，只拿一个具体的事例来说明我的意思。你记不记得《伊利亚特》史诗的开头？荷马说起克律塞斯向阿伽门农请求赎回他的女儿，阿伽门农很骄傲地拒绝了，于是克律塞斯就向神做祷告，祈求神让希腊人遭殃。[54]你记得不？

阿　我还记得。

苏　你记得，一直到

　　　　　他向希腊人恳求遍了，

　　　　　尤其是他们的领袖，阿特柔斯的儿子们。[55]

那两行，诗人都以自己的身份在说话，不叫我们以为说话的是旁人而不

044

是他。但是从这两行以下，好像就是克律塞斯自己在说话，尽量使我们相信说话的不是荷马而是那老司祭本人。荷马采用了这个方法来叙述大部分在特洛伊和伊塔刻[56]两地所发生的事情，整部《奥德赛》也是这样写的。

阿　的确如此。

苏　无论是诗人在说话，还是当事人自己在说话，都要算叙述，是不是？

阿　不错。

苏　诗人站在当事人的地位说话时，是否要尽量使那话的风格口吻恰符合那当事人的身份？

阿　当然。

苏　一个人使自己在声音容貌上像另一个人，他是不是摹仿那个人？

阿　当然。

苏　所以在这些事例中荷马和其他诗人用摹仿来叙述？

阿　不错。

苏　另一方面，如果诗人永远不隐瞒自己，不用旁人名义说话，他的诗就是单纯叙述，不是摹仿。免得你再说不懂，我可以说明这是怎样办的。荷马已经说过克律塞斯怎样带了礼物来赎他的女儿，怎样恳求希腊人，尤其是恳求他们的领袖，如果在这段之后，他不是变成克律塞斯在说话，而还是他荷马本人，那就不是摹仿而是单纯叙述了。用单纯叙述，这段故事就会大约像这样——我不用韵律，因为我并不是一个诗人——"那司祭来了，祷告神们保佑希腊人攻下特洛伊城，平安回国；然后他向希腊人恳求，请他们看在阿波罗神的面子上，[57]接受他的礼物，放回他的女儿。他的话说完了，旁的希腊人都尊敬他，表示可以准许他的恳求；只有阿伽门农在发怒，吩咐他走开，并且不准他再来，否则他的神杖和头巾保护不了他那条老命；他的女儿不能赎，须陪他阿伽门农在阿耳戈

斯 [58] 过到老。如果他想活着回去，最好快点滚开，不要惹他生气。那老人听了这番话，心里很害怕，一声不响地走了。但是离开希腊军营之后，他向阿波罗祷告，用神的许多名号呼他，请神记起他过去一切敬神的功德，修盖庙宇和奉献牺牲，现在求他报答，求神的箭射杀希腊人，来赔偿他的眼泪。"朋友，这就是不用摹仿的单纯叙述。

阿　我懂得了。

苏　那么，你也就懂得与此相反的形式，就是把对话中间所插进的诗人的话完全勾销去了，只剩下对话。

阿　我也懂得。悲剧就是这种情形。

苏　你懂的一点不错。我想从前不能使你明白的，现在可以使你明白了，就是凡是诗和故事可以分为三种：头一种是从头到尾都用摹仿，像你所提到的悲剧和戏剧；第二种是只有诗人在说话，最好的例也许是合唱队的颂歌 [59]；第三种是摹仿和单纯叙述掺杂在一起，史诗的另外几种诗都是如此。你懂得吧？

阿　我现在懂得你的意思了。

苏　你该还记得，我们说过，在诗的题材或内容上我们已经得到一致的意见了，还要讨论的是它的形式。

阿　我还记得。

苏　我原要想说的就是这形式问题。我们应该决定是否准许诗人们用摹仿来叙述，如果可以用摹仿，还是通篇用或部分用，在什样情形才应该用那个形式，还是完全禁止用摹仿的形式。

阿　我猜想，你的意思是要决定我们是否准许我们的城邦里有悲剧。

苏　也许，也许还不只此，我现在还不知道。看理路的风向哪里吹，我们就向哪里走。

阿　好的，我们就这样办。

苏　阿德曼特，想一想我们的保卫者是否应该做摹仿者。从我们已经说过的
　　那番话看来，每个人只能做好一件事，不能同时做好许多事，如果他想
　　做许多事，就会哪一件都做不很好。这个看法不就已替这问题找到了答
　　案吗？

阿　当然。

苏　这话可不可以应用到摹仿？同一个人摹仿许多事，不如摹仿一件事做得
　　那样好。

阿　当然不能。

苏　他更不能一方面担任一件重要职务，一方面又做一个摹仿者摹仿许多事；
　　因为同一个人从事于很相近的两种摹仿形式，也不能成功，比如说悲剧
　　和喜剧。你刚才不是把悲剧和喜剧看作摹仿吗？

阿　我是把它们看作摹仿，你说得有理，同一个作家不能在悲剧和喜剧两方
　　面都成功。

苏　一个人同时做诵诗人和演戏人，也不能成功。

阿　真的。

苏　我们甚至于发现同一个演员不能演悲剧又演喜剧。可是这些都不过是摹
　　仿，是不是？

阿　一点不错。

苏　阿德曼特，我看人的本性好像划分成许多小部分，所以一个人不能把许
　　多事摹仿得好，也不能把摹仿的蓝本那许多事本身做得好。

阿　的确如此。

苏　那么，如果我们坚持原来的意思，以为保卫者们必须卸去一切其他事务，
　　专心致志地保卫国家的自由，凡是对这件要务无补的他们都不该去做；
　　那么，除了这件要务以外，他就不应该做旁的事，也不应该摹仿旁的事
　　了。如果他们要摹仿，也只能从小就摹仿适合保卫者事业的一些性格，

摹仿勇敢、有节制、虔敬、宽宏之类品德；可是卑鄙丑恶的事就不能做，也不能摹仿，恐怕摹仿惯了，就弄假成真。你注意到没有，摹仿这玩意如果从小就开始，一直继续下去，就会变成习惯，成为第二天性，影响到身体、声音和心理方面。

阿　我注意到，的确如此。

苏　那么，我们就不能让我们所要关心的人们，男子们，而且长大要成为好人的男子们，去摹仿一个女人，不管是老是少，和丈夫吵嘴，咒天骂神，快活得发狂，或是遭点灾祸便伤心流泪；我们尤其不能让他们摹仿女人生病、恋爱或是临产。

阿　的确不能让他们摹仿这些。

苏　他们也不能摹仿奴隶，不管是男是女，在做奴隶的事。

阿　不能。

苏　也不能摹仿坏人、懦夫或是行为与我们所规定的相反的那些人们，互相讥嘲谩骂，不管在清醒还是在醉酒的时候，或是做坏事，说坏话，像这类人做人处世所常表现的。此外，我想他们也不应该在言行上摹仿疯人。他们应该认识疯人，坏男人和坏女人，但是不应该做这类人所做的事，也不能摹仿它们。

阿　你的话对极了。

苏　他们可不可以摹仿铁匠和其他手艺人，船夫、船长，或是这一类人呢？

阿　他们既然不准操这类人的行业，怎么可以摹仿他们呢？

苏　他们可不可以摹仿马叫牛叫，摹仿河流声和海啸声，摹仿打雷声以及如此等类的事情呢？

阿　不能，因为他们不准发疯或是摹仿疯人。

苏　如果我没有误解你的意思，你是说叙述的语文体裁有两种，一种是真正好人有话要说时所用的；另一种是性格和教养都和好人相反的那种人所惯用的。

阿　哪两种呢？

苏　一个好人若是要叙述到一个好人的言行，我想他愿意站在那好人本人的地位上来说话，不以这种摹仿为耻。他对于那好人的坚定聪慧的言行，会特别摹仿得认真；若是那好人遭遇到疾病、恋爱、鸩醉或是其他不幸的事，他就摹仿得少些。但是他若是要叙述一个不值得他瞧得起的人，他就不会肯认真去摹仿那个比他低劣的性格，除非偶然他碰到那人做了一点好事，才摹仿他一点。此外，他会以摹仿这种人为耻，因为他对于摹仿这种性格素无训练，而且也不愿降低身份来取他所鄙视的人物做模范来摹仿，除非是偶然开玩笑。

阿　理应如此。

苏　所以他会用我们在前面谈荷马诗时所说过的那种叙述形式，一部分用单纯叙述，一部分用摹仿叙述，但是摹仿叙述只占一小部分。你是不是这样看？

阿　不错，叙述者的模范应该如此。

苏　至于性格与此相反的人，性格愈卑劣，他也就愈能无所不摹仿，看不到什么可以降低他的身份的事情，所以他会在大庭广众之中，故作正经地摹仿我们在前面所说的一切，打雷吹风下冰雹的声音，轮盘滑车的声音，号角箫笛以及各种乐器的声音，乃至于鸡鸣狗吠羊叫的声音。所以他的叙述几乎全是声音姿势的摹仿，很少用单纯叙述。

阿　那是一定的。

苏　语文体裁就是这两种，是不是？

阿　就是这两种。

苏　头一种不带激烈的转变，如果谱出乐调，找一个节奏，来配合它的词句，我们几乎可以从头到尾都用同一个调子，只用很轻微的变化，就可以表现得很正确，节奏也大致是均匀一致的。你看是不是这样？

阿　你说得很对。

苏　另外那种语文体裁怎样？是否恰恰相反？要妥当地表现它，是否必须杂用各种乐调和各种节奏，因为它有各种转变？

阿　的确如此。

苏　凡是诗人以及一般作家是不是要在这两种语文体裁中选用一种，或是两种掺杂着用？

阿　当然不可能有其他办法。

苏　我们是否应该准许在我们的城邦里采用这三种体裁呢？还是只准用单纯叙述或摹仿，还是也准用混合体呢？

阿　如果依我的意见，我们只准用摹仿好人的单纯叙述。

苏　但是，亲爱的阿德曼特，混合体也却有它的引人入胜处。至于与你所选的那种正相反的体裁——摹仿——却最受儿童们、保姆们，尤其是一般群众们欢迎。

阿　我承认，它确实受欢迎。

苏　不过你也许可以说，它对我们的城邦却不适宜，因为我们中间没有"一个人骑两头马"，每个人只做他本分里的一件事。

阿　它实在不适宜。

苏　是不是因为这个缘故：我们的是唯一的城邦，里面鞋匠就真正是鞋匠，而不是鞋匠兼船长；农人就真正是农人，而不是农人兼法官；兵士就真正是兵士，而不是兵士兼商人，其余依此类推？

阿　不错。

苏　那么，如果有一位聪明人有本领摹仿任何事物，乔扮任何形状，如果他来到我们的城邦，提议向我们展览他的身子和他的诗，我们要把他当作一位神奇而愉快的人物看待，向他鞠躬敬礼；但是我们也要告诉他：我们的城邦里没有像他这样的一个人，法律也不准许有像他这样的一个人，然后把他涂上香水，戴上毛冠，请他到旁的城邦去。至于我们的城邦里，我们只要一种诗人和故事作者：没有他那副悦人的本领而态度却比他严肃，他们的作品须对于我们有益；须只摹仿好人的言语，并且遵守我们原来替保卫者们设计教育时所定的那些规范。

阿　如果权在我们的手里，我们一定要这样办。

苏　朋友，关于文学和故事这一部门音乐，我们算是讨论完毕了，我们讨论过题材内容，又讨论过形式。

阿　我也是这样看。

苏　音乐还剩下另一个部门，歌词和乐调。

阿　那是很明显的。

苏　每个人都会看得出我们对于歌词和乐调应该做怎样规定，只要我们符合前面那番话的意思就行了。

格　（笑）我却不是你所说的"每个人"，我现在还不敢说应该做怎样规定，虽然我心里也有些打算。

苏　至少你可以很确定地说，歌有三个要素：歌词、乐调和节奏。[60]

格　那倒可以确定地说。

苏　关于歌词，合乐的词和不合乐的词并没有什么分别，只要符合我们刚才对于题材内容和形式所规定的那些规律就行了，是不是？

格　对，那就行了。

苏　至于乐调和节奏，它们都要恰能配合歌词。

格　当然。

苏　我们讨论诗的题材时，说不准有哭泣哀叹。

格　不错。

苏　哪些乐调是表现悲哀的呢？你懂音乐，请告诉我。

格　表现悲哀的是吕底亚式和混合的吕底亚式[61]之类。

苏　我们是否把这类悲哀的乐调抛开，因为拿它们来培养品格好的女人尚且
　　不合式，何况培养男子汉？

格　它们当然要抛开。

苏　其次，醉酒、文弱、懈怠，对于保卫者们不是毫不相宜吗？

格　当然。

苏　哪样乐调是文弱的，用于饮宴的呢？

格　伊俄尼亚式和吕底亚式，它们叫作"柔缓式"。

苏　这类乐调对于保卫者们是否有用呢？

格　绝对不适用。剩下的就只有多里斯式和佛律癸亚式了。

苏　我对于这些乐调是外行，但是我们准许保留的乐调要是这样：它能很妥
　　帖地摹仿一个勇敢的人的声调，这人战场和在一切危难境遇都英勇坚定，
　　假如他失败了，碰见身边有死伤的人，或是遭遇到其他灾祸，都抱定百
　　折不挠的精神继续奋斗下去。此外我们还要保留另一种乐调，它须能摹
　　仿一个人处在和平时期，做和平时期的自由事业，或是祷告神祇，或是
　　教导旁人，或是接受旁人的央求和教导，在这一切情境中，都谨慎从事，
　　成功不矜，失败也还是处之泰然。这两种乐调，一种是勇猛的，一种是
　　温和的；一种是逆境的声音，一种是顺境的声音；一种表现勇敢，一种
　　表现聪慧。我们都要保留下来。

格　你所要保留的正是我刚才所说的多里斯式和佛律癸亚式。

苏　我们的歌和乐调也不需要弦子太多而音阶很复杂的乐器，是不是？

格　的确不需要。

苏　那么，我们就不必供养工匠来制造铜弦琴、三角琴以及一切多弦多音阶
　　的乐器了。

格　大可不必了。

苏　我们的城邦要不要制笛者和吹笛者进来呢？笛不是声音最多的乐器吗？多音阶的乐器其实不都是仿笛子造成的吗？

格　显然如此。

苏　所以剩下来的只有两角竖琴和台琴供城市用。在田野里牧人们可以用一种排箫。

格　这是当然的结论。

苏　我们也并非翻新花样，只是取阿波罗和阿波罗的乐器而不取马西亚斯和马西亚斯的乐器。[62]

格　算不得翻新花样。

苏　哈，狗呀[63]，我们从前说我们的城邦太文弱了，我们这阵子不知不觉地在清洗它了。

格　我们清洗得好。

苏　那么，我们就来完成我们清洗的工作。乐调之后就是节奏。节奏也应该服从同样的规律，不应该求繁复，不应该有许多音节。我们须找出哪些节奏可以表现勇敢和聪慧的生活。找到之后，我们就使音节和乐调配合歌词，来表现这种生活，但是不能使歌词迁就音节和乐调。哪些才是这样节奏，只好请你告诉我们，如同你刚才告诉我们乐调一样。

格　可是我没有这个能力。我只知道节奏共分三种，各种音节都是由这三种组成的，正如音有四种，各种乐调都由这四种音组成的一样。[64]至于哪一种节奏摹仿哪一种生活，我却不知道。

苏　那么，我们就要请教达蒙[65]，问他哪种音节宜于表现卑鄙、傲慢、疯狂以及其他毛病，哪种音节宜于表现相反的品质。我仿佛听见他谈到节奏时，用些"战争气的""复合的""长短短格"或"英雄格"之类字样。他用一种我不懂得的方法来安排这些音节，使节奏的起伏随着音节的长短；我好像记得他把一种音节叫作"短长格"，另一种叫作"长短格"，拿音的长短来定节奏。有时他批评好坏，顾到每一个音节的快慢，也顾到全章的节奏，也许是根据这两种效果的混合。我懂得不很清楚。不过我已经说过，这类问题要请教达蒙，要解决它们很要费些讨论，是不是？

格　是的。

苏　有一点你总可以决定，美不美要看节奏的好坏。

格　当然。

苏　节奏的好坏要看语文风格的好坏，正如音乐的好坏要看歌词的好坏一样，我们已经说过，应该使节奏和乐调符合歌词，不应该使歌词迁就节奏和乐调。

格　我们是这样说过。

苏　语文风格本身怎样呢？它是否要看心灵的性格？

格　当然。

苏　其余一切都要看语文风格？

格　是。

苏　所谓语文的美，乐调的美，以及节奏的美，都表现好性情。所谓"好性情"并不是我们通常拿来恭维愚笨人的那个意思，而是心灵真正尽善尽美。

格　你说得顶对。

苏　如果我们要年轻人能尽他们的责任，不应该让他们追求这些好品质吗？

格　那是一定的。

苏　图画和一切类似艺术都表现这些好品质，纺织、刺绣、建筑以及一切器具的制作，乃至于动植物的形体也都是如此。这一切都各有美与不美的分别。不美，节奏坏，不和谐，都由于语文坏和性情坏；美，节奏好，和谐，都由于心灵的聪慧和善良。

格　这是千真万确的。

苏　我们是否只监督诗人们，强迫他们在诗里只描写善的东西和美的东西的影像，否则就不准他们在我们的城邦里作诗呢？还是同样也要监督其他艺术家们，不准他们在生物图画、建筑物以及任何制作品之中，摹仿罪恶、放荡、卑鄙和淫秽，如果犯禁，也就不准他们在我们的城邦里行业呢？我们不是要防止我们的保卫者们在丑恶事物的影像中培养起来，有如牛羊在芜秽的草原中培养起来一样，天天在那里咀嚼毒草，以至日久就不知不觉地把四围许多坏影响都铭刻到心灵深处吗？我们不是应该寻找一些有本领的艺术家，把自然的优美方面描绘出来，使我们的青年们像住在风和日暖的地带一样，四围一切都对健康有益，天天耳濡目染于优美的作品，像从一种清幽境界呼吸一阵清风，来呼吸它们的好影响，使他们不知不觉地从小就培养起对于美的爱好，并且培养起融美于心灵的习惯吗？

格　是的，没有哪种教育方式能比你所说的更好。

苏　格罗康，音乐教育比起其他教育都重要得多，是不是为这些理由？头一层，节奏与乐调有最强烈的力量浸入心灵的最深处，如果教育的方式适合，它们就会拿美来浸润心灵，使它也就因而美化；如果没有这种适合的教育，心灵也就因而丑化。其次，受过这种良好的音乐教育的人可以很敏捷地看出一切艺术作品和自然界事物的丑陋，很正确地加以厌恶；但是一看到美的东西，他就会赞赏它们，很快乐地把它们吸收到心灵里，作为滋养，因此自己性格也变成高尚优美。他从理智还没有发达的幼年时期，对于美丑就有这样正确的好恶，到了理智发达之后，他就亲密地接近理智，把她当作一个老朋友看待，因为他的过去音乐教育已经让他和她很熟悉了。

格　音乐教育确实有这些功用。

苏　正如学习阅读语文，认识了数目很少的字母，看它们散在不同的字句里都能辨别出来，不管字体大小，都不忽视它们，而要到处都很热心地把它们认识得清清楚楚，心里明白没有做到这步功夫，就不能算是识字；到了这步功夫，我们在阅读方面就算学得很好了。

格　的确。

苏　我们先要学会认识那些字母本身，然后才能认识它们投在水里或镜子里的影像，因为所需要的能力和训练是一样的。

格　当然。

苏　老天爷，音乐教育不是一样道理吗？我们自己和我们所要教育的保卫者们都不能算懂音乐，除非我们认识了节制、勇敢、宽宏、高远之类品质的形象以及和它们相反的品质和形象，无论它们散在什么地方，无论是它们本体或是它们的影像，一眼看到，就能辨别出来；无论它们表现在大处或是表现在小处，都不忽视它们，心里明白辨别本体和影像所需要的能力和训练是一样的。

格　的确。

苏　对于有眼睛能看的人来说，最美的境界是不是心灵的优美与身体的优美谐和一致，融成一个整体？

格　那当然是最美的。

苏　最美的是否也就是最可爱的？

格　当然。

苏　那么，真正懂音乐的人就会热烈地钟爱这样心身谐和的人们，不爱没有这种谐和的人们。

格　不错，爱人至少要在心灵方面没有欠缺，如果只是身体的欠缺，那还不失其为可爱。

苏　我明白你说这话的意思，因为你现在或过去有这样一个爱人，我也不怪你。但是请问你一句，过度快感和节制是否相容？

格　那怎么能相容！过度快感可以扰乱心智，正如过度痛感一样。

苏　过度快感和其他品德能否相容呢?

格　当然不能。

苏　和骄纵淫荡也许相容吧?

格　它们倒是相容。

苏　有没有一种快感比性欲快感更过度,更强烈呢?

格　没有,也没有比它更疯狂的。

苏　但是真正的爱只是用有节制的音乐的精神去爱凡是美的和有秩序的,是不是?

格　是。

苏　那么,真正的爱就要把疯狂的或是近于淫荡的东西赶得远远的,是不是?

格　当然。

苏　那么,我们刚才所说的那种快感不能走近情人和爱人的身边;如果他们真正相爱,就不能享受那种快感。

格　当然不能。

苏　所以我想在我们要建立的城邦里应该定一条法律,情人对于爱人所表示的亲爱,如接吻拥抱之类,只能像父亲对于儿子所表示的那样,而且先要说服对方,目的要是高尚纯洁的;他们的关系不能超过这个程度,否则他们就要受人指责为粗鄙。[66]

格　应该这样规定。

苏　你承认不承认我们关于音乐的讨论已告结束呢? 这结束也恰好在理应结束的地方,因为音乐应该归宿到对于美的爱[67]。

格　我承认。

（根据 Lindsay 参照 Jowett 和 Emile Chambry 译）

注释

1. 见赫西俄德的《神谱》154 至 181，以及 459 行等。乌拉诺斯是天神，配了地神，生下十八个孩子，一说生下六男六女，克洛诺斯是其中之一。天神厌恨子女，一生下来就把他们投到地牢里囚禁。为了报复，克洛诺斯把他父亲推翻了，并且割去了他的生殖器，自己做了天神。后来克洛诺斯又被他的儿子宙斯推翻了。

2. 见《伊利亚特》卷一。赫拉是天后，和天神宙斯有时吵嘴，宙斯往往打她或是叫人捆吊她。赫淮斯托斯是火神，常站在母亲方面，宙斯把他从天上抛下，所以他跌跛了腿。

3. 以上这几句诗见《伊利亚特》卷二十四。

4. 出处不详。

5. 见《伊利亚特》卷四。希腊人和特洛伊人立约休战，宙斯听了赫拉的话，遣雅典娜去特洛伊军营，乔装为凡人，怂恿潘达洛斯放暗箭射伤希腊将领墨涅拉俄斯（海伦的原夫），于是战争又起来了。

6. 见《伊利亚特》卷二十。神分成两派，一派帮助希腊，一派帮助特洛伊，都参加了战争。

7. 埃斯库罗斯是希腊三大悲剧家中最早的一位。引的两行诗大约是从《尼俄柏》悲剧中摘来的，这部悲剧已不存在。尼俄柏是忒拜的王后，笃爱子女，很骄傲，自以为比阿波罗的母亲子女更多，遭神谴，子女全被射死，自己化成流泪石。

8. 珀罗普斯据说是宙斯的曾孙，他的后裔最著名的是阿伽门农和墨涅拉俄斯，荷马史诗中的重要角色；阿伽门农是埃斯库罗斯的一部悲剧的主角。特洛伊战争是荷马史诗的主题。

9. 见《奥德赛》卷十七。

10. 普罗透斯见第 19 页注 28；忒提斯是女海神，嫁了凡人，生了阿喀琉斯；她也善变形。

11. 伊那科斯本是河名，希腊有一部讽刺剧以此为主题，作者和书均已失传。

12. 见《伊利亚特》卷二。宙斯要害希腊人，遣梦神告阿伽门农赶快出兵，结果希腊人打了败仗。

13. 这个剧本已失传。

14. 希腊戏剧的合唱队和演员团体是分开的，合唱就由城邦当局供给，但也要由诗人导演。

15. 原文卷二在此终结。

16. 见《奥德赛》卷十一。

17. 见《伊利亚特》卷二十。

18. 见《伊利亚特》卷二十三。

19. 见《奥德赛》卷十。忒瑞西斯阿斯是瞎子预言家，死后还保留感觉力。

20. 见《伊利亚特》卷十六。

21. 见《伊利亚特》卷二十三。

22. 见《奥德赛》卷二十四。

23. "呜咽河"和"恨河"都是围绕地狱的河。

24. 见《伊利亚特》卷二十四。

25. 见《伊利亚特》卷十八。

26. 见《伊利亚特》卷二十二。普里阿摩斯是特洛伊的老国王，传说是宙斯的七世孙。

27. 见《伊利亚特》卷十八。阿喀琉斯因爱友战死悲恸，他的母亲忒提斯这样哭他。

28. 见《伊利亚特》卷二十二。特洛伊大将赫克托耳被阿喀琉斯打败，绕城逃跑。宙斯望见，发这个叹息。

29. 见《伊利亚特》卷十六。萨珀冬是特洛伊的猛将，被帕特洛克罗斯战败身死。宙斯预知他要战死，发这个叹息。

30. 见《伊利亚特》卷一。火神赫淮斯托斯替参加会议的神们斟酒。

31. 见《奥德赛》卷十七。

32. 见《伊利亚特》卷四。希腊大将阿伽门农劝将官们拿出勇气打仗，一位将官不服，狄俄墨得斯劝他服从。

33. 见《伊利亚特》卷三。

34. 见《伊利亚特》卷四。

35. 见《伊利亚特》卷一。阿喀琉斯骂阿伽门农的话。

36. 见《奥德赛》卷九。"最聪明的人"是奥德修斯。

37. 见《奥德赛》卷十二。

38. 见《伊利亚特》卷十四。

39. 见《奥德赛》卷八。阿佛洛狄忒原是火神的妻。

40. 见《奥德赛》卷二十二。奥德修斯打过十年仗，又浮过十年海，初回家时看见成群的人在他家里吃喝，向他妻子求婚。他压下气愤，想方法把他们一齐杀掉。参看第18页注14。

41. 这句话本是希腊古谚。

42. 见《伊利亚特》卷九。希腊人战败，阿喀琉斯因为和阿伽门农为争女俘事吵过嘴，坐视不救。

43. 见《伊利亚特》卷十九。阿喀琉斯得了礼物，和阿伽门农讲了和，才肯出马打仗。

44. 见《伊利亚特》卷二十四。阿喀琉斯把赫克托耳战败打死了，赫克托耳的老父普里阿摩斯带礼物去希腊军营，才把他的尸首赎回。

45. 见《伊利亚特》卷二十二。阿波罗援助特洛伊人，阿喀琉斯因此咒骂他。

46. 见《伊利亚特》卷二十一。

47. 见《伊利亚特》卷二十三。帕特洛克罗斯是阿喀琉斯最宠爱的朋友，他战败身死，阿喀琉斯极悲恸，替他举行大追悼会，后来他亲身出战，打死了杀他爱友的赫克托耳，把这仇人的尸体拖着绕墓游行。

48. 希腊神话中人神杂糅。许多英雄据说都是神的后裔，阿喀琉斯的母亲是忒提斯（水神的女儿），父亲是珀琉斯，宙斯的后裔。

49. 忒修斯是希腊传说中一个大力士，他常在打过胜仗或立过大功之后，抢劫妇女。例如他战败了阿玛宗女兵国，就掳去女兵国王。据另一传说，他劫掠过有名的海伦，这是他和庇里托俄斯合伙干的。这两人又到过阴间，想劫掠冥王的王后珀耳塞福涅，但是被冥王抓住绑在岩石上。

50. 这段诗来源不明。有一说以为它是从埃斯库罗斯的一部失传的《尼俄柏》悲剧来的。伊达山在克里特岛上，据说宙斯是在那里长大的。

51.《理想国》前部分讨论"正义"的本质，有人说正义不一定有好报应，苏格拉底反对这种看法。不过这问题还没有得到最后的结论，所以他这样说。他"所要证明的那道理"就是正义是有益于人的。

52. 以上讨论文学的内容，以下讨论文学的形式。

53. 即"间接叙述"和"直接叙述"（戏剧式的叙述）。

54. 见《伊利亚特》卷一。阿伽门农掳了特洛伊的一个女人做妾，她的父亲克律塞斯是阿波罗神的司祭，带礼物来赎，阿伽门农不许，他就祈祷阿波罗惩罚希腊人。

55. 见《伊利亚特》卷一。阿特柔斯是希腊两个主将阿伽门农和墨涅拉俄斯（海伦的丈夫）的父亲。

56. 伊塔刻是奥德修斯所统治的小国，荷马的两部史诗中《伊利亚特》的主要的背景是在特洛伊，《奥德赛》的主要的背景在伊塔刻。

57. 因为克律塞斯是阿波罗神的司祭。

58. 阿耳戈斯是阿伽门农所统治的小国。

59. 希腊悲剧到每段情节告一个段落时，都由合唱队唱一段歌，这歌是站在旁边地位，把情节略加复述而加以赞叹。

60. 歌词和乐调是两回事，这是容易了解的。至于节奏在歌词里有，在乐调里也有。这里所指的只是诗和音节长短或韵律。拿乐调和节奏对举时，节奏侧重长短起伏，乐调侧重高低起伏。

61．希腊音乐往往以流行地区得名，类似中国古代的"郑声""秦声""楚声"之类。每一地区的音乐往往有它的特殊风格和特殊的伦理性质。希腊音乐约分四种：一、吕底亚式：吕底亚在小亚细亚，这地方音乐柔缓哀婉；二、伊俄尼亚式：伊俄尼亚在小亚细亚西海岸，这地方音乐柔缓缠绵；三、多里斯式：多里斯在希腊北部，这地方音乐简单、严肃、激昂；四、佛律癸亚式：佛律癸亚也在小亚细亚，音乐发达最早，对希腊音乐的影响也最大，它的特点是战斗的意味很强。下文所说的笛就是由佛律癸亚传到希腊的。

62．阿波罗是文艺神，所以是音乐的创造者。据说他发明了竖琴和笛。马西亚斯是佛律癸亚的一个林神，善吹笛，要和阿波罗竞赛音乐，相约谁败了就听胜者任意处罚。马西亚斯吹笛，阿波罗弹琴，诗神们做评判，评定阿波罗胜，马西亚斯就被绑在树上活剥皮。这里阿波罗的乐器指琴，马西亚斯的乐器指笛。

63．希腊人发誓，为避免用宙斯大神的名字，用寻常动物来代替。

64．希腊诗如英文诗，分行计算，每行依字音数目分若干音步，每音步以长短相间见节奏，与英文诗以轻重相间见节奏有别。每音步通常有两个或三个字音，最普通的有三种排列："短长格"先短后长，"长短格"先长后短，"长短短格"一个长音之后有两个短音。因这种有规律的排列见节奏叫作"音节"。"音有四种"或指基本的音阶，唯音乐史家对于希腊音乐技巧分析尚无定论，这里也不敢臆断。

65．达蒙是公元前五世纪著名的音乐家，他论诗的音律的著作，现已失传。

66．这里所指的爱是男子的同性爱。详见《斐德若篇》和题解。

67．美与爱情在柏拉图的著作中常连在一起来讲，因为美引起爱，爱又产生美。参看《会饮篇》和《斐德若篇》。

理想国（卷十）[*]
——诗人的罪状

---

* 卷十选译 595A 至 608B。

对话人：苏格拉底

格 罗 康

苏 我有许多理由相信，我们所建立的城邦是最理想的，尤其是从关于诗的
  规定来看[1]，我敢说。

格 你指的是哪一项规定呢？

苏 我指的是禁止一切摹仿性的诗进来。我们既然分清心灵和各种因素[2]了，
  更足见诗的禁令必须严格执行。

格 这话怎样说？

苏 说句知心话，你可千万不要告诉悲剧诗人和其他摹仿者，在我看，凡是
  这类诗对于听众的心灵是一种毒素，除非他们有消毒剂，这就是说，除
  非他们知道这类诗的本质真相。

格 你为什么这样说？

苏 我的话不能不说，虽然我从小就对于荷马养成了一种敬爱，说出来倒有
  些于心不安。荷马的确是悲剧诗人的领袖。不过尊重人不应该胜于尊重

真理，我要说的话还是不能不说。

格　当然。

苏　那么，就请听我说，或是说得更恰当一点，请听我发问。

格　你问吧。

苏　请问你，摹仿的一般性质怎样？我自己实在不知道它的目标是什么。

格　你都不知道，难道我还能知道吗？

苏　那并不足为奇，眼睛迟钝的人有时反比眼睛尖锐的人见事快。

格　这话倒不错。不过当你的面前，我不敢冒昧说我的意见，尽管它像是很
　　明显的；还是请你说吧。

苏　我们好不好按照我们经常用的办法，来研究这个问题呢？我们经常用一
　　个理式³来统摄杂多的同名的个别事物，每一类杂多的个别事物各有一
　　个理式。你明白吧？

格　我明白。

苏　我们可以任意举那一类杂多事物为例来说，床也好，桌子也好，都各有
　　许多个例，是不是？

格　不错。

苏　这许多个别家具都由两个理式统摄，一个是床的理式，一个是桌的理式，
　　是不是？

格　不错。

苏　我们不也常说，工匠制造每一件用具，床、桌或是其他东西，都各按
　　照那件用具的理式来制造么？至于那理式本身，它并不由工匠制造吧？

格　当然不能。

苏　制造理式的那种工匠应该怎样称呼呢？

格　你指的是谁？

苏　我指的是各行工匠所制造出的一切东西，其实都是由他一个人制造出来

的那种工匠。

格　他倒是一个绝顶聪明人！

苏　等一会儿，你会更有理由这样赞扬他。因为这位工匠不仅有本领造出一切器具，而且造出一切从大地生长出来的，造出一切有生命的，连他自己在内；他还不以此为满足，还造出地和天，各种神，以及天上和地下阴间所存在的一切。[4]

格　真是一位了不起的艺术家咧！

苏　你不相信吗？你是否以为绝对没有这样一个工匠呢？你是否承认一个人在某个意义上能制造一切事物，在另一意义上却不能呢？在某个意义上你自己也就可以制造这一切事物，你不觉得吗？

格　用什么方法呢？

苏　那并不是难事，而是一种常用的而且容易办到的制造方法。你马上就可以试一试，拿一面镜子四方八面地旋转，你就会马上造出太阳、星辰、大地、你自己、其他动物、器具、草木以及我们刚才所提到的一切东西。

格　不错，在外形上可以制造它们，但不是实体。

苏　你说得顶好，恰和我们讨论的思路，我想画家也是这样一个制造外形者，是不是？

格　当然是。

苏　但是我想你会这样说，一个画家在一种意义上虽然也是在制造床，却不是真正在制造床的实体，是不是？

格　是，像旋转镜子的人一样，他也只是在外形上制造床。

苏　木匠怎样？你不是说过他只制造个别的床，不能制造"床之所以为床"那个理式吗？

格　不错，我说过这样话。

苏　他既然不能制造理式，他所制造的就不是真实体，只是近似真实体的东西。如果有人说木匠或其他工匠的作品完全是真实的，他说的话就不是真理了。

格　至少是研究这类问题的哲学家们不承认他说的是真理。

苏　那么，如果这样制造的器具比真实体要模糊些，那就不足为奇了。

格　当然。

苏　我们好不好就根据这些实例，来研究摹仿的本质？

格　随便你。

苏　那么，床不是有三种吗？第一种是在自然中本有的，我想无妨说是神制造的，因为没有旁人能制造它；第二种是木匠制造的；第三种是画家制造的。

格　的确。

苏　因此，神、木匠、画家，是这三种床的制造者。

格　不错，制造者也分这三种。

苏　就神那方面说，或是由于他自己的意志，或是由于某种必需，他只制造出一个本然的床，就是"床之所以为床"那个理式，也就是床的真实体。他只造了这一个床，没有造过，而且永远也不会造出，两个或两个以上这样的床。

格　什么缘故呢？

苏　因为他若是造出两个，这两个后面就会有一个公共的理式，这才是床的真实体，而原来那两个就不是了。

格　你说得对。

苏　我想神明白这个道理，他不愿造某某个别的床，而要造一切床的理式，所以他只造了这样一个床，这床在本质上就只能是一个。

格　理应如此。

苏　我们好不好把他叫作床的"自然创造者"[5]，或是用其他类似的称呼？

格　这称呼很恰当，因为他在制造这床和一切其他事物时，就是自然在制造它们。

苏　怎样称呼木匠呢？他是不是床的制造者？

格　他是床的制造者。

苏　画家呢？他可否叫作床的制造者或创造者？

格　当然不能。

苏　那么，画家是床的什么呢？

格　我想最好叫他作摹仿者，摹仿神和木匠所制造的。

苏　那么，摹仿者的产品不是和自然隔着三层吗⁶？

格　不错。

苏　悲剧家既然也是一个摹仿者，他是不是在本质上和国王⁷和真理也隔着三层吗？并且一切摹仿者不都是和他一样吗？

格　照理说，应该是一样。

苏　我们对于摹仿者算是得到一致意见了。现在再来说画家，他所要摹仿的是自然中的真实体呢？还是工匠的作品呢？

格　他只摹仿工匠的作品。

苏　他摹仿工匠作品的本质，还是摹仿它们的外形呢？这是应该分清的。

格　我不明白你的意思。

苏　我的意思是这样：比如说床，可以直看，可以横看，可以从许多观点看。观点不同，它所现的外形也就不同，你以为这种不同是在床的本质，还在床的外形呢？现形不同的床是否真正与床本身不同呢？其他一切事物也可由此类推。

格　外形虽不同，本质还是一样。

苏　想一想图画所要摹仿的是实质呢，还是外形呢？

格　图画只是外形的摹仿。

069

苏　所以摹仿和真实体隔得很远，它在表面上像能制造一切事物，是因为它
　　只取每件事物的一小部分，而那一小部分还只是一种影像。比如说画家，
　　他能画出鞋匠木匠之类工匠，尽管他对于这些手艺毫无知识。可是他如
　　果有本领，他就可以画出一个木匠的像，把它放在某种距离以外去看，
　　可以欺哄小孩子和愚笨人们，以为它真正是一个木匠。

格　确实如此。

苏　那么，好朋友，依我想，关于画家的这番话可以应用到一切与他类似的
　　人们。如果有人告诉我们，说他遇见过一个人，精通一切手艺，而且对
　　于一切事物精通的程度还要超过当行的人，我们就应该向他说，他是一
　　个傻瓜，显然受了一个魔术家或摹仿者的欺哄，他以为那人有全知全能，
　　是因为他分不清有知、无知和摹仿三件事。

格　的确。

苏　现在我们都要检讨悲剧和悲剧大师荷马了。因为许多人都说悲剧家无所
　　不通，无论什么技艺，无论什么善恶的人事，乃至于神们的事，他都样
　　样通晓。他们说，一个有本领的诗人如果要取某项事物为题材来作一首
　　好诗，他必须先对那项事物有知识，否则就不会成功，我们对于这些人
　　们必须检查一下，看他们是否也碰到了摹仿者们，受了欺哄，看不出他
　　们的产品和真实体隔着三层，对真实体不用有知识就可以轻易地做成
　　呢？还是他们说得果然不错，有本领的诗人们对于他们因描绘而博得赞
　　赏的那些事物真正有知识呢？

格　是的，这倒是必须检查的。

苏　你想一想，如果一个人既能摹仿一件事物，同时又能制造那件事物，他
　　会不会专在摹仿上下功夫，而且把摹仿的本领看作他平生最宝贵的东
　　西呢？

格　我想他不至如此。

苏　在我看，他如果对于所摹仿的事物有真知识，他就不愿摹仿它们，宁愿制造它们，留下许多丰功伟绩，供后世人纪念。他会宁愿作诗人所歌颂的英雄，不愿做歌颂英雄的诗人。

格　我也是这样看，那样做，他可以得到更大的荣誉，产生更大的效益。

苏　关于许多问题，我们倒不必追问荷马或其他诗人，不必问他们对医学有没有知识，是否只在摹仿医学的话语；不必追问他们古今有没有过一个诗人，像埃斯库勒普医神一样，医好过一些病人，留传下一派医学。此外还有许多其他技艺，我们也不必去追问诗人们。但是荷马还要谈些最伟大最高尚的事业，如果战争、将略、政治、教育之类，我们就理应这样质问他："亲爱的荷马，如果像你所说的，谈到品德，你并不是和真理隔着三层，不仅是影像制造者，不仅是我们所谓摹仿者，如果你和真理只隔着两层，知道人在公私两方面用什么方法可以变好或变坏，我们就要请问你，你曾经替哪一国建立过一个较好的政府，像莱科勾对于斯巴达，许多其他政治家对于许多大小国家那样呢？世间有哪一国称呼你是它的立法者和恩人，像意大利和西西里称呼卡雍达斯，我们雅典人称呼梭伦那样呢？[8] 谁这样称呼你呢？"格罗康，你想荷马能举出这样一个国名来吗？

格　我想他不能，就连崇拜荷马的人们也不这样说。

苏　有没有人提起当时有哪一次战争打得好，是由荷马指挥或参谋呢？

格　没有。

苏　有没有人提起他对各种技艺或事业有很多发明和贡献，像密勒图人泰利斯，或是西徐亚人阿那卡什斯那样呢？[9]

格　也没有。

苏　荷马对于国家既然没有建立功劳，我们是否听说过他生平做过哪些私人的导师，这些人因为得到他的教益而爱戴他，把他的生活方式留传到后世，像毕达哥拉斯那样呢[10]？据说毕达哥拉斯由于这个缘故很受人爱戴，一直到现在，他的门徒还在奉行他的生活方式，显得与众不同。荷马是否也能这样呢？

格　没有这样的事。如果传说可靠，他的门徒克瑞俄斐罗在教育上比在名字上显得更滑稽[11]。传说荷马在世时就没有得到很好的照顾，身后的事更不用说了。

苏　不错，他们是那么说。格罗康，你想一想，如果荷马真正能给人教育，使人得益，如果他对于这类事情有真知识，而不是只在摹仿，他不会有许多敬爱他的门徒追随他的左右吗？阿布德拉人普罗塔哥拉以及克奥斯人普若第库斯[12]之流，都能在私人谈论中使当时人相信，不从他们受教，就不能处理家务和国政；他们的智慧大受爱戴，所以门徒们几乎要把他高举到头上游行。如果荷马也能增长人的品德，当时人会让他和赫西俄德到处奔走行吟吗？人们不会把他们当宝贝看待，抓住他们不放，强迫他留在家乡吗？若是留不住，人们不会跟他们到处走，等到教育受够了，才肯放手吗？

格　在我看，你的话一点也不错，苏格拉底。

苏　所以我们可以说，从荷马起，一切诗人都只是摹仿者，无论是摹仿德行，或是摹仿他们所写的一切题材，都只得到影像，并不会抓住真理。像我们刚才所说的，画家尽管不懂鞋匠的手艺，还是可以画鞋匠，观众也不懂这种手艺，只凭画的颜色和形状来判断，就信以为真。

格　完全是这样。

苏　我想我们也可以说，诗人也只知道摹仿，借文字的帮助，绘出各种技艺的颜色；而他的听众也只凭文字来判断，无论诗人所描绘的是鞋匠的手艺，将略，还是其他题材，因为文字有了韵律，有了节奏和乐调，听众也就信以为真。诗中这些成分本来有很大的迷惑力。假如从诗人作品中把音乐所生的颜色一齐洗刷去，只剩下它们原来的简单躯壳，看起来会像什样，我敢说你注意过的。

格　我确是注意过。

苏　它们像不像一个面孔，还有点新鲜气色，却说不上美，因为像花一样，青春的芳艳已经枯萎了？

格　这比喻很恰当。

苏　再想一想，影像的制造者，就是我们所说的摹仿者，只知道外形，并不知道实体，是不是？

格　对。

苏　可是我们对于这问题不应半途而废，应该研究到彻底。

格　请你说下去。

苏　画家能不能画缰辔？

格　能。

苏　但是制造缰辔的却是鞍匠和铁匠？

格　当然。

苏　缰辔应该像什样？画家知道不？还是连制造它们的鞍匠和铁匠也不能知道，只有用它们的马夫才知道呢？

格　只有马夫才知道。

苏　我们可否此例推一切，得到一个结论呢？

格　什么结论？

苏　我说关于每件东西都有三种技艺：应用、制造、摹仿。

格　对的。

苏　那么，我们怎样判定一个器具、动物或行为是否妥当、美、完善呢？是否要看自然或技艺指定它应有的用途？

格　这是要看它的用途来判定。

苏　那么，每件东西的应用者对于那件东西的知识就必然比旁人的可靠，也就必然能告诉制造者说他自己应用这件东西时，哪样才好，哪样才坏。比如说，吹笛者才能告诉制笛者，笛子要像什样，吹起来才顶好，应该怎样做才好，而制笛者就要照他的话去做。

格　当然。

苏　所以吹笛者才知道笛的好坏，把他的知识告诉制笛者，制笛者就照他的话去做。

格　不错。

苏　所以每件器具的制造者之所以对于它的好坏有正确见解，是由于他请教于有知识者[13]，不得不听那位有知识者的话，而那位有知识者正是那件器具的应用者。

格　当然。

苏　现在谈到摹仿者，他对于他所描写的题材是否美好的问题，是从应用方面得到知识呢？还是由于不得不请教于有知识者，听他说过应该怎样描写才好，而后得到正确见解呢？

格　都不是。

苏　那么摹仿者对于摹仿题材的美丑，不是既没有知识，又没有正确见解吗？

格　显然如此。

苏　摹仿者对于他所摹仿的东西，就理解来说，可就很了不起啦！

格　不见得是了不起。

苏　话虽如此说，尽管他对于每件东西的美丑没有知识，他还是摹仿；很显然地，他只能根据普通无知群众所认为美的来摹仿。

格　当然。

苏　那么，我们现在显然可以得到这两个结论：头一层，摹仿者对于摹仿题材没有什么有价值的知识；摹仿只是一种玩意，并不是什么正经事；其次，从事于悲剧的诗人们，无论是用短长格还是用英雄格 [14]，都不过是高度的摹仿者。

格　的确如此。

苏　老天爷！摹仿的对象不是和真理隔着三层吗？

格　是的。

苏　再说摹仿的效果，它可以影响哪一种心理作用呢？

格　我不懂你的意思。

苏　这话可以这样解释：同一量积，近看和远看是不是像不同？

格　是不同。

苏　同一件东西插在水里看起来是弯的，从水里抽出来看起来是直的；凸的有时看成凹的，由于颜色对于视官所生的错觉。很显然地，这种错觉在我们的心里常造成很大的混乱。使用远近光影的图画就利用人心的这个弱点，来产生它的魔力、幻术之类玩意也是如此。

格　的确。

苏　要防止这种错觉，最好的方法是使用度量衡。人心只能就形似上揣测大小、多寡、轻重，使用计量、测量或衡度，才可以准确。

格　当然。

苏　这种计量衡量的工作是否要靠心的理智部分？

格　当然要靠理智。

苏　经过衡量之后，理智判定两件东西哪个大，哪个小，或是相等 [15]，我们对于同一事物不就有两种相反的判断吗？

格　是那样。

苏　我们从前不是说过：同一心理作用对于同一事物不可能同时得到两个相反的结论吗？

格　我们说过这样话，而且说得不错。

苏　那么，信赖衡量的那种心理作用，和不信赖衡量的那种心理作用就不相同了？

格　当然不同。

苏　信赖衡量的那种心理作用是不是人心中最好的部分？

格　那是无可辩驳的。

苏　和它相反的那种心理作用就是人心中低劣的部分了。

格　那是毫无疑问的。

苏　原先我说图画和一切摹仿的产品都和真理相隔甚远，和它们打交道的那种心理作用也和理智相隔甚远，而它们的目的也不是健康的或真实的，我的意思就是要你得到这样一个结论。

格　你说得对。

苏　那么，摹仿不是低劣者和低劣者配合，生出的儿女也就只能是低劣者吗？ [16]

格　显然是那样。

苏　这番话是否只能应用到视觉方面的摹仿，还是也可以应用到我们所称为诗的声音摹仿呢？

格　诗自然也是一样。

苏　我们不能单凭诗画类比的一些貌似的地方，还要研究诗的摹仿所关涉到的那种心理作用，看它是好还是坏。

格　我们的确应该这样办。

苏　我们姑且这样来看它。诗的摹仿对象是在行动中的人，这行动或是由于强迫，或是由于自愿，人看到这些行动的结果是好还是坏，因而感到欢喜或悲哀。此外还有什么呢？

格　诗的摹仿尽于此了。

苏　在这整个过程之中，一个人是否始终和他自己一致呢？是否像在视觉中一样，自相冲突，对于同一事物同时有相反的见解，而在行为上也自相冲突，自己和自己斗争呢？我想我们用不着对这问题再找答案，因为你应该记得，我们从前讨论这类问题时，已经得到一个一致的意见了，就是人心同时充满着这类的冲突。[17]

格　我们所得到的意见是对的。

苏　当然是对的，不过我以为还应该讨论我们从前所忽略掉的。

格　忽略掉什么？

苏　我们从前说过，一个有理性的人若是遭到灾祸，比如死了儿子，或是丧失了他所看重的东西，他忍受这种灾祸，要比旁人镇静些，你还记得吗？

格　记得。

苏　想一想，他还是简直不觉哀恸？还是哀恸既不可免，他就使它有节制呢？

格　他会使哀恸有节制。

苏　请再想一想，他要控制哀恸，在什样场合比较容易，在许多人看着他的时候？还是在他单独一个人的时候呢？

格　在许多人看着他的时候，他比较容易控制哀恸。

苏　若是单独一个人，他会发出本来怕人听见的呼号，做出许多本来怕人看见的事情。

格　的确如此。

苏　鼓励他抵抗哀恸的不是理性和道理吗？反之，怂恿他尽量哀恸的不是那哀恸的情感本身吗？

格　是的。

苏　一个人对于同一事物，同时被拖着向两个相反的方向走，又要趋就，又要避免，这不就足以证明人心中本来就有两种相反的动机么？

格　的确。

苏　其中一个动机常愿服从道理，一切听它指导。

格　这话怎样说？

苏　依理说，遇到灾祸，最好尽量镇静，不用伤心，因为这类事变是祸不是福还不可知，悲哀并无补于事，尘世的人事也值不得看得太严重，而且悲哀对于当前情境迫切需要做的事是有妨碍的。

格　迫切需要做的事是什么？

苏　要考虑事件发生的原委，随机应变，凭理性的指导去作安排。我们不能像小孩们，跌了一个跤，就用手打着创伤哭哭啼啼的；我们应该赶快地考虑怎样去医疗，使损失弥补起来，让医药把啼哭赶走。

格　这倒是处逆境的最好的方法。

苏　人性中最好的部分让我们服从这种理性的指导。

格　显然如此。

苏　然则人性中另外那部分，使我们回想灾祸，哀不自禁的那个部分，不就是无理性、无用而且怯懦吗？

格　不错。

苏　最便于各种各样摹仿的就是这个无理性的部分，而达观镇静的性格常和它自己调协一致，却不易摹仿，纵然摹仿出来，也不是欣赏，尤其是对于挤在戏院里那些嘈杂的听众，因为所摹仿的性情对他们是陌生的。

格　的确。

苏　总之，摹仿诗人既然要讨好群众，显然就不会费心思来摹仿人性中理性的部分，他的艺术也就不求满足这个理性的部分了；他会看重容易激动情感的和容易变动的性格，因为它最便于摹仿。

格　显然如此。

苏 那么，我们现在理应抓住诗人，把他和画家摆在一个队伍里，因为他有两点类似画家，头一点是他的作品对于真理没有多大价值；其次，他逢迎人性中低劣的部分。这就是第一个理由，我们要拒绝他进到一个政治修明的国家里来，因为他培养发育人性中低劣的部分，摧残理性的部分。一个国家的权柄落到一批坏人手里，好人就被残害。摹仿诗人对于人心也是如此，他种下恶因，逢迎人心的无理性的部分（这是不能判别大小，以为同一事物时而大，时而小的那一部分），并且制造出一些和真理相隔甚远的影像。

格 的确。

苏 我们还没有数出摹仿的最大的罪状咧。连好人们，除掉少数例外，也受它的坏影响，这不是最严重的吗？

格 的确，如果摹仿真有那种坏影响，如你所说的。

苏 想一想这个事实：听到荷马或其他悲剧诗人摹仿一个英雄遇到灾祸，说出一大段伤心话，捶着胸膛痛哭，我们中间最好的人也会感到快感。忘其所以地表同情，并且赞赏诗人有本领，能这样感动我们。

格 我懂得，我们确实有这样感觉。

苏 但是临到悲伤的实境，我们却以能忍耐能镇静自豪，以为这才是男子气概，而我们听诗时所赞赏的那种痛哭倒是女子气，你注意到没有？

格 我注意到，你说的一点不错。

苏 看见旁人在做我们自己所引为耻辱而不肯做的事，不但不讨厌，反而感到快活，大加赞赏，这是正当的么？

格 这自然不很合理。

苏 不错，尤其是你从另一个观点来看。

格 从哪个观点看？

苏 你可以这样来看：我们亲临灾祸时，心中有一种自然倾向，要尽量哭一场，哀诉一番，可是理智把这种自然倾向镇压下去了。诗人要想餍足的正是这种自然倾向，这种感伤癖。同时，我们人性中最好的部分，由于没有让理智或习惯培养好，对于这感伤癖就放松了防闲，我们于是就拿旁人的痛苦来让自己取乐。我们心里这样想：看到的悲伤既不是自己的，那人本自命为好人，既这样过分悲伤，我们赞赏他，和他表同情，也不算是什么可耻的事，而且这实在还有一点益处，它可以引起快感，我们又何必把那篇诗一笔抹杀，因而失去这种快感呢？很少有人能想到，旁人的悲伤可以酿成自己的悲伤。因为我们如果拿旁人的灾祸来滋养自己的哀怜癖，等到亲临灾祸时，这种哀怜癖就不易控制了。

格　你说的很对。

苏　这番话是否也可以应用到诙谐？你看喜剧表演或是听朋友们说笑话，可以感到很大的快感。你平时所引为羞耻而不肯说的话，不肯做的事，在这时候你就不嫌他粗鄙，反而感到愉快，这情形不是恰和你看悲剧表演一样吗？你平时也是让理性压制住你本性中诙谐的欲念，因为怕人说你是小丑。现在逢场作戏，你却尽量让这种欲念得到满足，结果就不免于无意中染到小丑的习气。你看是不是这样？

格　是这样。

苏　再如性欲、愤恨以及跟我们行动走的一切欲念，快感的或痛感的，你可以看出诗的摹仿对它们也发生同样的影响。它们都理应枯萎，而诗却灌溉它们，滋养它们。如果我们不想做坏人，过苦痛生活，而想做好人，过快乐生活，这些欲念都应受我们支配，诗却让它们支配着我们了。

格　我不能不赞成你的话。

苏　那么，你如果遇到崇拜荷马的人们说，荷马教育了希腊人，一个人应该研读荷马，去找做人处世的道理，终身都要按照他的教训去做，你对说这种话的人们最好是恭而且敬的——他们在他们的见识范围以内本来都是些好人——你最好赞同他们，说荷马是首屈一指的悲剧诗人；可是千万记着，你心里要有把握，除掉颂神的和赞美好人的诗歌以外，不准一切诗歌闯入国境。如果你让步，准许甘言蜜语的抒情诗或史诗进来，你的国家的皇帝就是快感和痛感；而不是法律和古今公认的最好的道理了。

格　你的话对极了。

苏　我们既然又回到诗的问题[18]，我们就可以辩护我们为什么要把诗驱逐出理想国了；因为诗的本质既如我们所说的，理性使我们不得不驱逐她。如果诗要怪我们粗暴无礼，我们也可以告诉她说，哲学和诗的官司已打得很久了。像"恶犬吠主""蠢人队伍里昂首称霸""一批把自己抬得比宙斯还高的圣贤""思想刁巧的人们毕竟是些穷乞丐"，以及许多类似的谩骂都可以证明这场老官司的存在[19]，话虽如此说，我们还可以告诉逢迎快感的摹仿为业的诗，如果她能找到理由，证明她在一个政治修明的国家里有合法的地位，我们还是很乐意欢迎她回来，因为我们也很感觉到她的魔力。但是违背真理是在所不许的。格罗康，你是否也感觉到诗的魔力，尤其是她出于荷马的时候？

格　她的魔力对我可不小！

格　那么，我们无妨定一个准她回来的条件，就是先让她自己作一篇辩护诗，用抒情的或其他的韵律都可以。

格　这是应该的。

苏　我们也可以准许她的卫护者，就是自己不作诗而爱好诗的人们，用散文替她作一篇辩护，证明她不仅能引起快感，而且对于国家和人生都有效用。我们很愿意听一听。因为如果证明了诗不但是愉快的而且是有用的，我们也可以得到益处了。

格　那对我们确是有益。

苏　但是如果证明不出她有用，好朋友，我们就该像情人发现爱人无益有害一样，就要忍痛和她脱离关系了。我们受了良好政府的教育影响，自幼就和诗发生了爱情，当然希望她显出很好，很爱真理。可是在她还不能替自己作辩护以前，我们就不能随便听她，就要把我们的论证当作辟邪的符咒来反复唪诵，免得童年的爱情又被她的魔力煽动起来，像许多人被她煽动那样。我们应该像唪诵符咒一样来唪诵这几句话：这种诗用不着认真理睬，本来她和真理隔开；听她的人须警惕提防，怕他心灵中的城邦被她毁坏；我们要定下法律，不轻易放她进来。

格　我完全赞成你的话。

苏　一个人变好还是变坏，这关系是非常重大的，比一般人所想象的还更重大，所以一个人不应该受名誉、金钱和地位的诱惑，乃至于受诗的诱惑，去忽视正义和其他德行。

格　我和你同意，把这作为我们讨论的总结，我想一切人都会和我一样同意。

（根据 Lindsay 参照 Jowett 和 Emile Chambry 译）

注释

1. 指卷三禁诗的决定。

2. 卷二至卷九常讨论到人性，主要的因素是理智、意志和情欲。

3. 理式是柏拉图哲学中的基本观念，既概念或普遍的道理。详见题解。

4. 柏拉图的创世主并不同基督教的上帝，它是宇宙中普遍永恒的原理大法，即最高的理式，以下译为"神"以示别。

5. 艺术是"人为"，与"自然"相对立，"自然创造者"像是一个自相矛盾的名词，其实只是说"自然非由人为者"。

6. 这里所谓"自然"，即"真实体"，亦即"真理"。木匠制床，摹仿床的理式，和真理隔着一层；画家和诗人摹仿个别的床，和真理便隔两层。原文说"隔三层"是把理式起点算作一层，余类推。

7. 所谓"国王"即哲学家，"真理"的代表。

8. 莱科勾是传说中的斯巴达的立法者；卡雍达斯是公元前五世纪的法学家，替意大利和其他国家立过法；梭伦是公元前七世纪雅典的立法者。

9. 密勒图在小亚细亚海岸上，泰利斯是公元前七世纪的哲学家和科学家；西徐亚民族是古代欧亚交界的一个游牧民族，无固定的国界，阿那卡什斯是公元前六世纪的哲学家，游寓雅典，据说他是墨水和陶器盘轮的发明者。

10. 毕达哥拉斯是公元前六世纪的哲学家和数学家，一个有名的几何定律的发明者，曾组织门徒三百人为一秘密结社，遵守他所定的生活规律。

11. 克瑞俄斐罗据说是荷马的女婿，待荷马不好，荷马死后，他盗取一些荷马诗，用自己的名字发表了。他的名字在希腊文中原义是"肉食者"，所以说滑稽。

12. 阿布德拉在希腊北部；普罗塔哥拉，是公元前五世纪的诡辩家，授徒致富；克奥斯是爱琴海中一个岛；普若第库斯也是一个诡辩家；柏拉图推许他们，带有讽刺意味。

13. 柏拉图把"见解"或"信仰"看作和"知识"或"科学"相对立。前者是对于现象世界的认识，即"感性的认识"；后者是对于真理或本体的认识，即"理性的认识"。

14. 短长格用于戏剧对话；英雄格用于史诗。

15. 意即：和单凭感觉估计的结果不同。

16. 摹仿所据的心理作用不是理智，摹仿的对象不是真理。

17. 理智与情欲的冲突是柏拉图常谈的问题。参看《理想国》卷四及卷九和《斐德若篇》。

18. 卷二至卷三已讨论过诗的问题。

19. 这些都是希腊当时诗人骂哲学家的话。来源不明。

斐德若篇

——论修辞术

对话人：苏格拉底
　　　　斐　德　若

苏　亲爱的斐德若，你从哪里来？向哪里去？

斐　我从克法罗的儿子莱什阿斯那里来，到城墙外去散步。因为从天亮起，
　　我就坐在他那里，一直坐了很久。我们的公共的朋友阿库门[1]也在场，
　　他劝我沿这条大路走；他说这比在院子里走要爽快些。

苏　他说得不错，朋友。看来莱什阿斯是在城里？

斐　是，他跟厄庇克拉特住在一起，就住在靠近奥林匹斯天帝庙的莫里俶的
　　那座房子里。[2]

苏　你们在那里拿什么消遣？莱什阿斯拿他的文章[3]来款待你们，那是一定
　　的啰？

斐　我可以说给你听，如果你不忙，可以陪我走远一点。

苏　忙！哪里话！你想不到我会像品达[4]的诗所说的，把听一听你和莱什阿
　　斯的谈话，看作"比一切忙事都较重要"？

087

斐　那么，跟我一道走吧。

苏　你就开始谈谈吧。

斐　好，我们所谈的倒是你的老题目，我们也是在谈爱情问题。莱什阿斯写
了一篇文章，谈一个美少年受人引诱，而引诱的人却不是一个有爱情的
人。妙处就在这里，他很巧妙地证明应该接受的倒是没有爱情的人，而
不是有爱情的人。

苏　真是一个妙人！我倒愿他说应该接受的不是富人而是穷人，不是少年而
是老翁。总之，让我自己和多数人所有的缺点都得到优先权。若是他那
样说，他的话就会真正有趣，而且有益于公众福利。我很想听听他的话，
纵然你要我陪到墨伽拉[5]，像赫洛狄库[6]所开的方单，步行到那里城墙边，
又步行回来，我都心甘意愿。

斐　你说的什么话，我的好朋友！莱什阿斯是当今最高明的一位作家，就连
他写这篇文章，也要费很久的时间，卖很大的气力；像我这样一个门外
汉，你以为我能把他的文章背诵出来，不糟蹋他吗？我没有这样本领，
若是有这样本领，我宁可不要发一批大财。

苏　啊，斐德若，若是我不懂得你，我就不懂得我自己。可是我懂得我自己，
也就懂得你。我知道很清楚，你听过莱什阿斯读他的文章，觉得听一遍
还不够，要求他读而又读，而且他也很乐意接受你的要求。后来读得不
能再读了，你还是不满足，把那篇文章从他的手里要过来，好把你心爱
的那些段落看而又看；这样就费了你一上午的功夫，坐久了，疲倦了，
你才出来散散步。可是那篇文章从头到尾你都记得烂熟了，若是它不太
长的话。你现在是要到城墙外找一个地方，一个人把它再细加研究。在
半路上你遇见我这样一个人，也有爱听人读文章的毛病，你就很高兴，
以为找到了一个人，可以一同咀嚼这篇文章的滋味，大大快乐一场。所
以你就邀我陪你一阵往前走。可是到了这位爱听文章的要你开始念，你

却扭扭捏捏的，好像不愿意。其实你心里正想有人听你，纵然找不到人愿意听，你也要强迫他听。得了吧，斐德若，迟早你是要说的，就快点说吧！

斐　我看我的最好的办法是尽我的能力把这篇文章复述一遍，反正我若是不复述一遍，你绝不肯放我过去。

苏　我的意思你看得很准。

斐　好吧，我尽我的能力来试试。我实在没有把原文个个字记熟，我可以告诉你，苏格拉底。关于莱什阿斯所说的有爱情的人和没有爱情的人的分别，我可以逐条依次说一个大概，我就来从头说起。

苏　好，亲爱的朋友，但是我先要看看你左手拿着藏在衣襟下的是什么，我敢打赌那就是那篇文章。如果是的，我就要请你了解，尽管我爱你，却毫没有意思要听你练习背诵，既然莱什阿斯的文章在这里。拿出来看看吧！

斐　好吧，苏格拉底，我只得招认了。我本来希望利用你来练习我的记忆，你这一下就把这希望打破了。你愿坐在哪里来读它呢？

苏　我们且撇开这条路，转弯沿着伊立苏河走，碰到一个清静地方，我们就坐下休息。

斐　我今天出来没有穿鞋，真凑巧，苏格拉底。你咧，你从来就不穿鞋。我们最好赤着脚打水里走，沿着河流，在这个时节，尤其在这个时辰，走水不会不舒服。

苏　就这样办，我们且走且留心找一个坐的地方。

斐　你望见那棵高梧桐树吗？

苏　我望见。怎样？

斐　那里阴凉，有草地可坐，如果我们高兴，还可躺下。

苏　我们就朝那里走。

斐　请问你，苏格拉底，传说玻瑞阿斯抢掠俄瑞堤亚[7]，可不是就在伊立苏河的这一带？

苏　依传说是如此。

斐　可不是就在这个地点？这条河在这里多美多明亮！我想女郎们爱在这样河岸上游玩。

苏　倒不在这地点，还要下去小半里路，在我们过渡到猎神庙[8]的地点，那里还有一座玻瑞阿斯的祭坛。

斐　我从来没有注意到它。老实告诉我，苏格拉底，你相信这个神话吗？

苏　如果我不相信它，倒不算什么荒唐，学者们都不相信这一套话；我可以用学者们口吻对它加以理性的解释，说她和法马西亚[9]游玩时，让一阵北风吹下附近的山崖，跌死之后，传说就把她当作被风神玻瑞阿斯抢掠去了，或是从此地抢掠去，或是像另一个传说所说的，从战神山。但是这是学者们的态度。我哩，虽然承认这种解释倒很有趣，可是并不把做这种解释的人看作可以羡慕，要花很多的精神去穿凿附会。要解释的神话多着哩，一开了头，就没有罢休，这个解释完了，那个又跟着来，马身人面兽要解释，喷火兽也要解释，我们就围困在一大群蛇发女、飞马以及其他奇形怪状的东西中间[10]。如果你全不相信，要把它们逐一检验，看它们是否近情近理，这种庸俗的机警就不知道要断送多少时间和精力。我却没有功夫做这种研究；我的理由也可以告诉你，亲爱的朋友。我到现在还不能做到德尔斐神谕[11]所指示的，知道我自己；一个人还不能知道他自己，就忙着去研究一些和他不相干的东西，这在我看是很可笑的。所以我把神话这类问题搁在旁边，一般人怎么看它们，我也就怎么看它们，我所专心致志的不是研究神话，而是研究我自己，像我刚才所说的；我要看一看我自己是否真是比泰风[12]还要更复杂更凶猛的一个怪物，还是一种较单纯较和善的神明之胄，呃，朋友，这不就是你要带我到的那棵梧桐树吗？

斐　就是它。

苏　哈，我的天后娘娘，这真是休息的好地方！这棵梧桐树真高大，还有一棵贞椒，枝叶葱葱，下面真阴凉，而且花开得正盛，香得很。梧桐树下这条泉水也难得，它多清凉，脚踩下去就知道。从这些神像神龛看来，这一定是什么仙女河神的圣地哟！再看，这里的空气也新鲜无比，真可爱。夏天的清脆的声音，应和着蝉的交响。但是最妙的还是这块青草地，它形成一个平平的斜坡，天造地设地让头舒舒服服地枕在上面。斐德若，你真是一个顶好的向导。

斐　苏格拉底，你这人真奇怪。你真像你自己所说的，不像一个本地人，倒像一个外方人跟着一个向导。原因是你一向就不出城去到国境以外走一走，甚至连在城墙外散散步也不曾有过，我相信。

苏　是的，你得宽容我一点，斐德若。你知道，我是一个好学的人。田园草木不能让我学得什么，能让我学得一些东西的是城市里的人民。可是你好像发现了一种什么魔力，能把我从城里引到乡间来。一个牧羊人拿点谷草在羊子面前摇摆，那些饥饿的羊子就跟着他走，你也就这样引我跟你走，不仅走遍雅典，而且你爱引到哪里，我就会跟到哪里，单凭你拿的那篇文章做引媒就行了。现在我们既然到达这地点了，我最好躺下来听你，你自己选一块草地，开始把那篇文章读给我听吧。[13]

斐　好，请静听：

　　"你已经知道我的情形怎样了，也知道我期望这件事[14]的实现对你我双方都有利益了。现在我就要希望我的请求不至于因为我不是一个对你有爱情的人，而遭你的拒绝。因为有爱情的人们一到他们的欲望满足了，对于所施与的恩惠就觉得追悔；至于我们没有爱情的人们却不然，我们不会有追悔的时候，因为我们施与恩惠，不是受情欲的驱遣，而是自由自愿的，顾到自己的地位能力，也顾到自己的利益。其次，有爱情的人们要计算为了爱情在自己事业上所受的损失，要计算对爱人所施与的恩惠，又要计算他所费的心力，就满以为他们对爱人久已酬劳过分了。我们没有爱情的人们却不然，我们不能冒充为了爱情而忽略了自己的事业，不能计算过去所费的心力，也不能埋怨为了爱情而引起家庭的纠纷。我们既然没有这些不方便处，所以我们就可以自由自在地做讨好对方的事。再其次，假如你说，有爱情的人比较值得看重些，因为他声明他爱他的爱人超过爱一切人，只要能讨得爱人的欢心，说的话和做的事都不怕得罪全世界人。如果这话是真的，这也只能证明他有着未来的爱人而抛弃现在的爱人，如果那未来的爱人要他那样做，他会毫不犹豫地伤害现在的爱人。在这样非常重大的事情上，一个人如果稍有理性，怎样能把自己交付给一个患恶病的人？这病连懂得病理的人都不敢诊治，因为病人自己就承认他的神志不清醒，就承认自己疯狂，自己不能控制自己。这样人得到了神志复原时，回想他在疯狂中所要做的事，会以为那是好事吗？再其次，没有爱情的人要比有爱情的人多得多，如果你要在有爱情的人们中选择最好的，你就只能在一个很小的数目中选择；如果在有爱情的人们以外，你在世界选择一个最便利于你自己的，你就可以在一个很大的数目中选择，你就更有希望在这大数目中可以找到一个人，值得做你的朋友。

"还有一层，如果你怕舆论，怕事情泄露后受人指责，那么，有爱情的人们自然高兴要夸耀他们的胜利，因为旁人以为他们值得羡慕，他们自己也以为自己值得羡慕，他们会大吹大播地向一切人夸耀他们的心力不会白费。至于我们没有爱情的人们却不然，我们能控制自己，只讲实惠而不讲虚名。其次，有爱情的人们明目张胆地追求他们的爱人，掩不住人家的耳目，只要他们碰在一起，人们就疑心他们在谈私心话；可是你若是和我们没有爱情的人们在一块交谈，人们看见了，决不会疑心，他们知道和一个人交谈是常有的事，或是由于交谊，或是为着旁的乐趣。再其次，你忧虑到交情难得长久吧？你心里想到在通常的情形中，交情破裂了，双方同样觉得不幸，可是在爱情中，你把你看得最珍贵的东西交付给对方了，若是破裂，受更大痛苦的就是你吧？那么，我就要提醒你，最可怕的是有爱情的人们，因为有许多事可以使他们生气，无论你做什么，他们都以为你故意要和他们为难。也正是因为这个缘故，他们想尽方法阻止你和旁人来往。生怕有钱财的人会用钱财赢过他们，有学问的人会用学问打败他们；无论一个人有什么优点，他们都会猜疑那优点对他们有不利。他们劝你脱离了社会，结果使你在世上没有一个朋友；若不然，你想到你自己的利益，不听他的话，还是和旁人来往吧，他们就会寻你争吵，交情就要破裂。至于我们没有爱情的人们却不然，满足了欲望，就算达到了目的，对那些和你来往的人们决不妒忌，并且对不和你来往的人们还要厌恨，因为我们想，瞧得起你就是瞧得起我们，瞧不起你也就瞧不起我们。我们的看法既然如此，你就一定可以想到：我们的交往只会有恩，不会有怨了。

　　"还有一层，有爱情的人们大半只爱容貌，对于爱人的性格和身世毫不明白，因此，到了欲望已满足的时候，交情就保持不住。至于没有爱情的人们在达到目的之前，先有友谊，目的达到了，友谊也不会冷淡起来，而且往事的追忆会保证来日的交欢。其次，你和我来往，比和有爱情的人们来往，益处要大得多。那批人对爱人的言行一味赞扬，尽管赞扬得不得体，一半因为他们怕得罪爱人，一半因为他们的情欲把他们的判断力弄昏迷了；爱情的圈套就是这样，一件事碰得不巧，在旁人看来本值不得烦恼，有爱情的人们就会烦恼；一件事碰得巧，在旁人看来本值不得高兴，有爱情的人们就会大加赞赏。所以被他们爱的人们实在是可怜，并没有什么可以羡慕的。但是你如果听我的话，头一层，我在和你交往中，决不只顾目前的欢乐，还要顾到你的未来的利益；我会自作主宰，不让爱情控制住我；也不会为一点小过错就对你大生气，若是大过错，也不过是慢慢地有一点小不快。至于无心之失，我就会宽容；存心犯的过失，我也会设法事先防止。这些地方不是都可以见出我们的友谊可以维持久远吗？如果你以为没有爱情就不能有很深的友谊，你就得想一想，若是那样，儿女父母对于我们就值不得什么，我们也不能有忠心的朋友，因为我们同这些人的团结并不以我们所谈的这种爱情为基础，而是依靠别种关系。

"再说恩宠若是应该给追求最迫切的人们，应该受照顾的就不是最好的人而是最穷困的人，因为最穷困的人得到恩宠就偿了最大的心愿，因而也就会怀着最深的感激。正像设酒席待客，应该被邀的倒不是朋友们，而是乞丐们和饿饭的人们，他们会爱戴你，为你祝福。说到究竟，你应该给恩宠的不是最会讨好的，而是最能感恩图报的；不是只知讲爱的，而是值得爱的；不是只爱你年轻貌美的，而是到老可以和你共安乐的；不是达到目的就向人夸耀的，而是顾全体面，守口如瓶的；不是苟图一时欢乐的，而是'白头偕老'，始终不渝的；不是恩尽怨来，吹毛求疵的，而是你虽年老色衰，他还忠心耿耿的。记住我的话，还想想这一点：有爱情的人们不免受亲朋指责，说这种交往不体面，没有爱情的人们却从来听不见亲朋们说一句坏话，说他们不顾自己的利益。

"你也许要问：我是否在劝你对所有的没有爱情的人们都一律给恩宠呢？我可以这样回答：有爱情的人也不会劝你对所有的有爱情的人们都一律给恩宠；因为就受恩宠者说，漫天选择的恩宠引不起很大的感激。就你说，你怕人知道了要说闲话，人们就不免嘴杂。我们这种交往应该对双方有利，不应该对某一方有害。我想我的话已经说够了。如果你以为还有什么应该说而没有说，也不妨提出来问我。"[15]

你看，苏格拉底，这篇文章如何？从各方面看，尤其是从辞藻方面看，真是一篇妙文，是不是？

苏　妙得很，我听得神魂颠倒了！这却要归功于你。斐德若，因为我看你读它读得神飞色舞，心想对于这种事情你比我要内行，我就跟着你的榜样，也欢喜得发狂了！

斐　真的？你在开玩笑吧？

苏　你以为我不认真吗？

斐　别再那样说，苏格拉底。真话是真话，凭着友谊之神宙斯，请你告诉我，你想希腊还有第二个人对这个题目可以做出一篇更高妙更富丽的文章吗？

苏　呃，我们在这篇文章里应该赞赏的是作者所说的哪些内容呢？还只是他的语言简洁精妙呢？如果该赞赏内容，我不敢赞一词，你怎么说就怎么好，我只注意到辞藻方面，对内容不配表示什么意见。至于语言方面，我想连莱什阿斯自己也不会满意。在我想——我说的不对，你可以纠正——他一句话重复了两三遍，若不是辞不达意，就是他对这种题目根本就没有什么兴趣。他给我的印象是一个年轻小伙子想显才能，一个意思可以用两三种方式来说，都是一样好。

斐　你所说的全是废话，苏格拉底！你所谓重复正是这篇文章的顶大的优点；这题目中凡是值得说的他没有遗漏一点。所以我说在语言方面，没有人能做得比他更好。

苏　这却是我不能和你同意的。古代有许多哲人，男的和女的，对这类事情说过话或写过文章，如果我因为爱你而随声附和你，他们都会起来指责我。

斐　这些人是谁？你在哪里听到过比这更好的语言？

苏　我确实听到过，不过我目前说不出是从谁听到过，美人萨福呢？哲人阿那克瑞翁呢？¹⁶ 还是一位散文家呢？我说不出。可是我为什么说听到过呢？因为我觉得一种神思焕发，如果有必要，我也能做出一篇文章，和莱什阿斯的那篇不同调，可是并不比它差。这些思致无论如何决不能由我自己的头脑里涌出来，因为我很明白，我是蒙昧无知的。所以我只能推想：这是从外面的来源灌到我耳里去，就像水灌到瓶里去一样。可是由于脑筋的迟钝，我竟记不起在哪里听的，或是从谁听到的。

斐　呵呵！居然有这种事！且不管你在哪里听到的，或是从谁听到的，纵然我很想知道，你也暂不用说，只要你做到你刚才所说的，做一篇文章，用同一题目，同样篇幅，做的不同，可是做得更好。我可以向你打赌，像九"阿康"¹⁷ 一样，在德尔斐铸一个和身材一般大的金像，不但替我自己铸，也替你铸一个。

苏　你倒顶慷慨的，斐德若！不过如果你猜想我认为莱什阿斯所说的全不对，我可以另做一篇，和他所说的全不相同，那么，我就未免真是金子铸的了¹⁸！最平庸的作家也不至于句句都不对。就拿我们谈的这个题目来说吧，若是不赞扬没有爱情的人们谨慎，指责有爱情的人们不谨慎，谁能做得出文章呢？这些都是题中应有之义，丢掉它们就无话可说。所以我以为对于作者，不用在这方面求；对于这一类题目的文章，不必较量里面的意思，只消看这些意思怎样安排。只有对于原无题中应有之义的那类题目的文章，意思才是难能可贵的，在安排之外，我们还须看意思本身。

斐　我承认你说得有理，我就给这个题目让你作出发点，就是说，有爱情的人在神志上不如没有爱情的人清醒。如果你做出一篇文章比莱什阿斯的那篇更富丽，更有价值，而且用不同的说法，我再说一遍，我就用纯金条来铸你的像，摆在奥林匹亚，和库塞勒斯的儿子¹⁹ 所立的巨像并列。

苏　我和你要好，和你开玩笑，你就认真起来吗？你真以为我要做一篇，来和莱什阿斯这样大才子争胜负吗？

斐　得了吧，苏格拉底！你原来怎样对付我，我现在就要那样对付你，你只要尽力去做你的文章。别让我们要像丑角用同样的话反唇相讥，别让我拿你向我说的话来向你说："啊，苏格拉底，若是我不懂得你，我就不懂得我自己，你本来想说，却又扭扭捏捏地不肯说。"告诉你吧，你若是不把心里所想的文章说出来，我们就待在这里不能走。这里只有你和我，我比你年轻也比你强壮，想想吧，别逼得我动武！

苏　但是，我的好人，以我这样一个外行，要临时口占一篇文章，来和莱什阿斯那样大作家争胜负，那多么可笑！

斐　别再和我啰唆了，放明白一点。不然，我有我的办法，让你非说不可。

苏　千万别使用那个办法。

斐　不用！哼，马上就用！我的办法就是发一个誓："我凭你发誓。"凭谁？凭哪一位尊神？对了，凭这棵梧桐树。"我凭这棵梧桐树发誓，如果你不肯说出你的文章，你就永远不会从我口里听到任何作者的文章，永远不会听到我背诵或是提起！"

苏　坏家伙，你就知道我的心病，酷爱文章如我者就只有向你屈服了。

斐　还有什么旁的花样呢？

苏　没有。你既然发了誓，我怎能抛弃这样一个乐事呢？

斐　那么，就请说下去吧。

苏　你知道我预备怎样说？

斐　怎样？

苏　我要蒙起脸，好快快地把我的文章说完，若是我看到你，就会害羞起来，说不下去了。

斐　只要你说，一切都随你的便。[20]

097

苏　求你们降临啊，声音清妙的诗神们！你们有这样称呼，也许是由于你们的歌声的特质，也许是由于你们来自利勾那个长于音乐的民族[21]，求你们保佑我把这位朋友逼我说的故事说出来，使他所忠心崇拜的那位作家显得更可崇敬！

　　从前有一个漂亮孩子，或者毋宁说，一个美少年，他有许多的爱人，其中有一个特别狡猾，虽然和旁人一样爱这个少年，却故意要使这个少年相信他并不爱他。有一天他向这个少年献殷勤，用这样话来说服他，说一个没有爱情的人应该比一个有爱情的人更有理由得到恩宠。下面就是他说的话：

　　无论讨论什么问题，都要有一个出发点，这就是必须知道所讨论的对象究竟是什么，否则得不到什么结果。许多人对于事物本质，都强不知以为知；既自以为知，他们就不肯在讨论的出发点上先求得一个一致的看法，于是愈讨论下去，就愈见分歧，结果他们既互相矛盾，又自相矛盾。现在你和我不要再犯我们指责旁人的那种错误。我们的问题是：应该得恩宠的是有爱情的人，还是没有爱情的人？我们就应该对于爱情的本质和效能先找到一个你我公认的定义，以后我们讨论爱情的好处和坏处，就时时刻刻把眼光注定在这个定义上。

　　人人都知道，爱情是一种欲念；人人也都知道，连没有爱情的人们对于美的和好的东西也有欲念。那么，没有爱情的人和有爱情的人应该怎样区别呢？我们须想到我们每个人都有两种指导的原则或行为的动机，我们随时都受它们控制，一个是天生的求快感的欲念，另一个是习得的求至善的希冀。这两种倾向有时互相调和，有时互相冲突，有时甲占优势，有时乙占优势。若是求至善的希冀借理性的援助，引导我们趋向至善，那就叫作"节制"；若是求快感的欲念违背理性，引导我们贪求快感，那就叫作"纵欲"。纵欲有多种名称，因为它有多种形式。某一种形式显得特别刺目时，犯那毛病的人就因而得到一个不很光荣的称号。例如食欲若是压倒了理性和其他欲念，就叫作"饕餮"，犯这毛病的人就叫作"饕餮汉"。若是饮欲挟暴烈的威力使一个人贪酒，那也有一个称号，用不着说。其他可以由此例推，有一种癖嗜，就有一种名称。我这番话的意旨你大概已经明白了，它是很明显的。不过默契不如言喻，我还是明说为是。有一种欲念，失掉了理性，压倒了求至善的希冀，浸淫于肉体美所生的快感，那就叫作"爱情"。

亲爱的斐德若，我且暂停一霎来问你一句话，我觉得有神灵凭附着我，你听我诵读时是否也有这种感觉？

斐 真的，苏格拉底，你的话源源而来，滔滔不绝，倒是不常见的。

苏 别作声，听我说！这地方像是神圣的境界！所以在我诵读之中，若是我有时像是神灵凭附着，就别惊怪。我现在所诵的字句就激昂得差不多像酒神歌了。

斐 真的是那样。

苏 这都是你的过错！且静听下文。也许我感觉要来凭附的那阵迷狂可以过去，不过一切都由神灵决定。我且回到向那位少年谈的话：

好，亲爱的朋友，要讨论的对象究竟是什么，已经说过了，下过定义了。把眼光注在这定义上，让我们来研究研究，有爱情的人和没有爱情的人，对于接受他们的殷勤的人，究竟有哪些好处或坏处。一个人让欲念控制住了，变成快感的奴隶了，就自然想设法从他的爱人方面取得最大限度的快感。他于是就有一种心病，喜欢一切不和他的欲念作敌的，厌恶一切比他优越或和他平等的。因此，他的爱人若是有比他优越或和他平等的地方，他也会不乐意，一定常想设法降低爱人，使他显得比较低劣。愚昧不如聪慧，怯懦不如勇敢，木讷不如雄辩，迟钝不如敏捷。若是爱人有这些缺点以及其他缺点，无论是天生的或是习成的，都是他

的情人 [22] 所喜欢的，他使本有的缺点变本加厉，未有的缺点逐渐形成，否则他就享受不到那飘忽的快感。因此可想而知，他是很妒忌的，设法不让爱人接近亲友，尤其不让他接近能帮助他形成高尚人格的人们。这样他就使爱人遭到大损害，而最大的损害是不让他接近可以使他在思想上升到最高境界的那些影响。这正是神圣的哲学，情人一定不让爱人接近哲学，生怕自己因此遭到鄙弃。他要用尽方法使爱人完全愚昧，无论什么事情都要靠他。这样，爱人就使情人开心而自己倒霉。总之，说到理智，说到教导合作，从有爱情的人那方面绝对得不到什么好处。

说到身体方面，一个不顾善恶只顾快感的情人希望他的爱人有什样身体，什样颜色，作什样打扮呢？他不是宁可选娇柔脆弱的，不肯要强壮魁梧的吗？他所要的爱人不是在太阳光里而是在暗室里长大的；向来不知道出力发汗是什么一回事，吃的全是山珍海鲜；没有天然的健康颜色，全靠涂脂敷粉。这种生活人人都可以想象到的，不用我多说了，我只需总结一句，然后再说别的。这样一种人若是遇到战争，或是遇到任何紧急关头，倒可以提高敌人的勇气，叫亲友们和情人自己吓得发抖！

其次，我们来看看在身家财产方面，有爱情的人交接和管教，对爱人会有什么好处或坏处。人人都知道很清楚，一个情人对于他的爱人所认为最亲爱的，最体己的，最神圣的，父母也好，亲友也好，都一律希望他们灭绝。他心里想，这批人都是些障碍，都是些对他和爱人的欢聚说短评长的家伙！还不仅此，他还想到一个爱人若是有财产，无论是金钱或是货物，就不容易得到手，到了手也不容易驾驭。因此，他妒忌爱人有财产，等它损失完了，他才高兴。此外，他还希望爱人长久不结婚，没有儿女，没有家庭，因为他想尽可能地长久霸占着爱人，供他自私地享乐。

世间的灾殃确是有许多种类的。它们大半还掺杂一点一时的乐趣。

比方说谄媚人，本来是很奸险讨厌的，可是当面奉承你的时候，滋味还是不坏。再比方说娼妓，你可以说这类人和她们所做的勾当都是有害的，可是至少在暂时间还能给你很大的快乐。情人对于爱人却不然，他不仅有害，而且天天在面前啰唆，叫人生厌。老古话说得好："幼有幼朋，老有老伴。"年龄相近的人，我猜想，气味也就相投，友谊就从此产生。可是就连这种友谊过久了也还是腻味。勉强敷衍对于双方都是一种沉重的担负。这种情形在情人和爱人的关系上就坏到极点。照例，情人年老而爱人年轻，说不上气味相投。那年老人日日夜夜就不甘寂寞，受着需要和欲念的驱遣。去从色、香、声、味、触各种感觉方面在爱人身上寻找快感，所以他时常守住爱人，拿他来开心。至于那爱人自己，他能得到什么快感或安慰呢？他看到的是一张起皱的苍老面孔和苍老面孔所带来的一切丑形态，提起来都叫人发呕，而他却迫于情势，非天天受他玩弄不可，他能不极端嫌厌吗？还不仅此，他天天在众人面前受到猜疑的监视和侦察，听些不伦不类的过分的夸奖，也听些责骂。这些责骂，在那老家伙清醒的时候，已够难受，在他醉的时候，就不仅难受，而且到处传遍，叫人更糟心。

还不仅此，情人在有爱情的时候已经是够麻烦讨厌的，到了爱情消失的时候，他就成为失信背义的仇人了。从前他发过许多誓，说过许多好话，允许过许多好东西，借这些花言巧语勉强达到目的，爱人所以隐忍敷衍，是希望将来能得到他所允许的那些好处。可是到了还债的日子，那老家伙变成另外一个人了，爱情和痴狂都已过去，他现在是一位有理性有节制的人了。爱人还不知道，还向他索取报酬，提醒他过去发的什样誓，说的什样话，满以为他还是和从前一样的人。而他却只有惭愧，既没有勇气说明他已改邪归正，也找不出办法去履行痴狂时代所立的誓约，既然变成有理性有节制了，就不愿故态复萌。他现在只好背弃过去了，非做负心人不可了，蚌壳完全翻了一个身了[23]，从前他追，现在他逃了。至于那爱人唎，迫于需要，还是要央求他，心里常怀怨恨，向老天诉苦。他所以走到这步，是由于在原则上不会了解他不应接受一个神魂颠倒的有爱情的人，应该接受一个神志清醒的没有爱情的人。若不然，他就不会落到一个没有信义的人手里，那人脾胃又坏，又妒忌，又没趣，损害了他的财产，损害了他的身体健康，尤其是损害了他的心灵的修养——人神所同崇敬的再没有比这种修养更高的。

想一想我这番话，美好的少年。要明白情人的友谊不是从善意来的，他有一种瘾，要拿你来过瘾。情人爱爱人，有如狼爱羊。

话就是这样，斐德若，我早就说过，我是由神灵凭附来说的，现在话完了，你不能从我口里再听到一个字了。

斐 还没有完，我想你才说了一半，还有接受没有爱情的人的好处那一半须拿来对仗起来。你为什么停在半路呢？

苏 你没有看到我的声调已由酒神歌体转到了史诗体吗？这还只是谴责，若是还要赞扬没有爱情的人，我会变成什样呢？你没有觉得我已经由诗神凭附上了吗？这是由于你故意要作弄我。所以我只消补充一句 凡是有爱情的人的坏处，反过来就是没有爱情的人的好处。这就够啦，拖长有什么用处呢？不管我说的这番话会有什样遭遇，那是它的遭遇，我却要过河，打最近的路回家，免得你让我倒更大的霉。[24]

斐 慢点走，苏格拉底，等着大热气过去再走。你没有注意到现在已快到正午了吗？正午太阳停在天中央，紧晒着唎。我们且留在这里，谈一谈刚才所说的话。等天气凉爽了，我们再回去。

苏 你对文章的爱好真到了极顶啦，斐德若，我只有惊赞。你的时代倒产生了一些文章，但是没有人能赶上你，催生出那么多的文章，或是你自己口诵的，或是你逼旁人做出的。我看只有忒拜人西密阿斯[25]是例外，旁人都赶不上你。我看你现在又要把我的另一篇文章催生出来。

斐　呵呵，好消息！怎样？这篇是什么？

苏　刚才我正要过河的时候，我又感到那种神旨。这种神旨来临，通常都是禁止我要做的某一桩事。我仿佛听见一种声音在我耳里说，我犯了谩神罪，没有忏悔赎罪，就不能走开。这足见我是一个天眼通，固然不是一个很高明的，也够我自己受用，像一个坏作家看自己的文章对自己是够好的一样，我现在很明显地觉得我犯了罪。谈到通天眼，最会通天眼的倒是人类心灵，斐德若！我刚才口诵我的文章时，心里就感到一种说不出来的惶恐，像伊比库斯[26]所说的，怕"求荣于人而得罪于神"。现在我明白我的罪过了。

斐　什么罪过？

苏　你逼我口诵的那篇文章真是罪该万死呀，罪该万死呀！

斐　这话怎样说？

苏　一篇废话，而且多少是一篇谩神的文章！还能比这更可怕么？

斐　如果这篇文章真是像你所说的，倒是顶可怕的。

苏　哼！厄洛斯不是阿佛洛狄忒的儿子吗[27]？他不是一个神吗？

斐　至少照传说他是如此。

苏　但是莱什阿斯的那篇文章，和你作弄我从我口里掏出的那篇文章，都没有顾到他是神呀！如果厄洛斯是神（他本是神），他就不能是坏东西。可是刚才诵读的那两篇文章都把他描写成为一种坏东西，在这一点上它们都犯了谩神罪。还不仅此，两篇虽都是废话，但却顶巧妙；说的都不是正经话，都充得像说出什么道理似的，来欺哄人们，博得声誉。所以我必须设法赎我的罪。在神话方面犯罪的有一个古老的赎罪法，连荷马都不知道，是由斯忒西科[28]发明的。他由于骂过海伦[29]，瞎了眼，却是不像荷马那样糊涂[30]；他知事识理，懂得他是为什么瞎了，急忙做了一

首诗。诗是这样开头的:

> 这番话全不真实!
>
> 不,海伦,你根本不会上船,
>
> 不,你根本不会到特洛伊!

他做完了这首"认错诗"(这就是诗题),马上眼睛就不瞎了。我哩,要比这批人聪明一点,在骂了厄洛斯还没有受他惩罚之前,我就要做我的"认错诗"。可是这回我不像刚才诵那篇文章时含羞蒙面了,却要光着头露出面孔了!

斐　呵,呵,苏格拉底,那样我就再快活不过了!

苏　我的好斐德若,这就足见你见出我的那篇文章和你从你的抄本读出来的那篇文章都太不体面了。假使有一个高尚而和善的人在爱着或曾经爱过一个和他一样高尚而和善的人,假使他听到我们念的文章,听到我们谈的那些情人们对爱人们那样妒忌,那样仇恨,那样横加损害,他会怎样想呢?他不会以为我们的爱情观念是从向来没有见过真正爱情的水手们那里沾染来的吗?他对我们指责厄洛斯的那番话决不会赞同吧。

斐　我的老天,他决不会赞同!

苏　哼,你知道,我没有脸见这样一个人,我怕厄洛斯自己,所以我希望再做一篇文章,让它的清泉来洗净刚才那番话的苦咸味。我也要劝莱什阿斯赶快另写一篇,证明在旁的情形相同时,应该给恩宠的不是没有爱情的人,而是有爱情的人。

斐　你放心,他会写!你对有爱情的人颂扬了之后,我一定逼莱什阿斯也用同样题目另写一篇。

苏　我相信你,只要你还保持你固有的性格[31]。

斐　尽管放心，请你就开始说吧。[32]

苏　呀，我刚才向他说话的那位美少年到哪里去了？他也应该听听这一篇。如果他不听这篇，我怕他会接受一个没有爱情的人。

斐　他就在你身边，随时听你指使。

苏　那么，美好的少年，你要知道，刚才我念的那篇是密里努人，庇托克利斯的儿子斐德若的话，现在我要念的这篇是攸费拉人，攸费穆的儿子斯忒西科[33]的话。他的话是这样说的：

　　我的话全不真实，说爱人应该接受没有爱情的人，尽管有一个有爱情的人在那里，说这是因为一个是清醒的，一个是迷狂的。如果迷狂绝对是坏的，这话倒还可说；但是也有一种迷狂是神灵的禀赋，人类的许多最重要的福利都是从它来的。就拿德尔斐的女预言家和多多那的女巫们[34]来说吧，她们就是在迷狂状态中替希腊造了许多福泽，无论在公的方面或私的方面。若是在她们清醒的时候，她们就没有什么贡献。再比方说西比尔女仙们[35]以及一般受神灵感召而能预言的人们，对于许多人们都预先指出未来的路径，免得他们走错。像这类事情是人人都知道的，用不着多举了。

　　有一件事实是值得引证的，就是古代制定名字的人们不把迷狂（mania）看成耻辱，或是可以拿来骂人。若不然，他们就不会拿这名字加到预知未来那个最体面的技术上面，把它叫作"迷狂术"（manike）。他们所以这样定名，是因为把迷狂看成一件美事，是由神灵感召的。后世人没有审美力，加上一个 t，把它变成 mantike（"预言术"）。这正犹如用鸟和其他征兆来测知未来那个技术，本来是借助于思索，使人"心意"（oiesis）中知道"理"（nous）和"事"（historia），所以古人定名为 oionoistike（"占卜术"）；后世为了要声音好听些，加上一个 o 长音，就把它变成 oiōnistike（"鸟占术"）了。[36]正如预言术在完善程度和在身份地位上都高于占卜术，迷狂也远胜于清醒，像古人可以作证的，因为一个由于神力，一个只由于人力。

其次，有些家族常由于先世血债，遭到灾祸疾疫之类天谴，绵延不绝，有一种迷狂可以找到禳除的方法。这种迷狂附到一些命数预定的人们身上，使他们祷告祈神，举行赎罪除灾的仪式，结果那参加仪式的受灾的人也就进到迷狂状态，找到免除灾祸疾疫的秘诀，从此以后他就永脱各种苦孽了。[37]

此外还有第三种迷狂，是由诗神凭附而来的。它凭附到一个温柔贞洁的心灵，感发它，引它到兴高采烈神飞色舞的境界，流露于各种诗歌，颂赞古代英雄的丰功伟绩，垂为后世的教训。若是没有这种诗神的迷狂，无论谁去敲诗歌的门，他和他的作品都永远站在诗歌的门外，尽管他自己妄想单凭诗的艺术就可以成为一个诗人。他的神志清醒的诗遇到迷狂的诗就黯然无光了。[38]

由神灵凭附而来的迷狂就有这些美满的效果，还有许多其他在这里说不尽的。所以迷狂并不是可怕的，我们也不要让任何话头吓唬倒，来相信一个神志清醒的比一个痴狂的是更好的情人。话本来不能这样说，相信这种话的人要想胜利的话，他就得证明：老天拿爱情给相爱的两个人，对他们彼此毫无一点益处。至于我们哩，所要证明的却正和这话相反：老天要赐人最大的幸福，才赐他这种迷狂。我的证明不一定能说服弄巧好辩的人们，可是在真正的哲人看，却是千真万确的。第一步我要研究灵魂的本质，无论它是人的或是神的。要知道这方面的真理，先要考察灵魂的情况和功能。[39]

凡是灵魂都是不朽的——因为凡是永远自动的都是不朽的。凡是能动另一物而又为另一物所动的，一旦不动时，就不复生存了。只有自动的，因为永不脱离自身，才永动不止，而对于一切被动的才是动的本源和初始。初始不是创生的，因为凡是创生的都由一个初始创生而来，而初始本身却不由另一物创生而来，否则它就不成其为初始。它既不是创生的，就必然是不可毁灭的；因为若是初始毁灭了，它自身就不能无所自而创生，而他物也就不能由它而创生，如果凡物不能不由初始创生的道理是真确的。从此可知：凡是自动的才是动的初始，就其为初始而言，既不能由它物创生，也不能毁灭，否则全体宇宙和万事万物就同归于尽，永不能再有一物使它们动，使它们又开始生存。自动者的不朽既然证明了，我们就可毫不迟疑地说：这种自动性就是灵魂的本质和定义。凡是由它动的物体可以叫作无灵魂的，凡是由自动的物体可以叫作有灵魂的，因为灵魂的性质原来如此。如果自动者确实就是灵魂，它就必然不是创生的，不可毁灭的了。关于灵魂不朽的话这就够了。

至于灵魂的性质，要详说起来，话就很长，而且要有神人的本领，较简易的而且是人力所能做到的是说一说灵魂的形似。我们姑且把灵魂比譬为一种协合的动力，一对飞马和一个御车人。神所使用的马和御车人都本身是好的，而且血统也是好的，此外一切生物所使用的马和御车人却是复杂不纯的。就我们人类来说，御车人要驾驭两匹马，一匹驯良，另一匹顽劣，因此我们的驾驭是一件麻烦的工作。这里我们要问：所谓"可朽"和"不朽"是怎样区别出来的呢？凡是灵魂都控制着无灵魂的，周游诸天，表现为各种不同的形状。如果灵魂是完善的，羽毛丰满的，它就飞行上界，主宰全宇宙。如果它失去了羽翼，它就向下落，一直落到坚硬的东西上面才停，于是它就安居在那里，附上一个尘世的肉体，由于灵魂本有的动力，看去还像能自动，这灵魂和肉体的混合就叫作"动物"，再冠上"可朽的"那个形容词。至于"不朽者"之所以叫作"不朽者"，却不是人类理智所能窥测，我们既没有见过神，又不能对神有一个圆满的观念，只能假想他是一个不朽的动物，兼具灵魂和肉体，而这两个因素是无始无终地紧密接合在一起的。不过关于这问题，我们究竟怎样说，最好委之于神。我们姑且只问灵魂何以失去它的羽翼。

羽翼的本性是带着沉重的物体向高飞升，升到神的境界的，所以在身体各部之中，是最近于神灵的。所谓神灵的就是美、智、善以及一切类似的品质。灵魂的羽翼要靠这些品类来培养生展，遇到丑、恶和类似的向反品质，就要遭损毁。诸天的上皇，宙斯，驾驭一辆飞车，领队巡行，主宰着万事万物；随从他的是一群神和仙，排成十一队，因为只有赫斯提亚[40]留守神宫，其余列位于十二尊神的，各依指定的次序，率领一队。诸天界内，赏心悦目的景物，东西来往的路径，都是说不尽的，这些极乐的神和仙们都在当中徜徉遨游，各尽各的职守，凡是有能力又有愿心的都可以追随他们，因为神仙队中无所谓妒忌。每逢他们设宴寻乐，他们都沿那直陡的路高升一级，一直升到诸天的绝顶。载神的车马是平衡排着的，而且听调度的，所以升起来很容易；但是其他的上升很困难，因为他们的马有顽劣的，若是没有受过御车人的好教练，就会拖他们下降到地上，于是灵魂感到极端痛苦和冲突。至于不朽者们到达绝顶时，还要进到天外，站在天的背上，随着天运行，观照天外的一切永恒的景象。

天外境界还没有，也永不会有尘世的诗人来好好地歌颂。我现在要把它描绘一下，因为我必须敢照真理说，既然真理是我的题旨。就在这天外境界存在着真实体，它是无色无形、不可捉摸的，只有理智——灵魂的舵手、真知的权衡——才能观照到它。因此，神的心思，由于从理智和真知滋养成的——以及每个能求合宜滋养的那种灵魂的心思，到了能见真实体的火候——见到事物的本体，就怡然自得，而真理的光辉就成为它的营养，使它发扬光大，一直到天的运行满了一周，带它回到原点的时候。在运行的期间，它很明显地，如其本然地，见到正义、美德和真知，不是像它们在人世所显现的，也不是在杂多形象中所显现的——

这些是我们凡人所认为真实的——而是本然自在的绝对正义、绝对美德和绝对真知。它既然以同样方式见到一切事物的本体而心旷神怡了，它又回到天内，回到它的家。到了家，御车人把马牵到马房，拿仙露神浆来给它们吃。

神的生活如此。至于旁的灵魂咧，凡是能努力追随神而最近于神的，也可以使御车人昂首天外，随着天运行，可是常受马的拖累，难得洞见事物的本体；也有些灵魂时升时降，驾驭不住顽劣的马，就只能窥见事物本体的局部。至于此外一些灵魂对于上界虽有愿心而无真力，可望而不可攀，只困顿于下界扰攘中，彼此争前，时而互相践踏，时而互相碰触，结果闹得纷纷乱闯，汗流浃背，由于御车人鲁莽灭裂，许多灵魂因此受伤，羽翼也损坏了。费尽大力，看不见真理，这批灵魂就引身远退，于是他们的营养就只有妄言妄听的意见[41]了。为什么灵魂要费那样大力来求见真理大原呢？因为那大原上长着灵魂的最高尚的部分所需要吃的草，以高举灵魂为本性的羽翼也要借这种草来滋养。

现在就要讲阿德拉斯武亚[42]的诏命了。凡是灵魂紧随着神而见到事物本体的，一直到下一次运行的开始，都可不受伤害；如果它能常保持这状态，它就可永不受伤害；如果它不顺随神，没有见到事物本体，或是由于不幸，受着昏沉和罪恶的拖累，它就沉重起来，终于失去羽翼而沉到地上。于是它就依一种定律，在第一代里不能投生于任何兽类。如果它对于真理见得最多，它就附到一个人的种子，这个人注定成为一个爱智慧者、爱美者或是诗神和爱神的顶礼者，这是第一流。第二流的种子成为守法的君主、战士或是长于发号施令者。第三流投生为一个政治家，或者至少是一个经济家或财政家。第四流投生为一个爱好体育的或是以治疗身体为业的。第五流投生为一个预言家或是掌宗教典礼的。第六流最适宜于诗人或是其他摹仿的艺术家。第七流为一个工人或农民。

第八流为一个诡辩家或煽惑群众者。第九流则为一个僭主。

　　在这九种不同的情况中，凡是依正义生活的以后可以升到一种较好的情况，不依正义生活的以后就要降一级。因为每个灵魂不过一万年，不能回到他的原来出发点，也就不能恢复他的羽翼，仅有的例外是爱智慧的哲学家，或是以哲学的爱去爱少年人的人。他们的灵魂如果连续三次都维持这样生活而不变，到了千年运行一度的第三度，就可以恢复羽翼；到了三千年满了，就可以高飞而去。此外一切灵魂，到第一生终了时都要应传受审，依审判的结果，或是到地下监狱里，为他们的罪过受惩罚，或是飘然升到天上某一境界，过一种足以酬报在世功德的生活。但是到了一千年终了时，这两批灵魂都要回来选择次一生的生活，这选择是全凭自愿的。就是在这种时气，本来是人的灵魂有转到兽类生活的，也有本来是人，由人转到兽，现在又转回到人的。但是向来没有见过真理的灵魂，就决不能投生为人。

　　这原因在于人类理智须按照所谓"理式"[43]去运用，从杂多的感觉出发，借思维反省，把它们统摄成为整一的道理。这种反省作用是一种回忆，回忆到灵魂随神周游，凭高俯视我们凡人所认为真实存在的东西，举头望见永恒本体境界那时候所见到的一切。现在你可以明白只有哲学家的灵魂可以恢复羽翼，是有道理的，因为哲学家的灵魂常专注在这样光辉景象[44]的回忆，而这样光辉景象的观照正是使神成其为神的。只有借妥善运用这种回忆，一个人才可以常探讨奥秘来使自己完善，才可以真正改成完善。但是这样一个人既漠视凡人所重视的，聚精会神来观照凡是神明的，就不免被众人看成疯狂，他们不知道他其实是由神凭附着的。

　　以上所讲的都是关于第四种迷狂。有这种迷狂的人见到尘世的美，就回忆起上界里真正的美，因而恢复羽翼，而且新生羽翼，急于高飞远举，可是心有余而力不足，像一个鸟儿一样，昂首向高处凝望，把下界一切置之度外，因此被人指为迷狂。现在我们可以得到关于这种迷狂的结论了，就是在各种神灵凭附之中，这是最好的一种，无论就性质还是就根源来说，无论就迷狂者本人还是就他的知交来说；钟爱美少年的人有了这种迷狂，就叫作爱情的迷狂。每个人的灵魂，我前已说过，天然地曾经观照过永恒真实界，否则它就不会附到人体上来。但是从尘世事物来引起对于上界事物的回忆，这却不是凡是灵魂都可容易做到的，凡是对于上界事物只暂时约略窥见的那些灵魂不易做到这一点，凡是下地之后不幸习染尘世罪恶而忘掉上界伟大景象的那些灵魂也不易做到这一点。剩下的只有少数人还能保持回忆的本领。这些少数人每逢见到上界事物在下界的摹本[45]，就惊喜不能自制，他们也不知其所以然，因为没有足够的审判力。

正义、智慧以及灵魂所珍视的一切在它们的尘世仿影中都黯然无光，只有极少数人借昏暗的工具[46]，费极大的麻烦，才能从仿影中见出原来真相。过去有一个时候，美本身看起来是光辉灿烂的。那时我们跟在宙斯的队伍里，旁人跟在旁神的队伍里，看到了那极乐的景象，参加了那神秘教的入教典礼——那神秘教在一切神秘教中可以说是达到最高神仙福分的；那时我们颂赞那神秘教还保持着本来真性的完整，还没有染到后来我们要染到的那些罪恶；那时隆重的入教典礼所揭开给我们看的那些景象全是完整的、单纯的、静穆的、欢喜的，沉浸在最纯洁的光辉之中让我们凝视，而我们自己也是一样纯洁，还没葬在这个叫作身体的坟墓里，还没有束缚在肉体里，像一个蚌束缚在它的壳里一样。暂且放下回忆不谈吧！因为留恋过去，我的话说得太长了！

我回到美。我已经说过，她在诸天境界和她的伴侣们同放着灿烂的光芒。自从我们来到人世，我们用最明朗的感官来看她，发现她仍旧比一切更明朗，因为视官在肉体感官之中是最尖锐的；由于理智却见不着她。假如理智对她自己和其他可爱的真实体也一样能产生明朗的如其本然的影像，让眼睛看得见，她就会引起不可思议的爱了。但是并不如此，只有美才赋有一种能力，使她显得最出色而且最可爱。

一个人如果不是新近参加入教典礼，或是受了污染，他就很迟钝，不易从观照人世间叫作美的东西，而高升到上界，到美本身。他也不能抱着敬心朝这方面去望，却把自己抛到淫欲里，像畜生一样纵情任欲，违背天理，既没有忌惮，也不顾羞耻。至于刚参加入教典礼的人却不然，他所常观照的是过去在诸天境界所见到的真实体，如果他见到一个面孔有神明相，或是美本身的一个成功的仿影，他就先打一个寒战，仿佛从前在上界挣扎时的惶恐再来侵袭他；他凝视这美形，于是心里起一种虔敬，敬它如敬神；如果他不怕人说他迷狂到了极顶，他就会向爱人馨香祷祝，如向神灵一样。当他凝视的时候，寒战就经过自然的转变，变成一种从未经验过的高热，浑身发汗。因为他从眼睛接受到美的放射体，因它而发热，他的羽翼也因它而受滋润。感到了热力，羽翼在久经闭塞而不能生长之后又苏醒过来了，这种放射体陆续灌注营养品进来，羽管就涨大起来，从根向外生展，布满了灵魂胸脯——在过去，灵魂本是周身长着羽毛的。在这过程中，灵魂遍体沸腾跳动，正如婴儿出齿时牙根感觉又痒又疼，灵魂初生羽翼时，也沸腾发烧，又痒又疼。

每逢他凝视爱人的美，那美就发出一道极微分子的流（因此它叫作"情波"[47]），流注到他的灵魂里，于是他得到滋润，得到温暖，痛苦全消，觉得非常欢乐。若是他离开了那爱人，灵魂就失去滋润，他的毛根就干枯，把向外生发的幼毛窒塞住，不让它们生发。这些窒塞住的幼毛的情波融在一起，就像脉搏一样跳动，每一根幼毛都刺戳它的塞口，因此灵魂遍地受刺，疼得要发狂。但是只要那爱人的美一回到记忆里来，他就转痛为喜了。这痛喜两种感觉的混合使灵魂不安于他所处的离奇情况，彷徨不知所措，又深恨无法解脱，于是他就陷入迷狂状态，夜不能安寝，日不能安坐，只是带着焦急的神情，到处徘徊，希望可以看那具有美的人一眼。若是他果然看到了，从那美吸取情波了，原来那些毛根的塞口就都开起来，他吸了一口气，刺疼已不再来，他又暂时享受到极甘美的乐境。所以他尽可能地不肯离开爱人的身边，不把任何人放在眼里，父母亲友全忘了，财产因疏忽而遭损失，他也满不在意，从前他所引以自豪的那些礼节和规矩，也被他唾弃了。他甘心做奴隶，只要人家允许他，紧靠着他所渴望的人躺着，因为他不仅把他当作具有美的人来崇拜，而且把他看成消灾除病的医生。

我的美好的少年，这番话本是向你说的，这种情感在人间叫作"厄洛斯"[48]，如果我告诉你们怎样称呼它，少不更事的像你当然不免发笑。有两句歌颂"厄洛斯"的诗——我想是摹仿荷马的诗人们的手笔，其中第二句很不高明，而且音节也简直不调，这两句诗是这样：

凡人叫他作凭翼而飞的厄洛斯；
但神们叫他作羽客，因为他生性能长羽翼。

信不信由你，但是爱的原因和效果却都像这里所说的。

如果钟情人从前在宙斯的队伍里站过班，他对以羽翼得名的那个神所加的负担，就可以比旁人负得重些。如果他追随过战神阿瑞斯巡行诸天，现在钟情了，他就会幻想他的爱人对不起他，动了杀机，不惜让爱人和自己同归于尽。追随其他诸神的人们也可以例推。每个人会经站在那个神仙队里，就尽力尊敬那个神，摹仿那个神，只要他还没有受污染，他的人间生命还在第一代；他和爱人以及一般人的交往态度也就按照他所追随的神的性格。因此，每个人选择爱的对象，都取气味相投的，那被选择的对象仿佛就是他的神，就像他所雕饰的一尊神像，备他供奉祷祝。比如说，宙斯的随从者就找性格像宙斯的爱人，所以要看他在本性上是不是一个哲人，是否宜于督导。如果他们从前没有做过这种事，现在就开始学习，请教凡是可以赐教的人，或是自己研讨。他们凭自力循路前进，要发现他所追随的那神的性格，通常是能如愿以偿，因为他们不得不聚精会神地凝视那神。到他们从追忆达到那神，就得到他的感发，从他那里学得他们的性格和习惯，凡是凡人所能分取于神的他们都得到了。于是他们就把所获得的这些果实拿给爱人，爱他比从前更深挚。他们从宙斯那里所吸取的甘泉，像酒神的女信士饮酒一样，他们都拿来灌注到爱人的灵魂里，使他尽量类似他们所追随的神。再比如说天后赫拉的随从者所寻找的少年人是有帝王气象的，到寻求到手了，就恰恰按照天后的性格去对付他。阿波罗以及其他的诸神的信徒都可以此例推。他们都跟着自己的神的脚步走，找爱人都要他符合那神的性格。找到了这样对象，他们一方面自己尽力摹仿那神，一方面督导爱人，使他在行为风采上都和那神相似。这要看爱人们各人的能力，至于他们对于爱人却不存妒忌，而要尽一切努力使他类似他们自己，也类似他们所尊敬的神。凡是真正能爱的人们用情都是这样完美，如果他们成就了他们的爱情，他们就算参加了神圣神秘教的入教典礼，而爱人也从他们手里得到美满的幸福，只要他让爱征服了。他是怎样让爱征服的？请听下文：

在这故事的开始，我把每个灵魂划为三部分，两部分像两匹马，第三部分像一个御车人。我们现在姑且还依这种划分。你也许还记得，这两匹马之中一匹驯良，一匹顽劣。究竟它们驯良在哪里，顽劣在哪里，我们还没有说明，现在就要说明了。头一匹马占较尊的位置，样子顶美，身材挺直，颈项高举，鼻子像鹰钩，白毛黑眼。它爱好荣誉、谦逊和节制，因为懂事，要驾驭它并不要鞭策，只消劝导一声就行。至于顽劣的马恰相反，庞大、拳曲而丑陋，颈项短而粗，面庞平板，皮毛黝黑，眼睛灰土色里带血红色，不规矩而又骄横，耳朵长满了乱毛，又聋，鞭打脚踢都难得使它听调度。所以每逢御车人看到引起爱情的对象，整个灵魂让感觉惹得发烧，情欲刺戳得他又痒又疼的时候，那匹驯良的马知羞识耻，不肯向那爱人贸然跳去；而那匹顽劣的马却不顾主人的鞭策或刺棍，就乱蹦乱跳，给它的主人和马伴惹出说不尽的麻烦，逼主人向那爱人跑，去追求爱情的欢乐。它的主人和马伴起初对它所怂恿的那种违法失礼的罪行都愤然抗拒，可是后来被它闹得不休，也就顺从了它，让它带着走，做它所怂恿的事了。

因此，他们来到那美少年面前，看见他满面红光。那御车人因而回想起美的本体，回想起她和节制并肩站在一个神座上。他在这幅景象面前一边惶恐，一边肃然起敬，不觉失足向后倒在地上；这一失足猛地把缰子往后一拉，拉得两匹马都屁股坐地，一匹很驯服地不动，另一匹却挣扎个不休。人马倒退了几步之后，那匹驯良的马又羞又惧，浑身汗湿；而那匹顽劣的马在跌倒和被口铁碰击之后刚止了疼，刚喘了一口气，就破口痛骂，骂它的主人和马伴，骂他们懦弱，退了队伍，不守约。它又催他们向前冲，尽管他们不肯，它还是催，他们央求下次再说，它才勉强应允。约定的时候到了，他们装着忘记了这回事，它提醒他们，蹦着叫着拖着要走，逼他们再度到那爱人面前去作同前次一样的提议。后来他们人马快要走到了，它向前低下头，咬紧口铁，死劲向前拖。但是御车人又感到前次的那种情绪，而且更强烈，像赛跑人跑到终点的栅栏一样，向后一倒退，缰子比前次拉的更猛，把那匹顽马的口铁往后猛扯，扯得它口破血流，屁股和腿子都栽在地上栽破了，惹得它只好挨痛。这经验重复了许多次，那匹坏马终于学乖了，丢掉它的野性了，低头帖耳地听御车人的调度，一看到那美的对象就吓得浑身发抖。到了这个时候，情人的灵魂才带着肃静和畏惧去追随爱人。

因此那爱人受到无限的崇拜，就像是一个神，而那情人并非开玩笑，而是出自真心真意。在爱人方面，他对这个忠仆也自然有一种友谊。虽然在从前他的学友或旁人也许警告过他，说接近情人是不体面的事，因而使他要拒绝情人，可是时过境迁，到了适当的年龄，他就改变态度，准许情人和他来往了。因为坏人和坏人天生注定的不能做朋友，好人也天生注定的只和好人做朋友。他既然接受了情人，听过他的言论，亲近过他的风采，双方的情感就日渐亲昵，他就不免为情人的恩爱所感动，觉得凡是他的亲亲友友对他的友谊加在一起，也万万比不上这位神灵凭附的朋友所给他的恩情。他以后继续亲近那情人，在健身场或其他会场上和他拥抱，于是就有我已说过的那种泉流——宙斯钟情于伽尼弥德[49]的时候把它叫作"情波"——大量地向情人流注。它一部分注进他身体里面，一部分在他装满之后又流出来了。像一阵风或是一个声音碰到平滑而坚硬的东西就往回窜，窜回原出发点一样，那从美出发的情波也窜回到那美少年，由天然的渠道——他的眼睛——流到他的灵魂。到了灵魂，把它注满了，它的羽翼就得滋润，开始发出新毛羽，这样一来，爱人的灵魂也和情人一样装满爱情了。

这样地他在爱了。爱什么呢？他说不出，也说不出他尝的什样滋味，为了什么理由。他就像一个人看了别人的沙眼，自己也得了沙眼。他的情人像一面镜子，在这里面他看见了自己的形象，何以如此，他却莫名其妙。情人在面前，像情人自己所曾经验的一样，苦恼就一去无踪影了；情人不在面前，也像情人自己所经验的一样，就渴望能再见。他可以说有了回爱，或是爱情的返照。他不把这个叫作"爱情"，只肯把它叫作"友谊"，可是他情人所想望的他也想望，只是比较淡薄一点，他也想望见面、接触、接吻、拥抱。以后的情形就可想而知了。他们俩在同床时，那情人的不受约束的马就有好多话向主人说，劝他要在一点快活事里得到许多心血的报酬；爱人的劣马虽不作声，可是热得发烧，莫名其妙地神魂不宁伸出膊子去抱那情人，吻他，心里想，这也不过像吻一个密友一样。他们既然拥抱在一起了，情人若是要求什么，爱人也就不至于拒绝了。但是那另一匹马，那匹驯良的马，却和主人站在一起，受了贞洁和理性的感召，向那匹劣马进行挣扎抵抗。

姑且假定他们的本性中高尚的成分占了优胜，因而让他们过着有纪律而且有哲学意味的生活，那么，他们在世的时候就会终身谐和快乐了，因为他们能做自己的主宰，循规蹈矩，降伏了恶根，开放了善源。到了他们去世的时候，他们就身轻如燕，举翼升天，在三次奥林匹亚竞赛中，他们得过第一次胜利了[50]。这是最大的福分，凡人所能凭人类智慧或神灵迷狂而得到的福分都莫过于此了。姑且假定和这相反的情形，假定他们过着一种较粗鄙的生活，不爱智慧而只爱荣誉，那匹劣马就很可能在沉醉或放肆的时候，趁灵魂不戒备，把他们带到一个地方，选择凡人以为快乐的事来做。既然做了一回，他们以后就陆续地做，可是还不敢做得太多，因为他们所做的并不是他们全心全意所抉择的。他们俩也相亲相爱，可是不如上面所说的那两位深挚！他们相依相靠，无论是在爱情旺盛还是在爱情衰竭的时候，因为他们深信彼此已交换过最神圣的信誓，若是有一天因为反目而背弃了那信誓，就不免冒犯神明。到临终的时候，他们固然没有羽翼，可是也并非没有在长羽翼上努过力，他们的灵魂也离开了肉体。这对于他们的爱情的迷狂不算是一个小报酬，因为按照规律，凡是提过脚预备走登天大路的人们，就不至于要走阴间黑路；他们就要手牵着手一阵前行，过着光明而愉快的生活，到了应长羽翼的时候，他们还是长羽翼，为了他们的爱情的缘故。

我的美好的少年，有爱情的人的友谊就能给你这样伟大的神仙福分！但是如果和没有爱情的人来往，双方的关系就混杂着尘世的小心谨慎和尘世的寒酸打算，结果就不免在爱人的灵魂里养成俗人认作品德的庸陋，注定要在地面和地下滚来滚去，滚过九千年，而且常在愚昧状态里滚。

亲爱的爱神啊！这是我尽我的能力所能做到的一篇最好的认错诗，我拿它来作为献礼也作为洗罪书。"从各方面看，尤其从辞藻方面看"，都是用诗的声调，斐德若使我不得不如此。求你对前一篇文章宽宥，对这篇文章奖掖，求你保佑我，不要生气把你已经给我的那套爱情学问收回，也不要让它有毛病；求你保佑我在美少年们面前比从前更能博得信任。若是在前一篇文章里，斐德若和我说了什么话得罪了你，请你把它记在莱什阿斯的账上，没有他就不会有那篇文章，请你医好他的毛病，不再做这类文章，让他像他的哥哥波勒马库斯[51]一样，转到哲学方面去。那么，现在也在你面前的他的这位情人就不会像今天这样在两种意见中徘徊，举棋不定，就会全心全意地把生命贡献给爱情和哲学言论。[52]

斐 我参加你的祷祝，如果这样对我们比较好，我就祷祝我们能像这样。至于你这篇文章，我老早就钦佩不置了，比前一篇做得真要美得多啦！我恐怕莱什阿斯要显得是小巫见大巫了——若是他肯另写一篇和你的比赛。我倒不相信他肯。因为就在不久以前，有一位政客攻击他，就抓着他的这个短处，口口声声说他是一个"文章作家"，为顾全他的名誉，他也许不再干这勾当了。

苏 你倒想得怪，我的小伙子！如果你以为你那位朋友那样容易吓唬倒，你就错认了人！同时，你一定相信攻击他的那人说的是真心话？

斐 显然像是真心话。你自己也知道，国内最有名有势的人物都觉得写文章，留下著作给后人，是很可耻的事，生怕后世人叫他们作"诡辩家"[53]。

苏　你没有看见，斐德若，那是"甜蜜的转弯抹角"[54]。你也没有看见，凡是自视甚高的政客们都很欢喜写文章，而且渴望留下著作传到后世。每逢他们写了文章，对赞助那文章的人们特别感激，所以在文章开头就特别加一句声明，说在哪些场合得到了哪些人的赞助。

斐　你的话是什么意思，我不懂。

苏　你不懂？他们在文章开头就把赞助人的姓名写下。

斐　怎样写？

苏　他们这样写："承元老院，承人民，或元老和人民赞助，由于某某人的建议……"建议人就是作者自己，他这样庄重其词地替自己吹嘘一番，然后向那些赞助人显自己的聪明，就写将下去，往往写得很冗长。你看这种作品不就是写的文章吗？

斐　可不就是写的文章！至少在我看是如此。

苏　如果那篇文章受到喝彩，作者就高高兴兴地离开剧场；如果没有人理睬，他写文章的权利和当写作家的尊严都被剥夺了，他自己和他的同党人就只好哭丧了。

斐　他们确是如此。

苏　很显然的，他们对写文章，不但不鄙视，而且羡慕。

斐　一点也不错！

苏　再说，若是一个演说家或是一个国王既有权势，又有才能，比得上莱科勾、梭伦或是达柔斯，[55] 能在一国成为不朽的文章作家，他不会当在世时就把自己比一个神吗？而且后世人看一看他的作品，不也是这样看待他吗？

斐　确实如此。

苏　既然如此，你想象这样一个人，尽管他多么讨厌莱什阿斯，他会拿写作家当作丑事来骂他吗？

斐　他当然不会，至少是根据你的话来说，若是他骂莱什阿斯，那就等于骂他自己的癖好。

苏　因此，写文章本身并没有什么可丑，这是很显然了。

斐　那有什么可丑呢？

苏　我想写文章可丑，是在写得坏的时候。

斐　显然是如此。

苏　写作的好坏究竟怎样来确定呢？要研究这个问题，斐德若，我们是否需要根据莱什阿斯，根据凡是写作过的或是有意于写作的人们，无论所写作的是关于国家大事或是个人私事，无论所写作的形式是像诗有韵律或是像散文没有韵律呢？

斐　你问我们是否需要？研究文章是乐事，人活着干吗，若是不为着这样乐事，难道还是为着那些体肤的快乐？这些体肤的快乐都先经过痛苦而后才可以享受，所以说它们是"奴役性的"快乐是很正当的。

苏　无论如何，我们好像还有时间。并且我还有一个想头，那些蝉正在我们头上歌唱，它们的习惯向来就是这样，到正午大热时就唱，我想它们的眼睛在朝你和我看着，若是它们看见我们俩像普通人一样，在正午时就丢下话不谈，只管睡觉，垂下头懒洋洋地让它们的音乐催眠，它们会有理由瞧不起我们，以为不知哪里来了这两个奴隶，找到这泉水旁边来睡午觉，像羊子一样！但是如果它们看见我们谈话，我们的船走过它们像走过莎琳仙女们一样，不受它们的清歌诱惑，[56]它们也许要佩服我们，因而就把神们赐给它们的那套迷人的法宝传给我们咧。

斐　什么法宝？我好像没有听见过。

苏　那倒怪，一个诗神的信徒连这样事都没有听见过！故事是这样：从前蝉都是人，诗神降生以前的一种人。后来诗神降生了，歌唱新出现了，这种人就有些欢喜得要发狂，只管唱歌，忘记了饮食，一直到死为止。就是这批人变了蝉。它们从诗神那里得到一个法宝，一生下地就不须有营养，干着喉噪空着肚皮马上就歌唱，一直到死为止。死后它们就去见诗神们，报告世间哪些人崇拜她们，哪些人崇拜她们中间哪一个。它们向忒耳西科瑞报告在合唱队舞蹈中崇拜她的人们，使他们更得她宠爱；向埃拉托神报告爱人们；其余依次例推，向每一个诗神报告她所掌的那一行中崇拜她的情形。向九诗神中年代最长的卡利俄珀以及年纪较次的乌拉尼亚，她们报告终身从事哲学而且就拿哲学这种音乐来崇拜她们的人们，因为这两位诗神所掌管的是天以及神和人的各种问题，所以发出的声调是最和美的。[57] 斐德若，你看，我们有许多理由不睡午觉，应该谈下去。

斐　好，我们就谈吧。[58]

苏　我们就谈我们刚才提出要讨论的问题，文章的好坏究竟在哪里，无论它是口说的或是笔写的。

斐　顶好，就谈这个。

苏　文章要做得好，主要的条件是作者对于所谈问题的真理要知道清楚。你是否这样看？

斐　可是关于这个问题，我听到人说的是这样：预备要做辞章家的人丝毫不需要知道真正的正义，只要知道裁判的群众大概认为是正义的；他也不需要知道真正的善和美，只要知道群众所认为善和美的。他们说，说服的效果是从群众意见而不是从真理得来的。

苏　我们不能随便就把一句话抛开，斐德若。它既然是有学问的人们所说的，我们就得研究它是否有点道理。所以你刚才所说的那种话不能置之不理。

斐　当然。

苏　我们且这样来看，假如我要说服你去买一匹马去打仗，可是我们俩都不知道马是什么，只是我知道这一点，就是你斐德若相信马是一种耳朵最长的家畜。

斐　那就荒谬可笑了，苏格拉底！

苏　还不仅此，假如我要好好地说服你，就写一篇文章，写一篇颂驴文，里面就把驴当作马，说它有多么大的价值，无论放在家里使用或是骑着打仗。不但可以骑着打仗，还可以载行李，还可以有许多其他用途。

斐　那就更荒谬可笑了。

苏　一个朋友的荒谬可笑比起一个敌人的凶猛可怕，还要较胜一筹吧？

斐　那是无疑问的。

苏　那么，若是一个辞章家不知道分别好坏，要和一国办交涉，那国人也不知道分别好坏，他要说服他们，做一篇颂文，不是拿驴当马来颂，而是拿坏当好来颂；若是他把群众意见研究透彻之后，居然说服了他们，使他们做坏事不做好事，你想这种修辞术所种的因会收什样果呢？

斐　当然不会好。

苏　不过我们这样攻击修辞术，是否太粗鲁呢？修辞术会回答我们说："你这批聪明老爷们，这番废话有什么用处呢？我并没有强迫过哪一个人不知真理就去学说话；相反地，我劝告过人，如果我的劝告值得听，要先学得真理然后才来向我请教。有一句话我却敢大胆地说：一个人尽管知道了真理，若是没有我修辞术，还是不能按照艺术去说服。"

斐　你看她的申辩有没有道理？

苏　我承认它有道理，不过先要假定有论证可以出庭证明她确是一种艺术。因为我好像听到一些反面论证的声音，在责备她是一个骗子，说她并不是一种艺术，只是一种毫不艺术的蹈袭陈规的玩意。斯巴达人说的好："在言辞方面，脱离了真理，就没有，而且也永不能有真正的艺术。"

斐　你所说的论证是哪些？请它们出庭作证，我们可以审讯它们，看它们说些什么，怎么说。

苏 请出来，美好的论证们，看这位斐德若，他养过和你们一般美好的儿女，请你们说服他：若是他不会哲学，他也就决不会对任何问题能做出好文章。现在就请斐德若和你们对质。

斐 请审问吧。

苏 一般说来，修辞术是用文辞来影响人心的，不仅是在法庭和其他公共集会场所，而且在私人会谈里也是如此，讨论的问题或大或小，都是一样；无论题材重不重要，修辞术只要运用得正确，都是一样可尊敬的。你看这个看法对不对？你所听说的是不是这样？

斐 不，我所听说的并不是那样！修辞术主要是用在法庭，在议会里也用得着它。我就没有听说过它还可以用在别处。

苏 那倒怪，你没有听说过涅斯托耳和尤利西斯的修辞术吗？那是他们在特洛伊城下做来消磨时光的。还有帕拉墨得斯的你也没有听过吗？[59]

斐 没有，连涅斯托耳的也没有听过！除非你说的是涅斯托耳，指的是高吉阿斯；说的是尤利西斯，指的是特拉什马克，或是忒俄多洛斯。[60]

苏 也许是如此。我们姑且不管这些人吧。我再问你，在法庭里原告和被告两方干什么呢？是不是互相争辩？

斐 一点也不错。

苏 争辩的是是非问题吧？

斐 是的。

苏 若是一个人按照修辞术来争辩是非，他可以把同一件事对同一批人时而说得像是，时而说得像非，他爱怎样说就怎样说。是不是？

斐 可不是那样！

苏 若是政治演说，他会把同一个措施时而说得像很好，时而说得像很坏吧？

斐　不错。

苏　我们也听说过埃利亚人帕拉墨得斯，他运用修辞术使他的听众觉得同一事物像同又像异，像一又像多，像动又像静。[61]

斐　我确是听说过。

苏　那么，辩论就不仅限于法庭和政治演说了，各种各样言语都用得着这修辞的艺术了——如果真有这种艺术——用她我们就可以使一切可以显得像类似的事物显得类似，并且旁人若是这样做，尽管掩盖得很巧，我们也可以把它明明白白地指出了。

斐　我不大明白你的意思。

苏　我们且这样看，你就会明白了：若是要欺骗人或迷惑人的话，要事物的差异小，还是要它们的差异大呢？

斐　差异小容易迷惑。

苏　对了！若是你慢慢地一步接着一步地从正面走到反面，每一步和前一步差异小，旁人就看不出破绽；若是你一步就转到反面，旁人一眼就看出了。

斐　当然。

苏　因此一个人若想迷惑旁人而自己不迷惑，他就要能精确地辨别事物的同异。

斐　定要那样才行。

苏　如果他不知道一件事物的真正性质，他能否看出这事物和其他事物的差异是大还是小呢？

斐　那不可能。

苏　那么，人们受了欺骗，所见的和真理相差甚远的时候，都是由于从那真理的小类似逐渐走到它的大不类似，这样就不知不觉地陷到错误里去了。

斐　事情确实如此。

苏　一个人若是有颠倒是非的艺术，用一连串的类似点逐步引旁人入迷途，使他终于把是的看成非的，而他自己却明白哪是是的哪是非的，如果他自己不先就知道每件事物的真正性质，他能否办到这层呢？

斐　不能。

苏　那么，若是一个人不知真理，只在人们的意见上捕风捉影，他所做出来的文章就显得可笑，而且不成艺术了。

斐　那是可想而知的。

苏　我们就来谈谈在你手里的莱什阿斯的那篇文章，和我刚才念的那两篇，看看里面有没有我们所认为合艺术和不合艺术的例证，你看好不好？

斐　那就再好不过了。我们现在实在是悬空来谈，因为没有恰当的例证。

苏　你说得对，并且事情像是很凑巧，那两篇文章都可以做例证，说明一个人尽管知道真理，还可以拿文字作游戏，使听众看不见真理。我的那篇应该归功于这地方的神灵；不然就是诗神们的代言者，在我们头上的那些歌蝉，给了我的灵感。因为我知道自己，至少我是不懂修辞术的。

斐　就依你那么说吧，只要你证明你所说的，讲下去。

苏　好，请把莱什阿斯的文章开头一段念出来。

斐　"你已经知道我的情形怎样了，也知道我期望这件事的实现对你我双方都有利益了。现在我就要希望我的请求不至于因为我不是一个对你有爱情的人，而遭你的拒绝。因为有爱情的人们一到他们的欲望满足了，对于所施与的恩惠就觉得追悔……"

苏　停住！我们要指出作者所犯的艺术上的毛病，是不是？

斐　是的。

苏　人人都看得清楚的一点就是：在这类问题上面，有些点是我们都同意的，也有些点是我们不同意的。

斐 我相信我懂得你的意思，但是你还是把话说明白一点才好。

苏 我们说到"铁"或"银"，我们是否都想到同一件东西呢？

斐 当然。

苏 如果说到正义和善，情形怎样？是不是各人有各人的看法？是不是互相冲突甚至自相冲突？

斐 一点也不错。

苏 那么，对于某些事物我们能同意，对于另一些事物我们不能同意。

斐 确实如此。

苏 在这两类事物之中哪一类容易使人迷惑或受欺骗呢？对于哪一类事物修辞术有更大的药能呢？

斐 显然是我们没有把握的那类事物。

苏 如果是这样，一个人若是要研究修辞术，他就必须先把这两类事物区别得有条有理，知道每类事物的特性，知道对于哪一类事物群众的思想是很不确定的，对于哪一类是确定的。

斐 很好的分别，抓住这个分别的人倒是有了把握。

苏 其次，我想遇到每一个事例，他都不能出岔子，必须很锐敏地看出他所谈的那种题材属于哪一类。

斐 很对。

苏 那么，你看爱情应该属于哪一类呢？我们该把它放在确定的那一类，还是不确定的或是可争辩的那一类呢？

斐 爱情显然属于不确定的可争辩的一类，若不然，你想还可能让你说出刚才那番话，一会把爱情说成情人和爱人双方的灾祸，一会儿又把它说成他们的大幸福吗？

苏 说得好！不过还要请你告诉我——你知道，我当时在神灵凭附的状态，现在不大记得了——我在文章开头里替爱情下过定义没有？

斐　你下过定义，而且下得非常之周密。

苏　那么，莱什阿斯可是很不幸了！阿刻罗俄斯的女儿们以及赫耳墨斯的儿子潘 [62] 的修辞术比起莱什阿斯的就要高明多啦！要不然，就是我说的全错了，莱什阿斯在他的文章开头里也就应该让我们对于爱情得到一个明确的概念——他自己所提出的那个概念——然后根据这个概念去安排全文的意思，一直达到一个合式的结论，他是否是这样做过呢？请你把他的文章开头一段再念一遍如何？

斐　随你的意，可是你所找的东西却不在那里。

苏　念着看，看他到底是怎样说的。

斐　"你已经知道我的情形怎样了，也知道我期望这件事的实现对你我双方都有利益了。现在我就要希望我的请求不至于因为我不是一个对你有爱情的人，而遭你的拒绝。因为有爱情的人们一到他们的欲望满足了，对于所施与的恩惠就觉得追悔……"

苏　毫无疑问，我们所要找的在这里找不到，并且这位先生不在开头的地方开头，而在收尾的地方开头，好像泅水的人仰着浮，向头的方向倒退！你看，他开头所说的那番话是情人要在收场时向爱人说的话！亲爱的斐德若，我说得对不对？

斐　倒是真的，苏格拉底，他开头所说的话应该在收尾。

苏　你看其他部分怎样？各部分是不是像随便拼凑在一起？你看有没有一个明显的原则，使下一句就确须摆在下一句的地位，不能拿别的话摆在那里？我是不懂得什么的，在我看来，他像是不管三七二十一，想到什么就写下什么。也许你可以看出一种修辞的道理，使他的字句段落排成那样的次序？

斐　你若是以为我有那样批判的能力，能看出他的用意，那你就认错了人啦！

127

苏　但是你至少要承认：每篇文章的结构应该像一个有生命的东西，有它所特有的那种身体，有头尾，有中段，有四肢，部分和部分，部分和全体，都要各得其所，完全调和。

斐　那是无可否认的。

苏　那么，看看你的朋友的那篇文章是否按照这个原则做出来的，你会看出它和佛律癸亚人弥达斯 [63] 的墓铭没有多大分别。

斐　那墓铭有什么可注意的地方？

苏　它是这样写的：

> 我是青铜雕的女郎，守在弥达斯的墓旁，
>
> 只要河水在流，大树在长枝丫，
>
> 我要守着这墓，长年地眼泪汪汪，
>
> 告诉这一切过路人，弥达斯躺在这一方。

这墓铭的每一行摆在开头或是收尾，都可以随便，我想你已经看出来了。

斐　你在和我们所谈的那篇文章开玩笑！

苏　免得你不高兴，姑且放下那篇文章不谈吧。可是我还相信它里面有许多例子，研究起来很有益处，只是不要摹仿它。现在我们且来谈谈另外那两篇，在我看，它们里面有许多东西，是值得留心修辞术的人们研究的。

斐　你所说的是指什么？

苏　如果我记得不差，那两篇是相反的，一篇说应该接受有爱情的人，一篇说应该接受没有爱情的人。

斐　它们都做得顶有精神！

苏　你应该说“顶迷狂”。我原来想做到的实在就是迷狂。我们说过，爱情就是迷狂。是不是？

斐　是。

苏　但是迷狂有两种：一种是由于人的疾病，一种是由于神灵的凭附，因而使我们越出常轨。

斐　一点不错。

苏　神灵凭附的迷狂我们分成四种：预言的，教仪的，诗歌的，爱情的。每种都由天神主宰，预言由阿波罗，教仪由狄俄尼索斯，诗歌由缪斯姊妹们，爱情由阿佛洛狄忒和厄洛斯[64]。我们说过，在这四种迷狂之中，爱情要算首屈一指。我们形容爱情的时候，用了一种比喻，其中我们当然也看到了一些真理，但是恐怕也走了一些错路。我们做了一篇颇娓娓动听的文章之后，还用了激昂虔敬的心情歌颂过厄洛斯，你的护神也是我的护神，一切美少年都在他的庇荫之下。

斐　我听到那歌颂心里颇愉快。

苏　我们现在要研究这文章本身，看看它何以能从贬责转到赞扬。

斐　你的意思怎样？

苏　我认为这篇文章在大体上只在开玩笑，不过在信手拈来之中倒有两个明显的法则，各有它的功能，颇值得我们求得一个系统的了解，假如我们能的话。

斐　什么法则呢？

苏　头一个法则是统观全体，把和题目有关的纷纭散乱的事项统摄在一个普遍概念下面，得到一个精确的定义，使我们所要讨论的东西可以一目了然。我们刚才讨论爱情时就应用了这个法则，我们把爱情的本性下了定义，无论做得好坏，这篇文章的明晰和始终一致却要归功于这个定义。

斐　另一个法则是什么呢？

苏　第二个法则是顺自然的关节，把全体剖析成各个部分，却不要像笨拙的宰割夫一样，把任何部分弄破。我们刚才那两篇文章就应用了这个法则，先把心理迷狂看作一个全体，犹如全体有左右四肢，我们也就把心理迷狂分为左右两部分，再就左边部分细加分析，一直到不能再分析为止，发现其中有一种左爱情，我们对它加了应得之罪；然后在第二篇文章里照样分析右边的迷狂，结果发现一种也和左爱情一样叫作"爱情"的元素，可是实在是相反的，是一种神圣的爱情，我们把它放在眼前凝视，把它赞扬为人类最大福分的根源。

斐　真的是那样。

苏　就我这方面来说，我所笃爱的就是这两种法则，这种分析和综合，为的是会说话和会思想。不仅如此，若是我遇见一个人，他能如其本然地看出一和多[65]，我就要追随他，"追随他的后尘像追随一个神"。凡是有这种本领的人们，我都一直把他们叫作"辩证术家"[66]；叫的对不对，只有天知道。请你告诉我，你和莱什阿斯这一派门徒该叫作什么呢？你们所用的是不是特拉什马克那班人所用的修辞术呢？那班人用这种修辞术，不但自己会说话，还教会他们的学生们都会说话，只要这些学生们肯送他们礼物，把他们奉承得像皇帝一样。

斐　他们倒真是一批皇帝气派的人物，不过他们确实不懂得你现在所讨论的方法。你把这种方法叫作"辩证术"，在我看，这似乎是对的；不过修辞术是什么，我们似乎还没有抓住。[67]

苏　你指的是什么？此外还有一种不通辩证术而可学得的好学问吗？若是有，你我当然不能轻视它，我们且来看看此外剩下给修辞术的究竟还有什么？

斐　多得很，苏格拉底，只要你翻一翻关于修辞术所写的书籍！

苏　真的，谢谢你提醒我！如果我记得不错，第一个就是"序论"，一篇文章开头就应该有它。这就是你所谓"艺术的点缀"吧？

斐　是的。

苏　其次就是"陈述"，跟着又是相关的"证据"，第三是"证明"，第四
　　是"近理"⁶⁸；此外如果我记得不错，还有"引证"和"佐证"，根据
　　那位咬文嚼字的拜占廷人所说的。

斐　你是不是指赫赫大名的忒俄多洛斯呢⁶⁹？

苏　不错。他还告诉我们怎样在"正驳"之后用"附驳"，无论是控诉还是
　　辩护。此外还有一位了不起的帕若斯人厄文努斯首先发明"暗讽"和"侧
　　褒"。还有人说，他把"侧贬"做成韵文，使人容易记忆。真是聪明人！
　　我们也不要忘记提西阿斯和高吉阿斯，他们看出"近理"比"真理"还
　　更要看重，他们借文字的力量，把小显得很大，把大显得很小，把新说
　　得像旧，把旧说得像新；并且他们替每种题材都发明一个缩得很短和拖
　　得极长的办法。可是有一次我和普若第库斯谈起这个办法，他付之一笑，
　　据他说，只有他才发现了文章的秘诀：合于艺术的文章既不能太长，也
　　不能太短，要长短适中。

斐　普若第库斯真是绝顶聪明！

苏　还有希庇阿斯，我们能丢开他不谈吗？我相信普若第库斯和他是站在一
　　起的。

斐　不错。

苏　还有泡路斯，他有一大堆法宝，谐声体啰，格言体啰，绘像体啰，还有
　　他的老师利昆纽斯所赠送给他的《词汇学》，备他写《文字之美》
　　时参考。

斐　苏格拉底，普罗塔哥拉不也做过这种研究么？

苏　对的，年轻人，他做过一部《文字之精确》，还有许多其他好东西。说
　　句老实话，若是谈到"穷""老"之类问题可以引人落泪的话，我看本
　　领最大的莫过于那位考尔塞顿的大人物了⁷⁰。他也很会激起群众的情绪，
　　激动起来之后，他还有方法使它平静下去，借他的迷人的声调，据他自

己说。对于毁谤和破毁谤，他也很在行，用不着什么根据。不过丢开这些来谈文章收尾吧，一般人都承认在收尾时应该有一段"复述"，不过名称有时不同。

斐　你说的是"总结"，在文章收尾时把全文所说到的提要再说一次来提醒观众？

苏　正是。关于修辞术，你还有什么别的可说呢？

斐　此外还有一些琐碎的玩意，值不得说了。

苏　既然是琐碎的玩意，就丢开不谈吧。我们且把已经提到的那些，看看它们在艺术上有什么性格和功用。

斐　它们的功用倒是很不小，苏格拉底，至少是用在公众会议的时候。

苏　小是不小，但是我的好朋友，我看它们有许多破绽，请你也仔细看看它们是否如此。

斐　你指给我看吧。

苏　好，请问你："假如一个人拜访你的朋友厄里什马克或是他的父亲阿库门，向他们说：我知道一些处理身体的方法，要它发热它就发热，要它发冷它就发冷；我要人吐就吐，要人泻就泻，这类方法我知道的还很多。既然有这些知识，我敢说我能行医，并且能教旁人行医，只要我肯把这些知识传给他们。"你想他们听到这番话之后，会怎样回答他呢？

斐　他们当然要问他除此之外，是否还知道那样病人在哪些病况之下该受哪样处理，并且用多少分量。

苏　假如他回答说："这些我全不知道，可是我指望我的学生跟我学得我所说的那些方法之后，自己会临机应变。"他们会怎样说？

斐　他们一定说："这个人是疯子，他读过一点医书或是碰见一些诊方，就自以为是个好医生，其实对于医道全是外行。"

苏　再假如有一个人去看索福克勒斯和欧里庇得斯[71]，向他们说："我能随意就小事情做很长的演辞，就大事情做很短的演辞；我并且能随意写出悲惨的或恐怖的语调；此外我还会许多同样的玩意。我若是拿这些东西教人，就可以使人有做悲剧的能力了。"

斐　他们也会笑他，我想，苏格拉底，笑他不知道悲剧要把这些要素安排成一个整体，使其中部分与部分以及部分与全体都和谐一致。

苏　不错，不过他们也不会很粗暴地骂他，他们会像一个音乐家碰见一个人自以为会调音协律，因为他碰巧会在一根弦子上弹出最高的音和最低的音。那音乐家不会很粗野地向这个人说："你这倒霉蛋，你疯了！"他会用音乐家的风度向他说："我的好朋友，一个人若是想会调音协律，固然要知道这些，但是一个人知道了你所知道的这些，还是可以对调音协律完全外行，因为你所知道的这些是调音协律的初步，而不是调音协律本身。"

斐　这样回答确是很得体。

苏　索福克勒斯也会这样回答那位卖弄悲剧的人，说他所知道的是悲剧的初步，而不是悲剧的本身；阿库门也会这样回答那位卖弄医道的人，说他所知道的是医道的初步，而不是医道本身。

斐　一点也不错。

苏　假如使言甘如蜜的阿德拉斯托斯，或是伯里克理斯[72]，听到我们刚才所列举的那些修辞的奇方妙诀，什么格言体、绘像体以及我们认为应该研究明白的那种种体，他们会怎样说呢？他们对于以为这些伎俩就是修辞术，拿它们来写作或教授门徒的人们，会像你和我一样粗野，动火开骂么？不，他们比我们聪明，会用手拍拍我们说："斐德若，苏格拉底，有些人不通辩证术，因而无法下修辞术的定义，碰巧知道一些修辞术的初步，便自以为是修辞术的发明人；他们并且拿这些初步教人，以为教了这些，就算教了修辞术的精微奥妙，至于怎样运用每个方法来把话说

133

得娓娓动听，怎样把它们安排成一个整体，他们却以为无关宏旨，一字不提，让门徒们自己要写文章的时候自己去设法；若是遇到这种人，你们不该动火开骂，应该宽容一点。"你看他们是否会这样说？

斐 的确，苏格拉底，那批人在写作和传授中所谈的修辞术确是如此，我想你所说的都是对的。但是真正能动听的修辞术从哪里可以学得，如何可以学得呢？

苏 在修辞方面若想能做到完美，也就像在其他方面要做到完美一样，或许——毋宁说，必然——要有三个条件：第一是天生来就有语文的天才；其次是知识；第三是练习，你才可以成为出色的修辞家。这三个条件如果缺一个，你就不能做到完美。就修辞术是一个艺术来说，我想在莱什阿斯和特拉什马克所走的路上却找不到真正的方法。

斐 在哪条路径上可以找到呢？

苏 在我看，在修辞术方面成就最高的要算伯里克理斯。

斐 请说明这个道理。

苏 凡是高一等的艺术，除掉本行所必有的训练以外，还需要对于自然科学能讨论，能思辨；我想凡是思想既高超而表现又能完美的人们都像是从自然科学学得门径。伯里克理斯的长处就在此，除掉他的天才以外，他还有自然科学的训练。因为他从阿那克萨戈拉[73]受过教，这位就是一位自然科学家，传授给伯里克理斯一些玄奥的思想，引他穷究心物的本质。因此，伯里克理斯能够把这方面的训练应用到修辞术方面去。

斐 请再说明白一点。

苏 修辞术和医学恰是一样。

斐 这话怎样说？

苏 它们都要穷究自然。医学所穷究的是肉体，修辞术所穷究的是心灵，如果你不甘拘守经验陈规而要根据科学，在医学方面处方下药，来使肉体康强，在修辞术方面命意遣词，来使心灵得到所希冀的信念和美德。

斐　道理倒像是这样，苏格拉底。

苏　不知道全体宇宙的本质而想知道心灵的本质，你想这可能不可能？

斐　如果我们相信希波克拉底——他是从埃斯库勒普 [74] 传下来的——不穷究
　　全体宇宙的本质，就连肉体的本质也无从知道。

苏　他说的好，斐德若，可是我们不能引他的话作证就算了事，还要追问理
　　由，看他的话是否能自圆其说。

斐　不错。

苏　那么，看看关于自然，希波克拉底怎样说，真理又怎样说。无论什么事
　　物，你若想穷究它的本质，是否要用这样方法？头一层，对于我们自己
　　想精通又要教旁人精通的事物，先要研究它是纯一的还是杂多的；其次，
　　如果这事物是纯一的，就要研究它的自然本质，它和其他事物发生什样
　　主动和被动的关系，向哪些事物发出什样影响，从哪些事物受到什样影
　　响；如果这事物是杂多的，就要把杂多的分析成为若干纯一的，再看每
　　一个纯一的元素有什样自然本质，向哪些事物发生什样影响，从哪些事
　　物受到什样影响，如上文关于纯一事物所说的一样办。

斐　这方法可能是对的。

苏　有一点至少是确实的，不用这些研究的方法就不免像瞎子走路。至于对
　　任何事物作科学研究的人却不能拿盲聋来作比。但显然地，修辞术的传
　　授，若是按照科学方法，必须对于门徒要向它说话的那对象的本质给一
　　个精确的说明，而这对象无疑就是心灵。

斐　那是无可辩驳的。

苏　所以他的全副精力就要向着这个对象；他所要说服的实在就是它，是
　　不是？

斐　是。

苏　所以对于特拉什马克和其他把传授修辞术认真去做的人们来说，首先要
　　做的事显然是心灵的精确描绘，看看它在本质上是纯一的，还是像肉体
　　一样，是杂多的。我们说过，只有这样办，才能见出一件事物的本质。

斐　的确。

苏　第二点，他们须说明心灵在哪方面是主动的，发生影响的，对哪种事物
　　发生什样影响；在哪方面是被动的，承受影响的，从哪种事物承受什样
　　影响。

斐　不错。

苏　第三点，他们须把文章的类别和心灵的类别以及它们的个别的情况都条
　　分缕析出来，然后列举它们之中的因果关系，定出某类与某类相应，因
　　此显出某类文章适宜于某类心灵，某种原因会使某种文章对于某种心灵
　　必能说服，对于另一种心灵必引起疑心。

斐　无论如何，他若是能做到这样，显然是再妙不过了。

苏　除此以外，就绝没有其他说或写的方法，示范的文章也好，寻常的文章
　　也好，这个题目也好，那个题目也好，方法就只有这一个。但是你所听
　　说过的那班近代"修辞术"的著作者都是狡猾的骗子，尽管他们对于心
　　灵懂得很清楚，却把它隐藏起来。除非他们按照我们所说的这个方法来
　　说话写文章，别让我们相信他们有什么修辞术！

斐　你所谓"这个方法"是什么？

苏　仔细说倒不容易，但是一个人若想尽量按照艺术来写作，他应该走的大
　　路我倒可以谈一谈。

斐　就请你谈下去。

苏　文章的功能既然在感动心灵，想做修辞家的人就必须知道心灵有哪些种
　　类。这些种类的数目既不同，每种类的性质就不一致，因此，人的性格
　　也就随人而异。这些区别既然厘定明白了，就要厘定文章的种类数目，

每种也有每种的确定的性质。某种性格的人，受到某种性质的文章的影响，由于某种原因，必然引生某种信念。至于另样性格的人就不易被说服，虽然其他情况相同。在这些类别性质上费过足够的思索了，以后就要研究它们在实际运用上的情况，还要有锐敏的感觉力，知道随风转舵、临机应变，否则他对于此道所懂得的还不过是像从前在学校所听的功课一样。等到他不但能够辨明某种人会受某种文章说服了，而且碰到一个人，一眼就能看出他的性格了，他就会这样向自己说："我从前在老师的课本里所遇见那种人，那种性格，就是他！他在实际中出现在我的眼前了！现在我要用这种辞令，采这种方法，引他起这种信念！"到了这步功夫，我说，到了他掌握住这些知识，再加上能辨别哪时应该说话，哪时应该缄默，哪时应该用简要格、悲剧格、愤怒格，以及原先学过的一切风格，哪时不应该用。只有到了这步功夫，他的艺术才算达到完美，否则就不能算。如果这些条件之中缺了任何一个，无论是写作，是教学或是演讲，尽管他自以为是按照艺术去做，听众不相信他，他就算是失败了。不过我们的"修辞术"的著作者也许这样质问我们："但是斐德若和苏格拉底，这就是你们的唯一的修辞术吗？是不是还可以承认修辞术有另一个看法呢？"

斐 不可能有另一个看法，苏格拉底。不过你所说的这种修辞术倒不是一件轻易事。

苏 你说得对，斐德若，正是因为这个理由，我们需要从各方面看看所有的修辞理论，看其中有没有修辞术的较容易较短捷的路径，免得我们去走一条漫长而艰难的路，徒劳而无功，而实际上却有一条容易而短捷的路可走。你也许从莱什阿斯或旁人那里听到过一些话，对我们可以有用处，请你设法回想一下。

斐 如果有法可设，我当然要设法。不过现在我回想不起什么。

苏　那么，我把我从谈修辞术的先生们那儿所听到的话重述一下，好不好？

斐　好。

苏　至少我记得一句格言：豺狼也应该陈述它的理由[75]。

斐　不错，它有什么理由，你替它说一说看。

苏　那班谈修辞术的先生们说，在这类事情上用不着那样郑重其事，也用不着兜大圈子找出源源本本。人们若想成为高明的修辞术家，丝毫用不着管什么真理、正义或善行，也用不着管什么正义或善行是由于人的天性还是由于他的教育（这套话我们在开始时就已经提到）。他们说，在法庭里人们对于这类问题的真相是毫不关心的，人们所关心的只是怎样把话说得动听。动听要靠逼真或自圆其说，要照艺术说话，就要把全副精力摆在这上面。事实有时看来不逼真，你就不必照它实际发生的情形来说，只要设法把它说得逼真，无论是辩护或是控诉，都应该这样做。总之，无论你说什么，你首先应注意的是逼真，是自圆其说，什么真理全不用你去管。全文遵守这个原则，便是修辞术的全体大要了。[76]

斐　真的，以修辞术专家自命的人们所说的那一套话，你说得一字不差，苏格拉底。我记得我们在这次讨论的开始，就已约略提及这种原则了。从事于修辞术的人们都把它当作法宝。

苏　不过还有提西阿斯，是你反复研究过的，他所说的逼真除掉符合群众意见以外，还有没有其他意义呢？

斐　真的，还有什么其他意义呢？

苏　我想他所发明的修辞术秘诀就是这样：假想一个孱弱而勇猛的人打倒了一个强壮而怯懦的人，剥去他的衣服或是抢去其他东西，后来提到法庭受审，提西阿斯以为这两人都不该说真话。那懦夫须先说明那勇汉打他的时候还有旁人帮凶，而那勇汉却须先说明当时没有旁人在场，然后运用那"逼真"秘诀，申辩说："像我这样一个孱弱的人怎样能打他那样

138

强壮的人呢？"至于那原告咧，当然不能说他自己怯懦，须另扯一个谎，而这个谎又恰好供给对方以反驳的论证。案情尽管不一样，按照修辞术来申辩，程序总是一律如此，是不是这样，斐德若？

斐　确实是那样。

苏　哼，这种法术真是深奥万分，而它的发明人也真是绝顶聪明，不管他是提西阿斯或是另一个人，也不管他给这种法术什样名称。不过我们有没有话可以对付这种人呢，斐德若？

斐　什样话？

苏　我们可以向他这样说：提西阿斯，在你还没有参加进来老早以前，我们就已说过，你所夸口的"逼真"在群众心中发生影响，是有关它类似真理；而我们后来也证明过，唯有明白真理的人才最会看出真理的类似。因此，如果你对于修辞术还有旁的话可说，我们倒愿领教；如果没有，我们就可维持我们刚才所已说明的那番道理，这就是说，除非把听众的不同的性格区别清楚，除非把事物按照性质分成种类，然后把个别事例归纳成为一个普遍原则，除非能这样做，我们说，一个人对修辞术就不能尽人力所能做到地去登峰造极。但是要想能这样做，就不能不吃辛苦，这种辛苦是哲人所在所不辞的，为的倒不是想在言行上见好于世俗，而是想一言一行，都无愧于神明。提西阿斯，比你我较聪慧的人们都说，凡是有理性的人所要尽力讨好的不是奴隶同辈（除非是偶然破格），而是本身和祖先都善良的主人们。所以我们的路径纵然是漫长的，你也不必惊奇，因为我们的目标是伟大的境界，不是你所想的那种。不过就连你的那种目标要想达到，也还是以采取我们的办法为最妥善，像我们所已经证明的。

斐　你所说的那种境界倒是顶美，只要人可以达到的话。

苏　如果我们所追求的境界美，尽管遭遇到困难，这追求本身也还是美的？

斐　确有如此。

苏　关于修辞的艺术和不艺术，我们的话已说得很够了。

斐　够了。[77]

苏　还有一个问题，就是写作的适当与不适当，在哪种情形下才该写，哪种情形下不该写。

斐　是的。

苏　关于辞章，你知道在哪种情形下，一个人才可以取悦于神明呢？

斐　我全不知道，你知道吗？

苏　至少我可以报告一个古代的传说。它真不真，只有古人知道；不过我们自己如果能发现真相，我们还要问人们从来怎样想吗？

斐　那就不必要了，不过请你把所听到的传说讲一讲。

苏　好。我听说在埃及的瑙克拉提斯附近，住着埃及的一个古神，他的徽帜鸟叫作白鹭[78]，他自己的名字叫图提。他首先发明了数目、算术、几何和天文；棋骰也是他首创的，尤其重要的是他发明了文字。当时全埃及都受塔穆斯统治，他住在上埃及一个大城市，希腊人把它叫作埃及的忒拜。这城市的神叫作阿蒙。图提晋见了塔穆斯，把他的各种发明献给他看，向他建议要把它们推广到全埃及。那国王便问他每一种发明的用处，听到他的说明，觉得是好的就加以褒扬，觉得是坏的就加以贬斥。据说关于每一种发明，塔穆斯都向图提说了许多或褒或贬的话，细说是说不完的。不过轮到文字，图提说："大王，这件发明可以使埃及人受更多的教育，有更好的记忆力，它是医治教育和记忆力的良药！"国王回答说："多才多艺的图提，能发明一种技术是一个人，能权衡应用那种技术利弊的是另一个人。现在你是文字的父亲，由于笃爱儿子的缘故，把文字的功用恰恰说反了！你这个发明结果会使学会文字的人们善忘，因为他们就不再努力记忆了。他们就信任书文，只凭外在的符号再认，并非凭内在的脑力回忆。至于教育，你所拿给你的学生们的东西只是真实界的形似，而不是真实界本身。因为借文字的帮助，他们无需教练就可以吞下许多知识，好像无所不知，而实际上却一无所知。还不仅如此，他们会讨人厌，因为自以为聪明而实在是不聪明。"

斐　苏格拉底，你真会编故事，说它是埃及的也好，说它是另一个奇怪的国家的也好，你都脱口而出！

苏　我的好朋友，多多那地方宙斯神庙里有一个传说，说最初的预言是从一棵橡树发出来的。这足见当时人没有你们近代年轻人聪明，在他们的天真之中，安心听一棵橡树或是一块石头，只要它的话是真理。但是你却不然，对于你最关重要的是说话人是谁，他是从哪国来的。至于他的话是否符合事实，还在其次。

斐　我承认你指责得对。关于文字问题，我相信那位忒拜人[79]说得对。

苏　所以自以为留下文字就留下专门知识的人，以及接受了这文字便以为它是确凿可靠的人，都太傻了，他们实在没有懂得阿蒙[80]的预测，以为文字还不只是一种工具，使人再认他所已经知道的。

斐　你说的顶对。

苏　文字写作有一个坏处在这里，斐德若，在这一点上它很像图画。图画所描写的人物站在你面前，好像是活的，但是到人们向他们提出问题，他们却板着尊严的面孔，一言不发。写的文章也是如此。你可以相信文字好像有知觉在说话，但是等你想向它们请教，请它们把某句所说的话解释明白一点，它们却只能复述原来的那同一套话。还有一层，一篇文章写出来之后，就一手传一手，传到能懂的人们，也传到不能懂的人们，它自己不知道它的话应该向谁说，和不应该向谁说。如果它遭到误解或虐待，总得要它的作者来援助；它自己一个人却无力辩护自己，也无力保卫自己。

斐　这话也顶对。

苏　此外是否还有另一种文章，和上述那种文章是弟兄而却是嫡出的呢？我们来看看它是怎样生出来的，以及它在本质和效力两方面比上述那种要强多少。

斐　你说的是哪种文章？依你看，它是怎样生出来的？

苏　我说的是写在学习者心灵中的那种有理解的文章，它是有力保卫自己的，而且知道哪时宜于说话，哪时宜于缄默。

斐　你说的是哲人的文章，既有生命，又有灵魂。而文字不过是它的影像，是不是？

苏　对极了，我说的就是那种。现在我请问你：如果一位聪明的农人有了种子，是他所珍视的而且希望它们结实的，他是否趁大热天把它们种在阿多尼斯的小花园[81]里，看它们到了第八天就长得顶茂盛呢？若是他这样做，是不是只因为恰逢到祭奠，当作一种娱乐来玩呢？若是他认真耕种，他是否等到八月才看它们成熟呢？

斐　当然，苏格拉底，我相信他会像你所说的那样办，一种是认真耕种，一种只是消遣。

苏　若是一个人有了关于真、善、美的知识，我们能说他对于他的那种子的处理，反而不如农人聪明吗？

斐　当然不会。

苏　所以你得知道，他不会把那些知识写在水上，用笔墨做播种的工具，借助于一种文字，既不能以语言替自己辩护，又不能很正确地教人知道真理。

斐　他当然不会那样做。

苏　当然不会，这种小花园里的文章，如果他写的话，也只是为着消遣；可是当他真正写作的时候到了，他就把所写的看作一种备忘宝库，既防自己到了老年善忘，也备后来同路人的借鉴。他会怡然自得地看着自己所有耕种的草木抽芽发条。当旁人在旁的消遣中找乐趣的时候——例如饮食征逐之类——他却宁愿守着我刚才所说的那种消遣，他的毕生的消遣。

斐　你所说的这种消遣比起另外那种消遣就高尚多啦！一个人能拿做文章来消遣，讨论正义和德行之类题目来度日，那是多么高尚的消遣！

苏　它是高尚的，亲爱的斐德若。但是我想还有一种消遣比这更高尚，就是找到一个相契合的心灵，运用辩证术来在那心灵中种下文章的种子，这种文章后面有真知识，既可以辩护自己，也可以辩护种植人，不是华而不实的，而是可以结果传种，在旁的心灵中生出许多文章，生生不息，使原来那种子永垂不朽，也使种子的主人享受到凡人所能享受的最高幸福。

斐　你所说的这种确是高尚。

苏　斐德若，这一点既然确定了，我们可以解决从前所提的那些问题了。

斐　哪些问题呢？

苏　我们想把那问题弄明白，才有这番讨论，才达到现在这一点，你忘记了吗？第一个是研究对于莱什阿斯写文章的指责对不对；其次是关于文章本身，怎样才算写得合艺术，怎样才不合艺术。关于合不合艺术的分别，我想我们已经弄得很明白了。

斐　我们原来已弄明白，不过请你再提醒我一下。

斐　作者对于所写所说的每个题目须先认明它的真正的本质，能把它下一个定义，再把它分析为种类，分到不可分为止；然后用同样方法去研究心灵的性格，找出某种文章宜于某种心灵；然后就依这种分类来草创润色所要做的文章，对象是简单的心灵，文章也就简单，对象是复杂的心灵，文章也就复杂。他还没有做到这步功夫以前，他就不能尽量地按照艺术去处理文章，无论他的目的是在教学还是在说服。这就是前面辩论所得的结论。

斐　不错，我们所得的结论大致如此。

苏　其次，在哪些情形下写文章和口说文章是好事或是坏事，在哪些情形下写文章和口说文章才理应受指责，我们在上文所讨论的对这问题已弄明白了没有？

斐　弄明白了什么？

苏　就是说，莱什阿斯或是另一个人写过文章或是预备写文章，无论他站在私人的地位著作，或是站在国家官吏的地位制定法律，自以为所写作的都千真万确，在这种情形下，他就理应受指责，无论人们确实指责过没有。因为一个人若是完全不能分别是非好坏，尽管他博得世俗的一致赞许，仍然不能逃去他所应得的指责。

斐　当然。

苏　还有另外一种人，他以为一篇写的文章，无论题目是什么，必然含有许多不严肃的东西；无论是诗是散文都值不得写，也值不得朗诵——像诵诗人朗诵他们的作品那样——如果它既不先经研讨，又非存心给人教益，而只是把说服作为唯一的目标；他以为这类文章最好的也不过是一种备忘录，让人回思他已知道的东西；至于另外一类文章却是可以给人教益的，而且以给人教益为目标的，其实就是把真善美的东西写到读者心灵里去，只有这类文章才可以达到清晰完美，也才值得写，值得读；他以为这类文章才应该叫作他的儿女，他的嫡子，第一是因为是他创造的就是由他的心灵生育的；其次是因为他的种子在旁的心灵中所滋生的文章也还是他的嫡传；他只顾这类文章，此外他一律谢绝。像这样一个人，斐德若，就是你和我所要追攀的了。

斐　你所说的就是我的心事，我愿馨香祷祝我能成为这样一个人！

斐　修辞的问题给我们的消遣已足够了，斐德若，请你去告诉莱什阿斯，说我们俩走到了女神的河，一直走到她的祭坛，女神们吩咐我们把所听到的话传给莱什阿斯以及凡是写文章的人们，传给荷马和凡是作诗的人们，无论他们的诗伴乐不伴乐，传给梭伦和凡是发表政论、制定法律的人们，告诉他们说："如果你们的著作是根据真理的知识写成的，到了需要审讯的时候，有能力替它们辩护，而且从你们所说的语言可以看出你们所写的著作比起它们来是渺乎其小的，你们就不应该用世人惯常称呼你们的那些名号，就应该用更高贵的名号，才符合你们的高贵的事业。"

斐　你给他们什样名号呢？

苏　称呼他们为"智慧者"我想未免过分一点，这名称只有神才当得起；可是称呼他们为"爱智者"或"哲人"[82] 或类似的名目，倒和他们很相称，而且也比较好听些。

斐　倒很恰当。

苏　但是在另一方面，若是一个人所能摆出来的不过是他天天绞脑汁改而又改、补而又补的那些著作，你就只能称呼他们为诗人、文章作者或是法规作者。

斐　当然。[83]

苏　那么，你去把这话告诉你的朋友。

斐　你呢？你怎么办？我们也不应该忘记你的那位朋友。

苏　你指的是谁？

斐　漂亮的伊索克拉底[84] 呀！你有什么话带给他呢？你想他是哪一类人？

苏　伊索克拉底还很年轻，斐德若，可是我对于他的未来有一个预测，倒不妨告诉你。

斐　预测他什么？

苏　我看论天资的话，他比莱什阿斯要高出不知多少倍，而且在性格上也比较高尚，所以等到他年纪渐长大了，他对于现在他已着手练习的那种文章，若是叫前此一切作家都像小孩一样落在后面，望尘莫及，那就毫不足为奇；并且他如果还不以这样成就为满足，还要受一种更神明的感发，引到更高尚更神明的境界，那也毫不足为奇；因为自然在这人心灵中已种下了哲学或爱智的种子，这就是我要从此地神灵带给我的爱人伊索克拉底的消息，你就把我刚才说的那个消息带给你的爱人莱什阿斯吧。

斐　就那么办吧。我们就此分手吧，大热已退了。

苏　在我们未走以前，要不要向本地神灵作一个祷告？

斐　当然。

苏　"啊，敬爱的牧神，以及本地一切神灵，请保佑我具有内在美，使我所有的身外物都能和内在物和谐。让我也相信智慧人的富足，让我的财产恰好够一个恬淡人所能携带的数量！"斐德若，我们还有旁的祈求么？就我来说，我们祈祷的已经足够了。

斐　请替我也祈求同样的东西，朋友之中一切都应该是共同的。

苏　我们走吧。

（根据 Léon Robin 参照 J.Wright 和 Jowett 译）

注释

1. 当时雅典的名医。

2. 厄庇克拉特也是当时的演说家；奥林匹斯是希腊一座圣山，传说是诸神的居所，天帝是诸神的首长，叫作宙斯；莫里俟是当时雅典的富豪。

3. 原文 Logos，原义包含谈话、演说和写的文章三件事，这里用"文章"二字来译，取中文古义，也包含说的和写的。

4. 希腊大诗人。

5. 墨伽拉是雅典西南的一个城邦，苏格拉底和斐德若正在出雅典西南城，到伊立苏河边去散步。

6. 当时的医生和体育家。

7. 玻瑞阿斯是掌北风的神。据传说，他抢掠了希腊一个公主俄瑞堤亚，和他结了婚，生了儿女。

8. 猎神指女神阿耳忒弥斯。

9. 俄瑞堤亚的女伴，河神之一。

10. 希腊神话中这类人兽杂糅的怪物甚多。当时诡辩家们有一种风气，对神话加以理性的解释，不免穿凿附会。苏格拉底在这里讥笑他们浪费精力。

11. 德尔斐是阿波罗神庙所在，庙内有一地洞发出硫黄气，女巫坐在洞口让气熏醉，发出预言，是希腊人最相信的。到庙里求预言的人甚多。苏格拉底自己说也曾去求过，预言说他是"希腊人中最有智慧的"。

12. 烈风神。一说是喷火巨人。形状甚恶，有一百个头，眼睛和声音都顶可怕。

13. 以上叙苏格拉底遇见斐德若，相约出城，由斐德若读莱什阿斯论爱情的文章。苏格拉底说明他的研究兴趣在"自知"和"知人"。

14. 男子同性爱是希腊社会的一个很普遍的现象。这里所谓"这件事"指此，含有淫猥的意味。

15. 以上是莱什阿斯的文章，他以诡辩家信口雌黄、颠倒是非的方式说明对于一个爱人，没有爱情的追求者比有爱情的追求者还较好。他纯从个人利害观点出发，把爱情的目的看作满足感官欲。

16. 萨福是公元前七世纪希腊女诗人；阿那克瑞翁是公元前六世纪希腊抒情诗人，都以爱情诗著名。

17. 雅典废除僭主专政后，设九个"阿康"（意即执政官）主持国政，他们会在德尔斐立金像，作为献给阿波罗的纪念品。

18. "金子铸的"就是"愚蠢"的意思。

147

19. 库塞勒斯是科林斯僭主，他的儿子珀里安德是希腊"七哲人"之一。

20. 以上苏格拉底对莱什阿斯的文章做初步的批评，说丢开内容思想暂且不说，它的布局太乱。斐德若不服，挑苏格拉底用同样题目作一篇较好的文章。

21. 诗神叫作缪斯，共九姊妹，分管各种艺术。在希腊她们有 Ligaean 的徽号，这字有"清亮"的意思，同时它与 Ligures 形声相近。这是一个好音乐的民族。

22. 西文中"钟爱的人"和"被爱的人"有主动和被动之分，各有一字，不能混淆。这里前者译"情人"，后者译"爱人"。在一般情形下，情人是男的，爱人是女的；在希腊"男风"盛行的社会中，情人是年龄较长的男子，爱人是少年男子。

23. 希腊人有一种游戏，一人先在场中掷一块蚌壳，看它是阴边还是阳边落地（有如小孩戏铜钱），决定两队游戏人哪一队逃，哪一队追。这里"蚌壳翻身"指爱人原是被追求者，现在却变成追求者，情人则恰相反。

24. 以上是苏格拉底的第一篇文章。他戏拟诡辩家的口吻说明有爱情的人的短处，这种人贪求快感，一味自私，对于爱人的心身、财产和社会关系三方面都不利。

25. 西密阿斯是一位哲学家，写过二十多种对话，已不存。

26. 伊比库斯是公元前六世纪希腊抒情诗人。

27. 据神话，爱神叫作厄洛斯（Eros）是女爱神阿佛洛狄忒的儿子，而她又是天帝宙斯的女儿，火神的妻。

28. 斯忒西科是公元前七世纪希腊抒情诗人。

29. 海伦是墨涅拉俄斯的妻，希腊最美的女人，爱上特洛伊王子帕里斯，跟他私奔，希腊人引以为耻，发动了荷马在《伊利亚特》里所歌咏的特洛伊战争。

30. 传说荷马是一位瞎眼诗人，这里的意思像说他瞎眼是由于把十年战争归罪于海伦的私奔。

31. 斐德若癖好文章，由本篇可见。

32. 以上叙苏格拉底翻悔渎谩爱神，要另做一篇翻案文章来赎罪，同时对于前两篇文章又作一番批评。

33. 参看第 148 页注 28。动机在认错赎罪，所以归原于斯忒西科。

34. 求阿波罗预言者到德尔斐，求宙斯预言者到多多那，两地预言都由女巫掌管。

35. 西比尔女仙十人都能预言。

36. 希腊"预言术"与"占卜术"是两件事，前者由神灵凭来预示将来祸福，后者凭鸟飞星变之类迹象推断祸福；前者要迷狂，后者要清醒。

37. 希腊人迷信罪孽遗传，一人犯了罪，子孙几代都要受惩罚，因此有一种禳灾的宗教仪式。这里说的是第二种迷狂——宗教的迷狂。前面语言的迷狂是第一种。

38. 这段谈诗的迷狂是有名的一段，诗的迷狂即诗的灵感。参看《伊安篇》。

39. 希腊文 Pneuma，拉丁文 Anima，法文 Ame，英文 Soul，一词含义甚广，指"生命"，"生命的主宰"，与身体相对的"心"，"有生命的人或物"。希腊人相信这是可离身体生存而且不朽的，原带有宗教迷信意味，所以译"灵魂"还它的迷信本色。至于单指"心"时则译"心灵"，因为古代人看"心"都不脱"灵魂"的意思。我们现代人可以把它作"生命"和"心"去了解。古代人对这东西也有一个唯物的看法，就是把它看作生时有，死时去的那个"气"。

40. 希腊神话中有十二位大神，都由宙斯领导。赫斯提亚是其中之一，她是家庭神，终身不嫁，象征贞洁。她留守天宫，所以这里只有十一位神领队巡行诸天。

41. 柏拉图所谓"意见"是和"知识"相对的，前者只是对于现象的未经证实的了解，后者才是对真实本体的理性的认识。

42. 阿德拉斯式亚是司命运的神。

43. 柏拉图所谓"理式"（eidos，即英文 idea）是真实世界中的根本原则，原有"范形"的意义。如一个"模范"可铸出无数器物。例如"人之所以为人"就是一个"理式"，一切个别的人都从这个"范"得他的"形"，所以全是这个"理式"的摹本。最高的理式是真、善、美。"理式"近似佛家所谓"共相"，似"概念"而非"概念"；"概念"是理智分析综合的结果；"理式"则是纯粹的客观存在。所以相信这种"理式"的哲学，属于客观唯心主义。

44. "光辉景象"指灵魂在上界所见到的绝对的真善美。

45. "上界事物"是"理式"，"下界摹本"是由"理式"来的具体事物。

46. "昏暗的工具"指感官，有肉体蒙蔽，所以昏暗。

47. 希腊文 himeros 一词由"向前动""极微分子""流"三个意义合成的。柏拉图以为一见钟情时，对方发出一种极微液体流到钟情人的灵魂里。这是爱情的一种唯物的解释。依近代心理学，对方在容貌或其他生理方面有某种特点，刺激了性欲本能，引起爱的情绪。这里依原文字义译"情波"，英译本有干脆译为"情绪"或"欲望"的。

48. 厄洛斯（Eros）是希腊文，意思是"爱情"，参看第 148 页注 27。

49. 伽尼弥德是希腊神话中最美的少年，替宙斯斟酒。

50. 依希腊惯例，在奥林匹克竞赛中，摔跤连胜三次才算胜利。

51. 波勒马库斯可能是苏格拉底的弟子，《理想国》对话第一部分就是在他家里举行的。

52. 以上是苏格拉底的第二篇文章，目的在推翻前两篇文章的论点，说明爱情的神圣，以及爱情与灵魂的关系。这里包含柏拉图哲学的精华，和《会饮篇》的第俄提玛的启示一段同等重要。文长意多，又掺杂神话，骤读不易了解，现在把它的脉络理清，以便初学。全文分三大段，每段又常分数节。（一）迷狂的神圣性：前两文诋毁爱情，都以为爱情是一种疯狂状态，所以这里颂扬爱情先从颂扬迷狂出发；（二）灵魂的本质和演变：要明白迷狂的神圣性，我们须进一步了解灵魂：（A）灵魂在本质上是不朽的（意即"神圣的"），用自动的道理证明；（B）灵魂的活动如一人御两飞马（象征理智驾驭意志和欲念）游行，游行顺畅与否，看两马是否驯良，御者是否驾驭有方，神与凡人由此分别；（C）灵魂的巡游（象征生命的经历，学问道德的修养）：诸神分队巡行诸天，凡人的灵魂随行；御良马驯者高飞天外，窥见真实本体（真善美诸理式），御良马较差者各随能力所至，愈飞低所见愈浅；御劣马顽者铩羽堕地，与肉体结合，成为各种高低不同的人物；（D）灵魂的轮回：与肉体结合的灵魂视其修行努力的程度，和羽翼的长短强弱，依一定时限轮回，上升诸天或下堕畜界；（E）灵魂的记忆：人在世间的感官经验可以唤起投生前巡行诸天时所见真实本体或理式的记忆，因为这些感官经验本是理式的摹本；这种记忆使灵魂复生羽翼，准备再度高飞。（三）爱情的本质与表现：（A）爱情就是因美的感官印象而回忆美的理式时的心理紧张焕发状态，一般人以为它是迷狂，其实是受神灵凭附；在爱情中灵魂吸取营养，滋长羽翼；爱情是对于美的本体的眷恋，所以它就是哲学；（B）爱情的种类随游行诸天时所见深浅而不同，未见理式者美的感官印象只能引起兽欲，曾见理式者美的感官印象引起对于美的崇拜，而且要对所崇拜的对象起教育作用，使他更加完美，逼近神明；（C）修行浅薄者的爱情往往是意志（驯马）与欲望（劣马）的冲突，御者（理智）须逐渐约束劣马，使它就范，才能克服冲突，达到胜利。从此可知和真正有爱情的人来往是一种很大的福分。

53. 诡辩家是当时以贩卖知识、教人辩论演说为职业的学者们，他们站在新兴的民主运动方面，所以苏格拉底对他们深恶痛绝。本篇所讥嘲的莱什阿斯就是诡辩家的代表。

54. 这句话英译本所据原文有问题，现依罗本的校正文。引语来源不明，意思是说"绕弯子说话，不可靠"。

55. 三人是斯巴达、雅典、波斯三国的立法者。法律也是一种文章。

56. 见《奥德赛》卷十二。莎琳仙女们住在一个海岛上，以歌声诱过客登陆，把他们饿死。奥德修斯乘船过岛时用蜡封住水手的耳，把自己绑在桅杆上，所以才免于诱惑。

57. 九诗神各有所掌，忒耳西科瑞掌舞蹈和歌唱，埃拉托掌情诗和摹仿舞，卡利俄珀掌史诗，乌拉尼亚掌天文学。

58. 以上是苏格拉底说第二篇文章后的一段插曲。斐德若以为莱什阿斯不敢另作一篇来比赛，因为他怕人说他是"诡辩家"或"文章写作家"；苏格拉底说明写文章并不是丑事，写得坏才可耻。于是讨论转到文章好坏的问题。

59. 涅斯托耳和尤利西斯（即奥德修斯）是荷马史诗中两个多计谋善辞令的人物。帕拉墨得斯也见于荷马史诗，与尤利西斯有仇。有一说，他是度量衡的发明人，有几个希腊字母是他造的。他长于修辞术，却无可考。看下文可知苏格拉底以这些古人的名字影射当时人。

60. 高吉阿斯是当时一位诡辩家和修辞家，柏拉图有一篇对话以他为名。特拉什马克是同时人，也是诡辩家和修辞家。忒俄多洛斯是东方拜占廷的修辞家。

61. 这是当时埃利亚（Elea）的诡辩派哲学家芝诺（Zeno）的学说，可见帕拉墨得斯的名字就是影射芝诺，实际上这里的引语见出一种朴素的辩证观点。

62. 阿刻罗俄斯是河神，他的女儿们是女河神；潘是牧神和乡村神。他们的修辞术实在就是苏格拉底的修辞术，因为他屡次说他受当地神灵的凭附，才能做出他那两篇文章，所谓当地神灵就是这些河神和牧神。

63. 弥达斯是传说中的大富翁，祈神得点金术，点食物也成金，因而饿死。

64. 阿波罗是预言神，掌文艺和预言；狄俄尼索斯是酒神，希腊宗教起于酒神崇拜。

65. 这里"一"是综合得来的概念或原理，"多"是分析得来的要素或个别具体事例。"如其本然地看出一和多"就是哲学的任务。

66. 苏格拉底或柏拉图的"辩证术"在本文有了明确的定义，它用综合和分析，研究现象与规律，感觉与概念的关系，目的在求牢不可破的真理。

67. 以上是论修辞术三大段中的第一大段。在这段里苏格拉底攻破当时诡辩派所用的修辞术，建立他自己的修辞术。诡辩派修辞术的目的在利用听众的弱点，投合捕风捉影的意见，用似是而非的论调强词夺理，姑且赚得听众的赞许；苏格拉底的修辞术却要寻求事物的本质真理，用综合分析的方法，见出现象与规律，感觉与概念的关系，所以先要对所讨论事物下定义，然后加以分析，将所含道理作妥善的安排。这其实就是"辩证术"或哲学。他用前面三篇论爱情的文章为例来说明这个分别。依他看，辩证术以外就无所谓修辞术。斐德若没有明白这道理，所以还在问修辞术是什么。

68. "近理"并非"真理"，是指在某种情况下，某件事可能发生与否，说它发生，是否能自圆其说。

69. 忒俄多洛斯见本书第150页注60。以下所提到的诸人都是当时的诡辩家或修辞术课本的作者，原书多已失传。

70. 即特拉什马克。

71. 希腊的第二个和第三个大悲剧家。

72. 阿德拉托斯是埃斯库罗斯的悲剧《七雄攻忒拜》中的一个人物，以辞令著名；伯里克理斯是公元前五世纪雅典文化极盛时代的大政治家和大演说家。

73. 阿那克萨戈拉是当时的哲学家，除伯里克理斯以外，悲剧家欧里庇得斯从他受过教。

74. 希波克拉底是当时名医。埃斯库勒普参看第18页注2。

75. 意谓坏人的话也应该让它说出来。

76. 这里所谓"逼真"就是上文所谓"近理"，与真理不同，只是看来像是真理，这套话是诡辩家的法宝。

77. 以上是论修辞术三大段中的第二段。在这段里苏格拉底讨论修辞术究竟是不是一种艺术，以及它如何学习的问题。依希腊人的看法，每种"艺术"（我们宁可说"技艺"）有一套专门的技巧知识，学会了它就学会了那种艺术。诡辩家在他们的修辞学课本里也给了一些规矩。但是学会了这些规矩，不一定就能说话写文章，就如拾得几个医方不能当医生。可见诡辩家所传授的那一套并不能算修辞的艺术。要学修辞，不能走他们的那种捷径。首先须有适当的资禀，然后加以学问和练习。在学问方面，苏格拉底特别着重两种，一是科学，用科学方法去求事物的本质；一是心理学，看听众在心理上属于某种类型，就用与那种心理类型相应的某种文章或辞令去说服他们，感动他们。这些学问都需要长时期辛苦的努力。

78. 白鹭（Ibis）是古埃及的圣鸟。

79. 忒拜人指埃及国王塔穆斯。

80. 作预测的本是塔穆斯，阿蒙是埃及的神，这句话是说塔穆斯预测文字流弊时，凭阿蒙的灵感。

81. 阿多尼斯是一位美少年，女爱神阿佛洛狄忒爱他。打猎时他被野兽撞死，女爱神甚哀恸，下界神们怜悯她，让阿多尼斯每年复活六个月。他象征植物的生死循环，古代农业社会所以特别看重他的祭奠。在这祭奠中，农人用人工在盆里培养一些花木，几天之内就茂盛起来，但死得也很快。

82. 现在所谓"哲学"在希腊文是 philosophia，由 philos（爱好）和 sophia（智慧）两词合成，所以"哲学家"的原义是"爱智者"。依希腊文原义，"哲学"不只是一种"学问"，也是一种"修行"。

83. 以上是论修辞术三大段中的最后一段。在这段里苏格拉底讨论写的文章（书籍）的限制和流弊。书籍使人不肯自己思索，强不知以为知，而且可以滋生误解。所以大思想家不把自己的思想写在纸上，而把它写在心灵里，自己的心灵里和弟子们的心灵里。所以依苏格拉底的看法，文章实在有三种，头一种是在心灵中孕育的思想，这是一个作家的最伟大的一部分；其次是说出来的文章，还不失为活思想的活影像；最后是写出来的文章，只是活思想的死影像。文字意本在传达，凭笔传不如凭口传和人格感化。至于诡辩家的修辞伎俩是渺小不足道的。

84. 在结局里苏格拉底对伊索克拉底大加赞赏，这人是一种新兴的修辞家和诡辩家，和莱什阿斯还是一样人物，所以这段赞赏颇引起怀疑。泰勒（A.E.Taylor）以为它是诚恳的，罗本（Léon Robin）却以为它全是讽刺。

大希庇阿斯篇

——论美

对话人：苏格拉底

         希庇阿斯

苏　只要老天允许，你朗诵大作时，我一定来听。不过谈到文章问题，你提醒了我须先要向你请教的一点。近来在一个讨论会里，我指责某些东西丑，赞扬某些东西美，被和我对话的人问得无辞以对。他带一点讥讽的口吻问我："苏格拉底你怎样才知道什么是美，什么是丑，你能替美下一个定义么？"我由于愚笨，不能给他一个圆满的答复。会谈之后，我自怨自责，决定了以后如果碰见你们中间一个有才能的人，必得请教他，把这问题彻底弄清楚，然后再去找我的论敌，再和他作一番论战。今天你来得正好，就请你把什么是美给我解释明白，希望你回答我的问题时要尽量精确，免得我再输一次，让我丢脸。你对于这个问题一定知道非常透彻，它在你所精通的学问中不过是一个小枝节。

希　苏格拉底，这问题小得很，小得不足道，我敢说。

苏　愈小我就愈易学习，以后对付一个论敌，也就愈有把握了。

希　对付一切的论敌都行，苏格拉底，否则我的学问就很平庸浅薄了。

苏　你的话真叫我开心，希庇阿斯，好像我的论敌没有打就输了。我想设身处在我的论敌的地位，你回答，我站在他的地位反驳，这样我可以学你应战，你看这个办法没有什么不方便吧？我有一个老习惯，爱提出反驳。如果你不觉得有什么不方便，我想自己来和你对辩，这样办，可以对问题了解更清楚些。

希　你就来对辩吧。那都是一样，我再告诉你，这问题简单得很；比这难得多的问题，我都可以教你怎样应战，教你可以把一切反驳者都不放在眼里。

苏　哈，老天，你的话真开心！你既然答应了，我就尽我的能力扮演我的论敌，向你提问题。你如果向这位论敌朗诵你刚才告诉我的那篇讨论优美的事业的文章，他听你诵完之后，一定要依他的习惯，先盘问你美本身究竟是什么，他会这样说："厄利斯的客人，有正义的人之所以是有正义的，是不是由于正义？"[1] 希庇阿斯，现在就请你回答吧，假想盘问你的是那位论敌。

希　我回答，那是由于正义。

苏　那么，正义是一个真实的东西？

希　当然。

苏　有学问的人之所以有学问，是由于学问；一切善的东西之所以善，是由于善？

希　那是很明显的。

苏　学问和善这些东西都是真实的，否则它们就不能发生效果，是不是？

希　它们都是真实的，毫无疑问。

苏　美的东西之所以美，是否也由于美？

希　是的，由于美。

156

苏　美也是一个真实的东西？

希　很真实，这有什么难题？

苏　我们的论敌现在就要问了："客人，请告诉我什么是美？"

希　我想他问的意思是：什么东西是美的？

苏　我想不是这个意思，希庇阿斯，他要问美是什么。

希　这两个问题有什么分别呢？

苏　你看不出吗？

希　我看不出一点分别。

苏　我想你对这分别知道很多，只是你不肯说。不管怎样，他问的不是：什么东西是美的？而是：什么是美？请你想一想。

希　我懂了，我来告诉他什么是美，叫他无法反驳。什么是美，你记清楚，苏格拉底，美就是一位漂亮小姐。

苏　狗呀[2]，回答得美妙！如果我对我的论敌这样回答，要针对他所提的问题作正确的回答，不怕遭到反驳吗？

希　你怎么会遭到反驳，如果你的意见就是一般人的意见，你的听众都认为你说得有理？

苏　姑且承认听众这样说。但是请准许我，希庇阿斯，把你刚才说的那句话作为我说的，我的论敌要这样问我："苏格拉底，请答复这个问题，如果你说凡是美的那些东西真正是美，是否有一个美本身存在，才叫那些东西美呢？"我就要回答他说，一个漂亮的年轻小姐的美，就是使一切东西成其为美的。你以为何如？

希　你以为他敢否认你所说的那年轻小姐美吗？如果他敢否认，他不成为笑柄了吗？

苏　他当然敢，我的学问渊博的朋友，我对这一点很有把握。至于说他会成为笑柄。那要看讨论的结果如何。他会怎样说，我倒不妨告诉你。

希　说吧。

苏　他会这样向我说："你真妙！苏格拉底，但是一匹漂亮的母马不也可以是美的吗，既然神在一个预言里都称赞过它？"你看怎样回答，希庇阿斯？一匹母马是美的时候，能不承认它有美吗？怎样能说美的东西没有美呢？

希　你说得对，苏格拉底，神说母马很美，是很有道理的。我们的厄利斯就有很多的漂亮的母马[3]。

苏　好，他会说："一个美的竖琴有没有美？"你看我们该不该承认，希庇阿斯？

希　该承认。

苏　他还会一直问下去，我知道他的脾气，所以敢这样肯定。他要问："亲爱的朋友，一个美的汤罐怎样？它不是一个美的东西吗？"

希　这太不像话了，苏格拉底，这位论敌是怎样一个人，敢在正经的谈话里提起这些不三不四的东西？他一定是一个粗俗汉！

苏　他就是这样的人，希庇阿斯，没有受过好教育，粗鄙得很，除掉真理，什么也不关心。可是还得回答他的问题。我的临时的愚见是这样，假定是一个好陶工制造的汤罐，打磨得很光，做得很圆，烧得很透，像有两个耳柄的装二十公升的那种[4]，它们确是很美的；我回答他说，假如他所指的是这种汤罐，那就要承认它是美的。怎样能不承认美的东西有美呢？

希　不可能否认，苏格拉底。

苏　他会说："那么，依你看，一个美的汤罐也有美了？"

希　我的看法是这样：像这种东西若是做得好，当然也有它的美，不过这种美总不能比一匹母马、一位年轻小姐或是其他真正美的东西的美。

苏　就让你这么说吧，希庇阿斯，如果我懂得不错，我该这样回答他："朋

158

友，赫拉克利特[5]说过，最美的猴子比起人来还是丑，你没有明白这句话的真理，而且你也忘记，依学问渊博的希庇阿斯的看法，最美的汤罐比起年轻小姐来还是丑。"你看是不是应该这样回答？

希　一点不错，苏格拉底，答得顶好。

苏　他一定这样反驳："苏格拉底，请问你，年轻小姐比起神仙，不也像汤罐比起年轻小姐吗？比起神，最美的年轻小姐不也就显得丑吗？你提起赫拉克利特，他不也说过，在学问方面，在美方面，在一切方面，人类中学问最渊博的比起神来，不过是一个猴子吗？"我们该不该承认，最美的年轻小姐比起女神也还是丑呢？

希　这是无可反驳的。

苏　如果我们承认这一点，他就会笑我们，又这样问我："苏格拉底你还记得我的问题吗？"我回答说："你问我美本身是什么。"他又会问："对这个问题，你指出一种美来回答，而这种美，依你自己说，却又美又丑，好像美也可以，丑也可以，是不是？"那样我就非承认不可了。好朋友，你教我怎样回答他？

希　就用我们刚才所说过的话，人比起神就不美，承认他说得对。

苏　他就要再向我说："苏格拉底，如果我原先提的问题是：什么东西可美可丑？你的回答就很正确。但是我问的是美本身，这美本身把它的特质传给一件东西，才使那件东西成其为美，你总以为这美本身就是一个年轻小姐、一匹母马或一个竖琴吗？"

希　对了，苏格拉底，如果他所问的是那个，回答就再容易不过了。他想知道凡是东西加上了它，得它点缀，就显得美的那种美是什么。他一定是个傻瓜，对美完全是门外汉。告诉他，他所问的那种美不是别的，就是黄金，他就会无话可说，不再反驳你。因为谁也知道，一件东西纵然本来是丑的，只要镶上黄金，就得到一种点缀，使它显得美了。

苏　你不知道我的那位论敌，希庇阿斯，他爱吹毛求疵，最不容易应付。

希　管他的脾气怎样！面对着真理，他不能不接受，否则就成为笑柄了。

苏　他不但不接受我的答复，还会和我开玩笑，这样问我："你瞎了眼睛吗？把菲狄亚斯⁶当作一个凡庸的雕刻家？"我想应该回答他说，没有这回事。

希　你是对的，苏格拉底。

苏　当然。但是我既承认了菲狄亚斯是一个大艺术家，他就要问下去："你以为菲狄亚斯不知道你所说的那种美吗？"我问他："你为什么这样说？"他会回答："他雕刻雅典娜的像，没有用金做她的眼或面孔，也没有用金做她的手足，虽然依你的看法，要使她显得更美些，就非用金不可。他用的却是象牙，显然他犯了错误，是由于不知道金子镶上任何东西就可以使它美了。"希庇阿斯，怎样回答他？

希　很容易回答，我们可以说，菲狄亚斯并没有错，因为我认为象牙也是美的。

苏　他就会说："他雕两个眼球子却不用象牙，用的是云石，使云石和象牙配合得很恰当。美的石头是否也就是美呢？"我们该不该承认，希庇阿斯？

希　如果使用得恰当，石头当然也美。

苏　用得不恰当，它就会丑？我们是否也要承认这一点？

希　应该承认，不恰当就丑。

苏　他会问我："学问渊博的苏格拉底，那么，象牙和黄金也是一样，用得恰当，就使东西美，用得不恰当，就使它丑，是不是？"我们是否要反驳，还是承认他对呢？

希　承认他对，我们可以说，使每件东西美的就是恰当。

苏　他会问我："要煮好蔬菜，哪个最恰当，美人呢，还是我们刚才所说的汤罐呢？一个金汤匙和一个木汤匙，又是哪个最恰当呢？"

希　苏格拉底，这是怎样一个人！你肯把他的名字告诉我吗？

苏　就是告诉你，你还是不知道他。

希　至少我知道他是简直没有受过教育的。

苏　他简直讨人嫌，希庇阿斯！不管怎样，我们怎么回答他呢？对于蔬菜和汤罐，哪一种汤匙最恰当呢？木制的不是比较恰当吗？它可以叫汤有香味，不至打破罐子，泼掉汤，把火弄灭，叫客人有一样美味而吃不上口；若是用金汤匙，就难免有这些危险。所以依我看，木汤匙比较恰当。你是否反对这个看法？

希　它当然比较恰当。不过我不高兴和提出这样问题的人讨论。

苏　你很对，朋友。这种粗话实在不配让像你这样一个人听，你穿得这样好，全希腊都钦佩你的学问。至于我咧，我倒不介意和这种人接触。所以我求你为着我的益处，预先教我怎样回辩。他会问我："木汤匙既然比金汤匙恰当，而你自己既然又承认，恰当的要比不恰当的较美，那么，木汤匙就必然比金汤匙较美了，是不是？"希庇阿斯，你看有什么办法可以否认木汤匙比金汤匙较美呢？

希　你要我说出你该给美下什样定义，免得你再听他胡说八道吗？

苏　对的，不过先请你告诉我怎样回答他的问题：木汤匙和金汤匙哪种最恰当、最美？

希　如果你高兴，回答他说木汤匙最恰当、最美。

苏　现在要请你把你的话说明白一点。如果我回答他说过美就是黄金，现在又承认木汤匙比金汤匙美，我们好像看不出金在哪方面比木美了。不过就现在说，你看什么才是美呢？

希　我就要告诉你。如果我懂的不错，你所要知道的是一种美，从来对任何人不会以任何方式显得是丑？

苏　一点也不错，这回你很正确地抓住我的意思了。

希　听我来说，如果他再反驳，那就算我糊涂了。

苏　老天呀，请你快点说出来。

希　我说：对于一切人，无论古今，一个凡人所能有的最高的美就是家里钱
　　多，身体好，全希腊人都尊敬，长命到老，自己替父母举行过隆重的丧
　　礼，死后又由子女替自己举行隆重的丧礼。

苏　呵，呵！希庇阿斯，这番话真高妙，非你说不出来！凭着赫拉天后，我
　　钦佩你，这样好心好意尽你的力量来替我解围。但是我们的论敌却毫
　　不动心，他要嘲笑我们，大大地嘲笑我们，我敢说。

希　那是无理的嘲笑，苏格拉底。如果他没有话反驳而只嘲笑，那是他自己
　　丢人，听众们会嘲笑他。

苏　你也许说得对，可是我怕你的回答还不仅引起他的嘲笑。

希　还会引起什么？

苏　他身边也许碰巧带了一个棍子，如果我跑得不够快，他一定要打我。

希　什么？这家伙是你的主人吗？他能打你不要上法庭判罪吗？雅典就没有
　　王法了吗？公民们就可以互相殴打，不管王法吗？

苏　怕的倒不是这些。

希　那么，他打你打得不对，就该受惩罚。

苏　不是那样，希庇阿斯，并非打得不对；如果我拿你的话来回答他，我相
　　信他就很有理由可以打我。

希　苏格拉底，听你说出这样话，我倒也很相信他很有理由可以打你！

苏　我可不可以告诉你，我为什么认为刚才那番回答该挨棍子？你也要不分
　　皂白就打我吗？你肯不肯听我说？

希　若是我不准你说话，我就罪该万死了。你有什么说的？

苏　让我来说明，还是用刚才那个办法，就是站在我的论敌的地位来说话，

免得使他一定要向我说的那些冒昧唐突的话看来像是我向你说的。他会问我："苏格拉底，你唱了这一大串赞歌[7]，所答非所问，若是打你一顿，算不算冤枉？"我回答说："这话从何说来？"他会说："你问我从何说来？你忘记了我的问题吗？我问的是美本身，这美本身，加到任何一件事物上面，就使那件事物成其为美，不管它是一块石头，一块木头，一个人，一个神，一个动作，还是一门学问。我提到美本身，是一个个字说得很清楚响亮的，我并没有想到听我说话的人是一块顽石，既没有耳朵，又没有脑筋！"你别生气，希庇阿斯，如果这时候我被他吓唬倒了，向他说："可是给我替美下这样定义的是希庇阿斯呀！我向他提的问题正和你所提的一模一样，问的正是不拘哪一种时境的美。"你怎么说？你愿不愿我这样回答他？

希　像我所给它的定义，美是而且将来也还是对于一切人都是美的，这是无可辩驳的。

苏　我的论敌会问："美是否永远美呢？"美应该是永远美吧？

希　当然。

苏　现在是美的在过去也常是美的？

希　是的。

苏　他会问我："依厄利斯的客人看，对于阿喀琉斯来说，美是否就是随着他的祖先葬下地呢？对于他的祖先埃阿科斯[8]，对于一切其他神明之胄的英雄们，对于神们自己，美是否也是如此呢？"

希　你说的是什么怪话？真该死！你那位论敌所提的问题太无礼了[9]！

苏　你要他怎样呢？对这问题回答"是"，是否就比较有礼呢？

希　也许。

苏　他会说："也许，你说在任何时间对于任何人，美就是自己葬父母，子孙葬自己，你这番话也许就也是无礼。"要不然，就要把赫拉克勒斯[10]

以及我们刚才所提名的那些人作为例外，是不是？

希　我向来没有指神们呀！

苏　看来像也没有指英雄们？

希　没有指英雄们，他们是神们的子孙。

苏　此外一切人都包括在你的定义里？

希　一点不错。

苏　那么，依你的看法，对于像坦塔罗斯、达达诺斯、仄托斯那样的一个人是有罪的、不敬的、可耻的事，对于像珀罗普斯以及是和他出身相似的那样人却是美的[11]？

希　我的看法是这样。

苏　他就会说："从此所得出的结论就和你的原来意见相反了，自己葬了祖先，以后又让子孙葬自己，这一件事有时候对于某些人是不光荣的；因此，把这件事看成在一切时境都是美的，比起我们从前所举的年轻小姐和汤罐的例，同样犯着时而美时而丑的毛病，而且更滑稽可笑。苏格拉底，你显然对我老是不能答得恰如所问，我的问题是：美是什么？"亲爱的朋友，如果我依你的话去回答他，他要向我说的讨嫌的话就大致如此，并不见得无理。他向我说话，通常是用这样的口吻；有时他好像怜惜我笨拙无知，对他所提的问题自己提出一个答案，向我提出一个美的定义，或是我们所讨论的其他事物的定义。

希　他怎样说，说给我听听，苏格拉底。

苏　他向我说："苏格拉底，你真是一个奇怪的思辨者，别再给这种回答吧，它太简单，太容易反驳了。再回头把先前你所提的而我们批判过的那些美的定义，挑一个出来看看。我们说过：黄金在用得恰当时就美，用得不恰当时就丑，其他事物也是如此。现在就来看看这'恰当'观念，看看什么才是恰当，恰当是否就是美的本质。"每次他向我这样谈论，我都无辞反驳。只好承认他对。希庇阿斯，你看美是否就是恰当的？

希　这和我的看法完全一样，苏格拉底。

苏　还得把它研究一番，免得又弄错了。

希　我们来研究吧。

苏　姑且这样来看：什么才是恰当？它加在一个事物上面，还是使它真正美呢？还是只使它在外表上显得美呢？还是这两种都不是呢？

希　我以为所谓恰当，是使一个事物在外表上显得美的。举例来说，相貌不扬的人穿起合式的衣服，外表就好看起来了。

苏　如果恰当只使一个事物在外表上现得比它实际美，它就会只是一种错觉的美，因此，它不能是我们所要寻求的那种美，希庇阿斯；因为我们所要寻求的美是有了它，美的事物才成其为美，犹如大的事物之所以成其为大，是由于它们比起其他事物有一种质量方面的优越，有了这种优越，不管它们在外表上什样，它们就必然是大的。美也是如此，它应该是一切美的事物有了它就成其为美的那个品质，不管它们在外表上什样，我们所要寻求的就是这种美。这种美不能是你所说的恰当，因为依你所说的，恰当使事物在外表上现得比它们实际美，所以隐瞒了真正的本质。我们所要下定义的，像我刚才说过的，就是使事物真正成其为美的，不管外表美不美。如果我们要想发现美是什么，我们就要找这个使事物真正成其为美的。

希　但是恰当使一切有了它的事物不但有外表美，而且有实际美，苏格拉底。

苏　那么，实际美的事物在外表上就不能不美，因为它们必然具备使它们在外表上显得美的那种品质，是不是？

希　当然。

苏　那么，希庇阿斯，我们是否承认一切事物，包括制度习俗在内，如果在实际上真正美，就会在任何时代都被舆论一致公认其为美呢？还是恰恰与此相反，无论在人与人，或国与国之中，最不容易得到人们赏识，最容易引起辩论和争执的就是美这问题呢？

希　第二个假定是对的，苏格拉底，美最不容易赏识。

苏　如果实际离不开外表——这是当然的——如果承认恰当就是美本身，而且能使事物在实际上和在外表上都美，美就不应该不易赏识了。因此[12]，恰当这个品质如果是使事物在实际上成其为美的，它就恰是我们所要寻求的那种美，但是也就不会是使事物在外表上成其为美的。反之，如果它是使事物在外表上成其为美的，它就不会是我们所寻求的那种美。我们所要寻求的美是使事物在实际上成其为美的。一个原因不能同时产生两种结果，如果一件东西使事物同时在实际上和外表上美（或具有其他品质），它就不会是非此不可的唯一原因。所以恰当或是只能产生实际美，或是只能产生外表美，在这两个看法中我们只能选一个。

希　我宁愿采取恰当产生外表美的看法。

苏　哎哟，美又从我们手里溜脱了，希庇阿斯，简直没有机会可以认识它了，因为照刚才所说的，恰当并不就是美。

希　呃，倒是真的，苏格拉底，这却出我意料之外。

苏　无论如何，我们还不能放松它。我看我们还有希望可以抓住美的真正的本质。

希　一定有希望，苏格拉底，而且不难达到。只要让我有一点时间一个人来想上一想，我就可以给你一个再精确不过的答案。

苏　请做一点好事，别尽在希望，希庇阿斯。你看这讨厌的问题已经给我们很多的麻烦了；当心提防着不让它发脾气，一霎就溜走不回来。但是这只是我的过虑，对于你，这问题是非常容易解决的，只要你一个人去清清静静地想一想。不过还是请你别走，当着我的面来解决这问题；并且如果你情愿，和我一道来研究。如果我们找到了答案，大家都好；如果找不到，我就活该认输，你就可以离开我好去破这个谜语。并且在一块儿解决还有这一点便利，就是我不会去麻烦你，追问你一个人找到的答案究竟是什样。我提出一个美的定义，你看它如何，我说——请你专心听着，别让我说废话——我说，在我看，美就是有用的。我是这样想起来的，我们所认为美的眼睛不是看不见东西的眼睛，而是看得很清楚，可以让我们用它们的。你看对不对？

希　对。

苏　不仅眼睛，整个身体也是如此，如果它适宜于赛跑和角斗，我们就认为它美。在动物中，我们说一匹马，一只公鸡或一只野鸡美，说器皿美，说海陆交通工具，商船和战船美，我们说乐器和其他技艺的器具美，甚至于说制度习俗美，都是根据一个原则：我们研究每一件东西的本质、制造和现状，如果它有用，我们就说它美，说它美只是看它有用，在某些情境可以帮助达到某种目的；如果它毫无用处，我们就说它丑。你是否也这样看，希庇阿斯？

希　我也这样看。

苏　我们可否就肯定凡是有用的就是顶美的呢？

希　我们可以这样肯定，苏格拉底。

苏　一件东西有用，是就它能发生效果来说，不能发生效果就是无用，是不是？

希　一点不错。

苏　效能就是美的，无效能就是丑的，是不是？

希　当然。许多事情可以证明这一点，尤其是政治。在国家里发挥政治的效能就是一件最美的事，无能就是顶可耻的。

苏　你说得顶对。凭老天爷，如果这是对的，知识就是最美的，无知就是最丑的，是不是？

希　你这话是什么意思，苏格拉底？

苏　别忙，好朋友，想起这话的意义，我又有些害怕了。

希　又有什么可害怕的，苏格拉底？这回你的思路很正确了。

苏　我倒愿如此。但是请帮我想一想这个问题：一个人对于一件事既没有知识，又没有能力，他能否去做它？

希　没有能力做就是不能做，那是很显然的。

苏　凡是做错了的，凡是在行为或作品中做得不好，尽管他们原来想做好的，也总算是做了，若是他们对于所做的没有能力，他们就不会把它做出来，是不是？

希　当然。

苏　可是人们之所以能做一件事，是因为他们的能力而不是因为他们的无能力。

希　不是因为无能力。

苏　所以要做一件事，就要有能力。

希　不错。

苏　但是所有的人们从幼小时起，所做的就是坏事多于好事。想做好而做不到。

希　真是这样。

苏　那么，这种做坏事的能力，这种虽是有用而用于坏目的的事情，我们叫它们美还是叫它们丑呢？

希　当然是丑的，苏格拉底。

苏　因此，有能力的和有用的就不能是美本身了？

希　能力应该用于做好事，有用应该是对好事有用。

苏　那么，有能力的和有用的就是美的那个看法就留不住了。我们心里原来所要说的其实是：有能力的和有用的，就它们实现某一个好目的来说，就是美的。

希　我是这样想。

苏　这就等于说，有益的就是美的，是不是？

希　当然。

苏　所以美的身体，美的制度，知识以及我们刚才所提到的许多其他东西，之所以成其为美，是因为它们都是有益的了？

希　显然如此。

苏　因此，我们认为美和益是一回事。

希　毫无疑问。

苏　所谓有益的就是产生好结果的？

希　是。

苏　产生结果的叫作原因，是不是？

希　当然。

苏　那么，美是好（善）的原因？

希　是。

苏　但是原因和结果不能是一回事，希庇阿斯，因为原因不能是原因的原因。想一想，我们不是已经承认原因是产生结果的吗？

希　是。

苏　结果是一种产品，不是一个生产者？

希　的确。

苏　产品和生产者不同？

希　不同。

苏　所以原因不能产生原因，原因只产生由它而来的结果。

希　很对。

苏　所以如果美是好（善）的原因，好（善）就是美所产生的。我们追求智慧以及其他美的东西，好像就是为着这个缘故。因为它们所产生的结果就是善，而善是值得追求的。因此，我们的结论应该是，美是善的父亲。

希　好得很，你说得真好，苏格拉底。

苏　还有同样好的话咧：父亲不是儿子，儿子不是父亲。

希　一点不错。

苏　原因不是结果，结果也不是原因。

希　那是无可辩驳的。

苏　那么，亲爱的朋友，美不就是善，善也不就是美。我们的推理是否必然要生出这样一个结论呢？

希　凭宙斯，我看不出有旁的结论。

苏　我们是否甘心承认美不善而善不美呢？

希　凭宙斯，我却不甘心承认这样话。

苏　好得很，希庇阿斯！就我来说，在我们所提议的答案之中，这是最不圆满的一个。

希　我也是这样想。

苏　那么，我恐怕我们的美就是有用的、有益的、有能力产生善的那一套理论实在都是很错误的，而且比起我们原来的美就是漂亮的年轻小姐或其他所提到的东西那些理论，还更荒谬可笑。

希　真是这样。

苏　就我来说，我真不知道怎样办才好，我头脑弄昏了。希庇阿斯，你可想出了什么意思？

希　暂时却没有想出什么。但是我已经说过了，让我想一想，我一定可以想得出来。

苏　但是我急于要知道，不能等你去想。对了，我觉得我找到了一点线索。

请注意一下，假如我们说，凡是产生快感的——不是任何一种快感，而是从眼见耳闻来的快感——就是美的，你看有没有反对的理由？希庇阿斯，凡是美的人、颜色、图画和雕刻都经过视觉产生快感，而美的声音，各种音乐，诗文和故事也产生类似的快感，这是无可辩驳的。如果我们回答那位固执的论敌说，"美就是由视觉和听觉产生的快感"，他就不能再固执了。你看对不对？

希　在我看，苏格拉底，这是一个很好的美的定义。

苏　可是还得想一想，如果我们认为美的是习俗制度，我们能否说它们的美是由视听所生的快感来的呢？这里不是有点差别吗？

希　苏格拉底，我们的论敌也许见不出这个差别。

苏　狗呀，至少我自己的那位论敌会见出，希庇阿斯，在他面前比在任何人面前，想错了或说错了，都使我更觉得羞耻。

希　这是什么人？

苏　这就是苏弗若尼斯的儿子苏格拉底，就是他不容许我随便作一句未经证实的肯定，或是强不知以为知。

希　说句老实话，既然你把你的看法说出了，我也可以说，我也认为制度是有点差别，不是由视觉、听觉产生的快感。

苏　别忙，希庇阿斯，正在相信逃脱困难了，我恐怕我们又像刚才一样，又遇到同样的困难。

希　这话怎样说，苏格拉底？

苏　我且来说明我的意思，不管它有没有价值。关于习俗制度的印象也许还是从听觉和视觉来的。姑且把这一层放下不管，把美看作起于这种感觉的那个理论还另有困难。我的论敌或旁人也许要追问我们："为什么把美限于你们所说的那种快感？为什么否认其他感觉——例如饮食色欲之类快感——之中有美？这些感觉不也是很愉快吗？你们以为视觉和听觉

171

以外就不能有快感吗？"希庇阿斯，你看怎样回答？

希　我们毫不迟疑地回答，这一切感觉都可以有很大的快感。

苏　他就会问："这些感觉既然和其他感觉一样产生快感，为什么否认它们美？为什么不让它们有这一个品质呢？"我们回答："因为我们如果说味和香不仅愉快，而且美，人人都会拿我们做笑柄。至于色欲，人人虽然承认它发生很大的快感，但是都以为它是丑的，所以满足它的人们都瞒着人去做，不肯公开。"对这番话我们的论敌会回答说："我看你们不敢说这些感觉是美的，只是怕大众反对。但是我所要问你的并不是大众看美是什样，而是美究竟是什样。"我们就只有拿刚才那番话来回答说："美只起于听觉和视觉所生的那种快感。"希庇阿斯，你是维持这个说法，还是改正我们的答案呢？

希　应该维持我们的说法，苏格拉底，不能更改。

苏　他会说："好，美既然是从听觉和视觉来的快感，凡是不属于这类快感的显然就不能算美了？"我们是否同意呢？

希　同意。

苏　他会说："听觉的快感是否同时由视觉和听觉产生，视觉的快感是否也是如此？"我们说，不然，这两种原因之一所产生的快感不能同时由这两种原因在一起来产生。我想你的意思也是如此，我们所肯定的是这两种快感每种是美，所以两种都是美。是不是应该这样回答他？

希　当然。

苏　他就会说："那么，一种快感和另一种快感的差别是否在它们的愉快性上面？问题并不在这一种快感比另一种快感大或小，强或弱，而在它们的差别是否在一种是快感而另一种不是快感。"我们不以为差别在此，是不是？

希　是的。

苏　他会说："那么，你们在各种快感中单选出视听这两种来，就不能因为它们是快感。是不是因为你们在这两种快感中看出一种特质是其他快感所没有的，你们才说它们美呢？视觉的快感显然不能只因为是由视觉产生的就成其所为美，如果是这样，听觉的快感就没有成其为美的理由，因为不是由视觉产生的。"我们对这话是否同意？

希　同意。

苏　"同理，听觉的快感也不能只为是由听觉来的就成其为美，如果是这样，视觉的快感也就没有成其为美的理由，因为不是由听觉产生的。"希庇阿斯，我们是否承认这人说得对呢？

希　很对。

苏　他就会说："可是你们说，视觉和听觉的快感就是美？"我们要承认说过这样话。

希　不错。

苏　"那么，视觉和听觉的快感应该有一个共同性质，由于有这个共同性质，单是视觉的快感或听觉的快感因而美，两种快感合在一起来说，也因而美。若是没有这个共同性质，它们或分或合，都不能成其为美了。"请你把我当作那人，来回答这问题。

希　我回答说，我看他的话是对的。

苏　一种性质是这两种快感所共同的，而就每种快感单独来说，却没有这种性质，这种性质能否是原因，使它们成其为美呢？

希　你这话怎样说，苏格拉底？两种东西分开来各所没有的性质，合起来如何就能公有那个性质呢？

苏　你以为这是不可能的吗？

希　我不能思议这样的东西的性质。

苏　说得很好，希庇阿斯。就我来说，我觉得我窥见一种东西，像你所认为

173

不可能的。不过我看得不清楚。

希　不能有这样的东西，苏格拉底，你一定看错了。

苏　可是我确实望见一些影像。但是我不敢自信，因为这些影像既然不能让你看见；你是什样人，我是什样人，你凭你的学问赚的钱比当代任何人都多，而我却从来没有赚过一文钱。不过我颇怀疑你是否在认真说话，是否在欺哄我来开玩笑，因为这些影像在我面前现得既活跃而又众多。

希　苏格拉底，你有一个方法来测验我是否在开玩笑，那就是，对我说明你以为你看见的究竟是什样，你就会发现你所说的话荒诞无稽了。你永远不可能发现一个性质不是你或我单独所没有的，却是你和我所共同有的。

苏　你这话是什么意思，希庇阿斯？你也许是对的，可是我不懂得。无论如何，我姑且说明我的想法。在我看，我从来，没有而现在也没有的一种性质，就你说，也是你从来没有而现在也没有的，却可以由你和我两人公有。反过来说，我们两人所公有的，可以是我或你单独所没有的。

希　你像一个占卜家在说话，比刚才更玄。想一想，如果我们俩都公正，不是你公正我也公正？同理，如果我们俩都不公正，或是身体都好，不是你如此我也如此？反过来说，如果你是病了，受了伤，挨了打，或是遭遇另一件事，而我也正是如此，不是我们俩都是如此吗？再举例子来说，假如我们俩都是金、银或象牙，或者说，都是高贵的，有学问的，受人尊敬的，老的或少的，或是具有人性的任何其他属性，那么，你和我分开来说，不是各具有这些属性吗？

苏　当然。

希　苏格拉底，你和你的对话人们，你们这批人看事物，向来不能统观全局。你们把美或真实界其他部分分析开，让它孤立起来，于是把它敲敲，看它的声音是真是假。就是因为这个缘故，你们捉摸不住各种本质融贯周

174

流的那个伟大真实界。在目前，你就犯了这个严重的错误，以致想入非非，以为一种性质可以属于二而不属于二之中各一，反之，属于二之中各一的可以不属于二。你们老是这样，没有逻辑，没有方法，没有常识，没有理解！

苏　我们确实如此，希庇阿斯，像谚语所说的，一个人能什样就是什样，不是愿什样就是什样。幸好你的警告不断地使我们明白。我现在可不可以在等待你的忠告的时候，就我们这批人的荒谬再给你一个例证呢？我可不可以把我们对这问题的意见说给你听听呢？

希　你不用说，我就知道你要说什么，苏格拉底，因为我对于凡是说话的人们每一个都看得清清楚楚。不过你还是可以说下去，只要你高兴。

苏　我倒是高兴要说。在向你领教以前，亲爱的朋友，我们这批人荒谬得很，相信在你和我两人之中，每个人是一个，因此就不是我们俩在一起时那样的；因为在一起我们是两个，不是一个。我们的荒谬看法就是如此。现在，我们从你所听到的是这样：如果在一起我们是两个，我们俩中间每一个人就绝对必然也是两个；如果分开来每一个人是一个，两人在一起也就是一个。依希庇阿斯先生所说的十全十美的本质论，结论就不能不如此，全体什样，部分也就什样；部分什样，全体也就什样。希庇阿斯，你算是把我说服了，我再也无话可说了。不过我还想请教一句，好提醒我的记忆：你和我两人是不是一个，我们每一个人是不是两个？

希　你这是什么话，苏格拉底？

苏　我这话就是我这话。请告诉我：我们俩之中每一个人是不是一个？"是一个"这个属性是不是每一个人的特征？

希　毫无疑问，是。

苏　如果每一个人是一个，他就不成双，你当然明白单位不成双吧？

希　当然。

苏　我们俩，由两个单位组成的，就不成双吗？

希　没有这个道理，苏格拉底。

苏　因此，我们俩是双数，对不对？

希　很对。

苏　从我们俩是双数，可否得到我们每一个人是双数的结论？

希　当然不能。

苏　那么，一双不必定有一个的性质，一个不必定有一双的性质，这不是正和你原来所说的相反吗？

希　在这一个事例中倒是不必定，但是在我原来所说的那些事例中却都是必定的。

苏　那就够了，希庇阿斯，我们姑且说，这一个事例是像我们所说的，其他事例却不然。如果你还记得我们讨论的出发点，你该记得我原来说的是：在视觉和听觉所产生的快感中，美并不由于这两种快感中某一种所特有，而两种合在一起所没有的那种性质；它也不由于这两种快感合在一起所公有，而其中任何一种快感所没有的那种性质；所需的那种性质必须同时属于全体，又属于部分，因为你承认过，这两种快感分开来是美，合在一起也是美，就是说，美在部分，也在全体。从此我推到一个结论：如果这两种快感都美，那美是由于这种有，另一种也有的那种性质，不是由于只有这种有，而另一种却没有的那种性质。现在我还是这样看。再请问你一次：如果视觉和听觉的两种快感都美，就合在一起来说可以，就分开来说也可以——那么，使它们成其为美的那种性质是否同时在全体（两种合在一起），也在部分（两种分开）？

希　当然。

苏　使它们成其为美的是否就是它们每一种是快感，两种合在一起也还是快感那个事实？快感既是美的原因，它能使视听两种快感美，为什么就不

176

能使其他各种快感也同样美，既然它们同样是快感？

希　我还记得这番话。

苏　但是我们宣布过，这两种快感之所以成其为美，是由于它们由视觉和听觉产生的。

希　我们是这样说的。

苏　请看我的推理是否正确。如果我记得不错，我们说过美就是快感，不是一切快感，而是由视听来的快感。

希　不错。

苏　但是"由视听来的"这个性质只属于两种合在一起，不属于单独的某一种，因为像我们刚才所见到的，单独一个不是由双组成的，而双却是由单独的部分组成的。是不是？

希　一点也不错。

苏　使每一个成其为美的就不能是不属于每一个的："成双"这个性质却不属于每一个。所以在我们的设论中，双就其为双来说，可以称为美，而单独的每一个却可以不美。这个推理线索不是很谨严吗？

希　看来它是很谨严的。

苏　那么，我们可不可以就说：美的是双，每部分却不然？

希　你看有没有可以反驳这个结论的？

苏　我看到的反驳在此：在你所列举的那些事例中，某些事物有某些性质，而这些性质，我们常见到，属于全体的也就属于部分，属于部分的也就属于全体。是不是？

希　是。

苏　在我所举的事例中却不然，其中之一就是一双和一个的例。对不对？

希　很对。

苏　那么，希庇阿斯，在这两类事例中，美属于哪一类？属于你所说的那一类吧？你说过，如果我强壮你也强壮，我们俩就都强壮；如果你公正我也公正，我们俩就都公正；如果我们俩都公正，就是你公正我也公正；同理，如果你美我也美，我们俩就都美；如果我们俩都美，就是你美我也美。但是此外还另有一个可能，美可能像数目。我们说过，全体是双，部分可成双可不成双；反之，部分是分数，全体可以是分数可以是整数，由此例推，我想到许多其他事例。在这两类事例中我们把美放在哪一类呢？我不知道你是否和我一样想，依我想，如果说我们俩都美而两人之中却有一个不美，或是说你美我也美，而我们俩却不美，这一类的话未免太荒谬了。你的看法如何？

希　我的看法就是你的看法，苏格拉底。

苏　那就更好了，因为我们用不着再讨论下去了。美既然属于我们所说的那一类，视觉和听觉的快感就不是美本身了。因为如果这快感以美赋予视觉和听觉的印象，它所赋予美的就只能是视听两种感觉合在一起，而不能单是视觉或单是听觉。可是你已经和我承认过，这个结论是不能成立的。

希　我们确是这样承认过。

苏　这个结论既然不能成立，美就不能是视觉和听觉所生的快感了。

希　这是不错的。

苏　我们的论敌会说："你的路既然走错了，再从头走起吧。你把这两种快感看作美，把其他快感都不看作美，使它们成其为美的究竟是什么呢？"希庇阿斯，我想我们只能这样回答：这两种快感，无论合在一起说，或是分开来说，都是最纯洁无疵的，最好的快感。你还知道有什么其他性质，使它们显得与众不同么？

希　不知其他，它们真是最好的快感。

苏　他就会说："那么，依你们看，美就是有益的快感了？"我要回答是，你怎样想？

希　我和你同意。

苏　他还要说："所谓有益的就是产生善的。可是我们刚才已经看到，原因
　　和结果是两回事，你现在的看法不是又回到原路吗？美与善既然不同，
　　善不能就是美，美也不能就是善。"希庇阿斯，如果我们聪明，最好就
　　完全承认他这话，因为真理所在，不承认是在所不许的。

希　但是说句真话，苏格拉底，你看这一番讨论怎样？我还要维持我原来所
　　说的，这种讨论只是支离破碎的咬文嚼字。美没有什么别的，只要能在
　　法院、议事会或是要办交涉的大官员之前，发出一篇美妙的能说服人的
　　议论，到了退席时赚了一笔大钱，既可以自己享受，又可以周济亲友，
　　那就是美。这才是值得我们下功夫的事业，不是你们的那种琐屑的强词
　　夺理的勾当。你应该丢开这种勾当，不要老是胡说八道，让人家把你看
　　作傻瓜。

苏　我的亲爱的希庇阿斯，你是一位幸福的人，你知道一个人所宜做的事业，
　　而且把那事业做得顶好，据你自己说。我哩，好像不知道遭了什么天谴，
　　永远在迟疑不定中东西乱窜。我把我的疑惑摆出来让你们学问渊博的先
　　生们看时，我的话还没有说完，就被你们臭骂一顿，你们说，像你自己
　　刚才所说的，我所关心的问题都是些荒谬的、琐屑的、没有意思的。受
　　了你们的教训的启发之后，我也跟你们一样说，一个人最好是有本领在
　　法院或旁的集会上，发出一篇好议论，产生一种有利的结果，我这样说
　　时又遭我的周围一些人们痛骂，尤其是老和我讨论，老要反驳我的那位
　　论敌。这人其实不是别人，是我的一个至亲骨肉，和我住在一座房子里。
　　我一回到家里，他一听到我说起刚才那番话，他就问我知道不知道羞耻，
　　去讲各种生活方式的美，连这美的本质是什么都还茫然无知。这人向我
　　说："你既然不知道什么才是美，你怎么能判断一篇文章或其他作品是

179

好是坏？在这样蒙昧无知的状态中，你以为生胜于死吗？"你看我两面受敌，又受你们的骂，又受这人的骂。但是忍受这些责骂也许对于我是必要的；它们对于我当然有益。至少是从我和你们俩的讨论中，希庇阿斯，我得到了一个益处，那就是更清楚地了解一句谚语："美是难的。"

（根据 A.Croiset 译，未见完全的英译本，
只有 Carritt 在《美的哲学》里选译了几段。）

注释

1. 有了"正义"这么一个品质，个别的人得到这个品质，才成其为有"正义"的。正义是共相，个别的人有正义是殊相。

2. 参看第 61 页注 63。

3. 希庇阿斯是厄利斯人，厄利斯是希腊南部一个城邦，以产马著名。

4. 原文是"六康稽"。康稽是希腊的量名，每康稽约三个半公升。

5. 赫拉克利特是公元前五世纪初希腊大哲学家，主张火为万物之源，世界常在流动。

6. 菲狄亚斯是希腊的最大的雕刻家，公元前五世纪人，雅典娜女神像是他的杰作之一。

7. 赞歌指上文希庇阿斯所说的"钱多身体好受尊敬"那段话。

8. 阿喀琉斯在特洛伊战争中战死，所以葬在异国。他的祖先埃阿科斯据说是天神宙斯的儿子，死后做了阴间三判官之一。

9. "太无礼"原文有"大不敬""渎神"的意思。因为苏格拉底提到神和英雄。

10. 赫拉克勒斯是希腊神话中最大的力士，也是宙斯的儿子。

11. 据希腊神话，坦塔罗斯、达达诺斯、仄托斯都是宙斯的儿子，珀罗普斯是坦塔罗斯的儿子，宙斯的孙子。这句话的意思是说：自己葬父母，子孙葬自己，这件事对于神和英雄有时光荣，有时不光荣。

12. 因为美不易赏识，实际美与外表美并不是一事。

会饮篇[*]
——论爱美与哲学修养

对话人：亚波罗多洛（这篇对话的转述者，他本人不在场，关于会饮的经过，是从亚理斯脱顿听来的。他已经向格罗康转述过一次，现在又向一位朋友转述）；亚理斯脱顿（原始的转述者，他向斐尼克斯谈过，又向亚波罗多洛谈过）；苏格拉底，阿伽通，斐德若，泡赛尼阿斯，厄里什马克，阿里斯托芬，第俄提玛（苏格拉底向她请教的，不在场），亚尔西巴德。

亚波罗多洛：对于你想知道的那回事，我倒很有准备。前天我从法勒雍[1]我
　　的家里进城，路上碰到一位朋友在后面望见我，他就用滑稽口吻远远地
　　喊我：“喂！你这法勒雍住户名叫亚波罗多洛的，为什么不等我呀！”
　　我就停下等他，他向我说：“亚波罗多洛，我正在找你，想向你打听打听，
　　苏格拉底和亚尔西巴德几个人在阿伽通家里会饮时讨论爱情，经过究竟
　　怎样。有一个人从斐利普的儿子斐尼克斯那里听过这回故事，向我约略
　　谈过，并且说你也知道。他说得不大清楚，所以我要找你给我谈一谈。
　　苏格拉底是你的朋友，转述他的话，没有人比你更合适了。先请你告诉
　　我，你亲自参加了那次聚会没有？”我回答说：“向你转述的那位显然

185

谈得不是很清楚，若不然，你就不会以为那次聚会的时期很近，连我也可以参加了。"他说："对的，我原来是这样想。"我说："这怎么可能呢，格罗康？阿伽通离开雅典已多年了，而我向苏格拉底请教，天天默记他的言行，还不到三年的光景。三年之前，我拿东西流浪，对生活很自满，其实是一个最不幸的人，正如你现在一样，以为无论干什么也比研究哲学强！"他说："别再讥嘲了，且告诉我那次聚会是在什么时候举行的。"我回答说："当时我们都还是小孩子咧，阿伽通的第一部悲剧得了奖，为了庆祝胜利，第二天他和他的歌队举行酬神的典礼。"他说："那像是很早的事了。谁向你谈过这回事，是不是苏格拉底本人？"我回答说："凭宙斯²，不是他！是一位亚理斯脱顿，奎达特楞区的人，一个矮小汉，时常赤着脚，向斐尼克斯谈的也就是他。他亲自参加了那次聚会，如果我没有看错，当时他是苏格拉底的一个最热烈的崇拜者。后来我问过苏格拉底本人，他证实了亚理斯脱顿的话。"格罗康于是说："就请你把这故事给我讲一遍，进城的这条路上正好谈话。"

于是我们一边走，一边谈那次会饮的故事。所以我说过，我对这个题目很有准备，你既然想知道，我可以给你再谈一遍。谈哲学和听人谈哲学，对于我向来是一件极快乐的事，受益还不用说。此外的谈话，尤其是你们这班有钱人和生意人的谈话，对于我却是索然无味的。你们既是我的同侪，我不能不怜惜你们，自以为做的是天大事业，其实毫无价值！也许你们也在怜惜我的不幸，不过你们只自信是对的，而我对于你们的可怜情形，不只是相信，而是真正知道！那位朋友说："亚波罗多洛，你还是那个老脾气，总是爱咒骂自己，又咒骂旁人！我看你以为一切人都是不幸的，只除掉苏格拉底。所以你的绰号是'疯子'，倒很名副其实。你说话确实像一个疯子，老是怨恨自己，怨恨旁人，只除掉苏格拉底！"我说："对，亲爱的朋友，我是一个疯子，一个精神错乱的人，因为我对自己和对你们有刚才所说的那个看法，是不是？"那位朋友说："亚波罗多洛，现在大可不必为着这个问题来吵嘴，且请你答应我原来的请求，把那次聚会中的言论给我复述一遍。"我说："好吧。"当时谈话的经过约略是这样……不过我最好从头就按照亚理斯脱顿的话给你复述。据他说，故事是这样[3]：

亚理斯脱顿说："我在路上碰见苏格拉底，那天他洗过澡，脚上还穿了鞋，这些在他都是不常有的事。我问他到哪里去，打扮得那样漂亮。他回答说：'到阿伽通家里去吃晚饭。昨天他庆祝胜利，请我我没有去，怕的是人太多，但是答应了他今天去。我打扮得漂亮，就是因为这个缘故。因为阿伽通是一个漂亮少年，去他那里就得漂亮一点。喂，你和我一道去，做一个不速之客，好不好？'我说：'遵命。'他说：'好极了，跟我一道走。这样一来我们就可以翻转一句谚语了，你记得吧，"逢到阿伽通的宴会"，不，"逢到好人[4]的宴会，好人不请自来"。其实诗人荷马早已就把这句谚语翻转过，而且把它糟蹋过。他把阿伽门农描写成一个最英勇的战士，把墨涅拉俄斯却描写成"一个胆小如鼠的操戈者"，可是阿伽门农有一次设筵庆祝，墨涅拉俄斯没有被邀请，也自动地赴宴了。照这样看，荷马不是让一个不大好的人赴好人的宴会么[5]？'"亚理斯脱顿告诉我，他听到这番话就说："苏格拉底，以我这样一个不值什么的人，不请自赴一个聪明人的宴会，恐怕我倒不像你所说的，而是像荷马所说的。你既然带我去，就得找一个借口，我决不肯承认我是不请自来的客人，我只说我是应你的邀请。"苏格拉底说："'两人同伴走'[6]，总有一人先想出拿什样话来说，且往前走吧。"

"在这番话之后，"亚理斯脱顿说，"我们就动身往前走。可是在路上苏格拉底想到一个问题，一个人落在后面凝神默想。我等他，他叫我先走。我走到阿伽通的家，看见门户大开，就碰见一件趣事。我一到达，就有一个仆人从里面出来接我，把我引到客厅里，那里客人都已入座，正准备吃晚饭。阿伽通一望见我，就喊：'哈，亚理斯脱顿，你来得正好，欢迎参加我们的晚餐。如果你为旁的事来，请把它放在以后再说。昨天我到处找你，想请你今天来，可是找不到你……苏格拉底呢？你没有带他来？'我回头一看，看不见苏格拉底的影子！我就说：'他和我确实是一道来的呀，而且我来还是他邀请的。'阿伽通说：'你来得好，但是苏格拉底到哪里去了呢？'我回答说：'他刚才还跟在我后面走，他怎么没有来，我也觉得奇怪。'听到这话，阿伽通就吩咐一个仆人：'马上去找苏格拉底，把他引到这里来。亚理斯脱顿，请你坐在厄里什马克旁边。'"

一个仆人正替亚理斯脱顿洗脚，好让他躺下，另外一个仆人进来说："要找的那位苏格拉底已退隐到邻家的门楼下，在那里挺直地站着，请他进来他不肯。"阿伽通说："真奇怪！再去请他进来，不要放他。"亚理斯脱顿于是说："不必找，让他去。他有一个习惯，时常一个人走开，在路上挺直地站着。我想他一会儿就会来。且不必去打搅他。"阿伽通说："好吧，就依你的话吧。"他就喊仆人们来，吩咐他们说："给我们开饭吧。没有人监督你们，你们爱摆出什么就摆出什么——我向来不用这个办法——今天你们该设想我和这些客人都是你们邀请来的；所以要好好地侍候，争取我们的夸奖。"

"于是我们就开始吃饭，"亚理斯脱顿往下说，"但是苏格拉底还没有来。阿伽通三番四次地要派人去找，都让我拦阻住了。后来他终于到了，比起他的平时习惯，还不算太迟，客人们才把饭吃掉一半。阿伽通坐在最末的榻上，没有旁人同坐，就喊：'这里，苏格拉底，请坐在我旁边，好让我挨到你，就可以沾到你在隔壁门楼下所发现的智慧。你显然发现到你所找的道理，把它抓住了，若不然，你还不会来。'这时苏格拉底坐下来就说：'如果智慧能像一满杯水，通过一根羊毛，就引到一个空杯里去，如果两个人只要挨着坐，智慧就从盈满的人流到空虚的人，那是多么好的事，阿伽通！如果智慧是如此，我就该把坐在你旁边这件事看得非常宝贵，因为你的许多智慧就会流注到我身上来。我的智慧是很浅薄的，像梦一样，真伪尚待商讨；而你的智慧却是光辉灿烂的，有无穷发展的，自从幼年起，它就蓬勃焕发，就是在前天，三万希腊人已经替你的智慧的表现作了见证[7]。'阿伽通接着说：'苏格拉底，你在嘲笑人。关于我们的智慧问题，我们等一会儿请酒神狄俄尼索斯作判官，凭他判断谁优谁劣。现在你最好先吃晚饭。'

"于是苏格拉底入了座，和其他客人们都用过晚饭。他们举杯敬了神，唱了敬神的歌，举行了其他例有的仪式，于是就开始饮酒。泡赛尼阿斯首先开口说：'在座诸位，今天饮酒，哪一种方式对我们才合适呢？就我个人来说，我不妨告诉诸位，我觉得昨天的酒还没有醒过来，需要呼吸呼吸。我想诸位的情形也差不多，因为昨天都参加了。所以请你们想出一个最妥当的方式。'阿里斯托芬就接着说：'泡赛尼阿斯，你的提议很好，今天饮酒总得要和缓一点，我自己昨天也是烂醉如泥。'厄里什马克，阿库门的儿子，听到这句话，就插嘴说：'你们的话很对。不过我还得征求另外一个人的意见，阿伽通，你的情形怎样？还能痛饮吗？'阿伽通回答：'不能，我也没有力量了。'厄里什马克就接着说：'这样看来，我，亚理斯脱顿，斐德若，这批人今天运气倒好，你们几位酒量大的人都已经宣告退却了。我们这批人当然是没有酒量的。我没有算苏格拉底，因为他能饮，也能不饮，摆在哪一方面都行。现在在座的人既然都不很想痛饮，我就不妨谈一谈醉酒是什么一回事，我的话就不会很刺耳了。我有一种信念——这也许是从我的医学经验得来的——

醉酒对人实在有害。我自己既不肯饮到过量，也不肯劝旁人过量，尤其是前一天饮过，头还很沉重的时候。'于是密锐努人斐德若就插嘴说：'我向来相信你的话，尤其在医学方面。旁人今天也该相信你的话，如果他们懂道理。'斐德若的话得到了一致赞同；大家都答应在今天这次会里不闹酒，各人高兴喝多少就喝多少。

"厄里什马克就说：'既然大家都决定随意饮酒，不加勉强了，我就建议把刚才进来的吹笛女打发出去，让她吹给自己听，或是她乐意的话，吹给闺里妇女们听，我们且用谈论来消遣这次聚会的时光。谈论什么问题呢？如果你们同意，我倒准备好了一个题目，情愿提出来。'在座的人听到这话，都说他们乐意这样办，请他把题目提出。厄里什马克于是说：'我的开场白要引用欧里庇得斯的《墨兰尼普》[8]里一句话；我要说的"话并不是我自己的"，而是斐德若的。他时常很气愤地向我说："说起来真奇怪，厄里什马克！各种神都引起过诗人们作歌作颂，只有爱神是例外，从来诗人中不会有一个写过诗来颂扬他，尽管他是那样伟大。请想一想那些有本领的诡辩家们，他们写散文来颂扬的是赫拉克勒斯之类[9]，普若第库斯就是一个例证[10]。这还不足为奇，有一天我碰见一部书，作者把盐的效用大加赞扬一番。还有许多其他类似的事物都有人称赞过。这些小题居然有人大做，而至今却没有一个人写过一首诗宣扬爱神的功德，这样大的一个神竟被人忽略到这步田地！"斐德若的这一番话我看是很对的。所以我愿意陪着斐德若向爱神致敬，同时建议今天这里与会的人们趁着这个好时机，来礼赞爱神。如果你们赞成，我们就有足够的谈论资料，可以消遣今晚的时光。我建议我们从左到右轮流，每个人都尽他的能力，做一篇最好的颂扬爱神的文章。斐德若应该开头，因为他不仅是坐在第一位，而且也是这次题目的父亲。'

"苏格拉底说：'厄里什马克，没有人会反对你的提议。我自己更不会反对，因为我什么都不知道，就只知道爱情；我想阿伽通和泡赛尼阿斯也不会反对，阿里斯托芬更不会反对，他整个的时光就都消磨在酒神和爱神身上。我看其余在座的人也都不会反对。你的办法对于我们坐在后面的人们却不很公平，不过坐在前面的人如果把可说的话都说尽了，而且说得顶好，我们也就心满意足了。好吧，我们就请斐德若开始，祝他运气好！'"

在座的人一致赞成这番话，都跟着苏格拉底怂恿斐德若先说。这次聚会中每人所说的话，亚理斯脱顿当然不能完全记清楚，我对于他所向我转述的话，当然也不能完全记清楚。我只记得最重要的部分。凡是我认为值得记住的话我现在顺次给你转述。[11]

据亚理斯脱顿的话，第一个说话的是斐德若，他的话开端约略如下：

"爱神是一个伟大的神，在人与神之中都是最神奇的。这表现在许多方面，尤其在他的出身。他是一位最古老的神，这就是一个光荣。他的古老有一个凭证，就是他没有父母，从来的诗或散文都没有提到爱神的父母。赫西俄德说：首先存在的是混沌，'然后宽胸的大地，一切事物的永恒的安稳基础，随之而起，随后就是爱神'。[12] 阿库什劳斯[13]也和赫西俄德一样，说继着混沌而生的是大地和爱神。根据帕墨尼得斯，世界主宰'所生的第一个神就是爱神'[14]。从此可知许多权威方面都公认爱神在诸神中是最古老的。

"其次，爱神不仅是最古老的，而且是人类最高幸福的来源。就我自己来说，我就看不出一个人从青年时期起，比有一个情人之外，还能有什么更高的幸福，一个情人有一个爱人也是如此[15]。一个人要想过美满的生活，他的终身奉为规范的原则就只有靠爱情可以建立；家世、地位、财富之类都万万比不上它。这原则是什么呢？就是对于坏事的羞恶之心和对于善事的崇敬之心；假如没有这种羞恶和崇敬，无论是国家还是个人，都做不出伟大优美的事情来。我敢说，如果一个情人在准备做一件丢人的坏事，或是受旁人凌辱，怯懦不敢抵抗，在这时候被人看见了，他就会觉得羞耻，但是被父亲朋友或其他人看见，还远不如被爱人看见那样无地自容。爱人被情人发现在做坏事，情形也是如此。所以如果我们能想出一个方法，叫一个城邦或是一个军队全由情人和爱人组成，它就会有一种不能再好的统治，人人都会互相竞争，避免羞耻，趋求荣誉。这种人们如果并肩作战，只要很小的一个队伍就可以征服全世界了。因为一个情人如果脱离岗位或放下武器，固然怕全军看见，尤其怕他的爱人看见；与其要被爱人看见，他宁愿死百回千回。也没有一个情人怯懦到肯把爱人放在危险境地，不去营救；纵然是最怯懦的人也会受爱神的鼓舞，变成一个英雄，做出最英勇的事情来。荷马说过，神在英雄胸中感发出一股'神勇气'，这无疑地就是爱神对于情人的特殊恩赐。

"还有一层，只有相爱的人们才肯为对方牺牲自己的生命，不但男人，连女人也是如此。珀利阿斯的女儿阿尔刻提斯，在全希腊人的面前对我这句话提供了强有力的证据。只有她肯代她的丈夫死，虽然她的丈夫有父有母。[16] 她的爱超过了父母的爱，所以父母显出对于儿子有如路人，只有名字的关系。她成就了她的英勇行为，不但人，连神们也钦佩这行为的高尚。人死之后，神们让她的灵魂由阴间回到阳间，这是极稀罕的恩惠，连建立过伟大功勋的英雄们也很少有得到这种恩惠的，而神们却拿这种恩惠给阿尔刻提斯，准她死后还魂，以表示他们的钦佩。此可知连神们也尊敬爱情所鼓舞起来的热忱和勇气了。俄阿格洛斯的儿子俄耳甫斯所受的待遇就不同。神们遣他离开阴间，没有让他得到他所寻求的，不把他的妻子还他，只让他看了一下她的魂影[17]；因为神们看他懦弱没有勇气——他本是一个琴师，这是不足为奇的——不肯像阿尔刻

192

提斯为爱情而死，只设法活着走到阴间。神们所以给他应得的惩罚，让他死在女人们手里 [18]。至于忒提斯的儿子阿喀琉斯却得到神们的优遇，死后到了福人岛 [19]。因为他的母亲虽然告诉过他，如果他杀了赫克托耳，自己一定死；如果他不杀赫克托耳，他就会平安回家，长命到老；他却勇敢地决定去营救他的情人帕特洛克罗斯，替他报了仇，不仅为他而死，而且紧跟着他。为了这缘故，神们非常钦佩他，给他特殊的优遇，因为他知道珍重爱情。（埃斯库罗斯把阿喀琉斯写成情人，帕特洛克罗斯写成爱人，是很荒唐无稽的。阿喀琉斯不仅比帕特洛克罗斯美，而且也比所有的其他英雄们都美，还没有留胡须，而且根据荷马，他比帕特洛克罗斯的年纪小很多。）没有什么能比爱情所激发的英勇更受神们尊敬，而且爱人向情人所表现的恩爱比起情人向爱人所表现的恩爱，也更博得神们的赞赏，因为情人是由爱神凭附的，比起爱人要较富于神性。就是因为这个缘故，神们优遇阿喀琉斯，还超过他们优遇阿尔刻提斯，让他住在福人岛上。

"总结来说，我认为爱神在诸神中是最古老、最尊严的，而且对于人类，无论是生前还是死后，他也是最能引起德行和幸福的。" [20]

斐德若的话，据亚理斯脱顿转述，大致如此。他说完之后，还有些旁人说了话，亚理斯脱顿已经记不清楚了，所以他把那些话丢开，往下就转述泡赛尼阿斯的话如下：

"斐德若，我看我们的题目提得不很妥当。我们只规定颂扬爱神。如果爱神只有一种，这倒还可以说得过去；可是爱神并不只一种，既然不只一种，我们一开始就应该说明哪一种是我们要颂扬的。所以我们现在要做的就是纠正这个缺点，先把题目弄清楚，指出哪一种应颂扬，然后再用适合这位尊神的语言，来颂扬他。

"大家知道，爱神和阿佛洛狄忒[21]是分不开的。如果阿佛洛狄忒只有一种，爱神也就只有一种；如果她有两种，爱神也就必然有两种。谁能否认这位女爱神有两个化身呢？一个是最古老的，没有母亲；只有天是她的父亲，所以我们把她叫作'高尚女爱神'；另一个比较年轻，是天神宙斯和狄俄涅的女儿，我们把她叫作'凡俗女爱神'。所以两个爱神，作为两个女爱神的合作伴侣来看，也应该一个叫作'高尚爱神'，一个叫作'凡俗爱神'。凡是神当然都应受颂扬，不过这两种爱神各有什样功能，我们须弄明白。一切行动，专就它本身来看，并没有美丑的分别。比如我们此刻所做的一些事，饮酒、唱歌或谈话，这一切本身都不能说是美，也不能说是丑。美和丑是起于这些事或行动怎样做出来的那个方式。做的方式美，所做的行动也就美；做的方式丑，所做的行动也就丑。爱是一种行动，也可以应用这个道理。我们不能对一切爱神都不分皂白地说'他美，值得颂扬'，只有驱遣人以高尚的方式相爱的那种爱神才是美，才值得颂扬。

"凡俗女爱神引起的爱情确实也是人世的、凡俗的，不分皂白地实现它的目的。这种爱情只限于下等人。它的对象可以是年轻人，也可以是女人；它所眷恋的是肉体而不是心灵；最后，它只选择最愚蠢的对象，因为它只贪求达到目的，不管达到目的的方式美丑。因此，有这种爱情的人们苟且撮合，不管好坏。这是当然的，因为这种爱情所自起的那位女爱神是年纪较轻的，而她的出身是由于男也由于女的。至于天上女爱神的出身却与女的无关，她只是由男的生出的，所以她的爱情对象只是少年男子。其次，她的年纪较长，所以不至于荒淫放荡。她只鼓舞人们把爱情专注在男性对象上，因为这种对象生来就比较强壮，比较聪明。就在这专注于男子的爱情上，人们也可以看出它真正是由天上女爱神感发起来的：这种少年男子一定到了理智开始发达，这就是腮上开始长胡须的时候，才成为爱的对象。我想情人所以要等爱人达到这种年龄后才钟爱他，是由于他存心要和爱人终身享共同生活，不是要利用他的年幼无知来欺骗他，开他玩笑，碰到另外一个可以宠爱的对象就把他丢掉。宠爱年幼的孩子是法律所应该防禁的，免得人们在动摇不定的对象上浪费许多精力，因为年幼的孩子们无论在心灵或在身体方面都是动摇不定的，终于变好还是变坏，没有人能预先知道。善良的人们却自动地替自己定出这样法律来遵行，至于凡俗的情人们，我们应强迫他们服从这样法律，正如我们尽量强迫他们不能随便爱良家妇女[22]。这种凡俗的情人使人们对爱情起不良的印象。人们往往以为爱人满足情人是一件羞耻事，他们说这话时，心目中所指的正是这种凡俗的情人们，因为他们看到这班人的卑鄙放荡的行为。循规蹈矩的行为就永远不会引起指责。

"我们且来看看各城邦关于爱情的法律。有些城邦的规定是明确的，不难了解的，而在我们的雅典和斯巴达，这种法律却很复杂。在厄利斯和玻俄提亚[23]等地，人们不长于辞令，他们干脆定了一条直截了当的法律，把接受情人的恩宠看作美事，无论老少，没有人说它是丑事，在我看，这是由于他们不愿费心力拿辞令来争取少年男子们，他们本来不长于辞令。但是在伊俄尼亚[24]以及许多其他地方，法律却把接受情人的恩宠定为丑事。这是由于他们受蛮夷的统治，蛮夷的专制政体把钟爱少年男子、爱哲学和爱体育都看成坏事，因为统治者不愿被统治者培养高尚的思想，也不愿他们之中有坚强的友谊和亲密的社交，而这一切却正是爱情所产生的。就在我们的城邦里，僭主们也曾从经验中学得这样教训，由于亚理斯脱格通和哈莫第乌斯的坚强的爱情和友谊，这班僭主的政权就被推翻了[25]。从此可知，凡是一个地方把接受情人的宠爱当作丑事的，那地方人的道德标准一定很低，才定出这样法律，它所表现的是统治者的专横和被统治者的懦弱。反之，凡是一个地方无条件地把爱情当作美事的，那地方的人们一定不愿定出这样法律。

"在我们的雅典，所规定的法律比这些都要好得多，但像我刚才说过的，也比较复杂，不容易了解。我们且想一想一般雅典人的论调，他们说，与其暗爱，不如明爱；爱人应在门第和品德上都很高尚，美还在其次。人们对于情人都加以极大的鼓励，不认为他在做不体面的事；人们把追求爱情的胜利看作光荣，失败看作羞耻。为着争取胜利，他可以做出种种离奇的事，习俗给了他这种自由，而这些离奇的行为如果是为着旁的目的或效果，而不是为着爱情，他就逃不掉哲学的极严厉的谴责。比如说，假想一个人想旁人给他钱，或是求一个官职，或是谋其他势利，就去做情人通常向爱人做的那些事，苦求，哀恳，发誓，睡门槛，做出一些奴隶所不屑做的奴隶行为；那么，无论是他的朋友还是他的仇敌，都会防止他做这类事，仇敌们会骂他谄媚逢迎，朋友们会谴责他，替他害羞。但是这些事如果是情人做的，反而博得赞美，我们的习俗给了他这种自由，毫不加以谴责，以为他所要达到的目的是非常高尚的。最奇怪的事是依一般的舆论，只有情人发了誓而不遵守，才可以得到神们的赦宥，因为牵涉阿佛洛狄忒的誓约，人们说，根本就不是誓约。从此可知神和人都准许情人有完全的自由，如我们的雅典习俗所表现的。从上面这许多事实看，我们可以推想，在我们的城邦中，做情人和做爱人都是很光荣的事。但是在另一方面，爱人们的父亲们常请教师来看管他们，防止他们和情人们来往；和他们年龄差不多的少年们以及他们的朋友们如果发现他们有和情人们来往的事，也会指责他们，而他们的长辈对这种指责也并不加以非难或禁止。从这些事实看，我们又仿佛可以推想，在我们的城邦中，做情人和做爱人都是很丑的事。

"依我想，道理是这样：这事情不是单纯的，像我开头说的，单就它本身来看，它无所谓美，又无所谓丑；做的方式美它也就美，做的方式丑它也就丑。丑的方式是拿卑鄙的方式来对付卑鄙的对象，美的方式是拿高尚的方式来对付高尚的对象。所谓卑鄙的对象就是上文所说的凡俗的情人，爱肉体过于爱心灵的。他所爱的东西不是始终不变的，所以他的爱情也不能始终不变。一旦肉体的颜色衰谢了，他就高飞远走，毁弃从前一切的信誓。但是钟爱于优美心灵的情人却不然，他的爱情是始终不变的，因为他所爱的东西也是始终不变的。我们的雅典规矩要人对于这两种人加以谨严的考验，知道哪种人可以钟爱，哪种人应该避免；它奖励人钟爱所应该钟爱的，避免所应该避免的，根据种种考验，判定情人和爱人在两种爱情之中究竟站在哪一方面。正是这个缘故，我们的习俗定了两条规矩：头一条规矩是：迅速地接受情人是可耻的，应该经过一段时间，因为时间对于许多事常是一个最好的考验；第二条规矩是：受金钱的利诱或政治的威胁而委身于人是可耻的，无论是对威胁没有胆量抵抗就投降，还是贪求财产或政治地位。因为这些势力、名位、金钱都不是持久不变的；高尚的友谊当然不能由这些东西产生。

　　"依我们的雅典规矩，只剩下一条路可以让爱人很光荣地接受情人；如果采取这条路，从情人方面来说，心甘意愿地完全做爱人的奴隶并不算谄媚，也没有什么可谴责的；从爱人方面来说，他也自愿处于奴隶的地位，这也并非不光荣的。这条路就是进德修业。依我们的雅典规矩，如果一个人肯侍候另一个人，目的是在得到这另一个人帮助他在学问或道德方面进步，这种自愿的卑躬屈节并不卑鄙，也不能指为谄媚。这两个规矩，一个是关于少年男子的爱情，一个是关于学问道德的追求，应该合而为一；如果合而为一，爱人眷恋情人就是一件美事。那么，情人和爱人来往，就各有各的指导原则。情人的原则是爱人对自己既然表现殷勤，自己就应该在一切方面为他效劳；爱人的原则是情人既然使自己在学问道德方面有长进，自己就应该尽量拿恩情来报答。一方面乐于拿学问道德来施教，一方面乐于在这些方面受益，只有在这两个原则合而为一的时候，爱人眷恋情人才是一件美事；若不然，它就不美。照这样原则相爱的人们纵然完全失败了，也不足为耻；在其他一切情形之下，无论失败与否，结果都是耻辱。假想一个少年男子以为他的情人很富，为着贪求财富，就去眷恋他，后来发现自己看错了，他实在很穷，没有利益可图；这还是很可耻的；因为这种行为揭穿了他的性格，证明他这个人为着金钱，可以侍候任何人，做出任何事来，这当然是很不光荣的。再假想一个少年男子以为他的情人很有道德，和他来往可以使自己变好，后来发现自己根本看错了，那人实在很坏，没有品德；在这种情形之下，他虽然看错了，却还是很光荣；因为大家认为他的这种行为也表现了他的性格，他一心一意想好，想在品德上得进步，才去眷恋一个人；比起前一个事例，这却是最光荣的。总之，为着品德而去眷恋一个情人，总是一件很美的事。这种爱情是天上阿佛洛狄忒所感发的，本身也就是属于天上的，对于国家和个人都非常宝贵，因为它在情人和爱人的心里激起砥砺品德的热情。此外一切爱情都起于人世阿佛洛狄忒，都是凡俗的。

"斐德若，关于爱神，我的没有准备而临时想出的话就止于此。"[26]

泡赛尼阿斯就这样到了停顿，你看，我从诡辩大师们学得了这种用双声叠韵来说话的诀窍[27]，说话的次第轮到了阿里斯托芬。不知道是因为吃得太饱了，还是因为旁的缘故，他碰巧正在打嗝，不能说话。他只好向坐在次一位的厄里什马克医生说："请你帮点忙，大夫，或是设法止我的嗝，或是代我说话，等我复原再说。"厄里什马克回答说："好，这两件事我都替你办。我代替你的轮次，到了我的轮次，你再说。现在我说话的时候，你且忍一口气不呼吸，打嗝就可以止；若是不止，你就得吞一口水。如果这样办，打嗝还很顽强，你就得拿一件东西戳一戳鼻孔，打一个喷嚏，这样来一两回，无论什样顽强的打嗝都会停止的。"阿里斯托芬催他说："你快点开始说话吧，我就照你的诊方去做。"厄里什马克的话是这样：

"我看泡赛尼阿斯的话开头很好，收尾却不很相称，所以我必得对他的话作一点补充。他的两种爱情的区别在我看是很妥当的，但是医学告诉我，这种区别并不仅适用于人类心灵，也不仅限于美少年的爱，而且还可以适用于许多其他事物，其他范围，适用于一切动物的身体，一切在大地上生长的东西，总之，适用于万事万物。这是我从医学观点所得到的结论，爱神的威力对于人和神的一切事情都是伟大而普遍的。

"为着敬重我自己的行业，我想就先从医学出发。我们身体的自然机构就富有这两种爱情的道理。因为在身体方面，健康和疾病是两种不同的状态，这是大家公认的。凡是不同的东西所希求的喜爱的对象也就不同。因此，健康状态的爱情和疾病状态的爱情是两回事。正如泡赛尼阿斯刚才所说的，爱好人是美事，爱坏人是丑事，对付身体也是同样的道理，好的健康的部分须加以爱护培养，我们所谓医学所管的正是这件事，坏的不健康的部分须加以防止。如果你是一个好医生，概括地说，医学可以说是研究爱情的科学，对象是身体方面的各种爱情现象，关于补和散（塞满和排除）两种手续的。医道高明的人就能区别好的爱情和坏的爱情，诊断在某种情形之下某种爱情是好还是坏。若是一个医生能施转变的手术，取这种爱情代替那种爱情，引起身体中本应发达而却还不存在的爱情，消除身体中本不应有而有的爱情，那么，他无疑就是一个本领很大的医生了。医生还要能使本来在身体中相恶相仇的因素变成相亲相爱。最相恶相仇的因素就是那些相反的品质，例如冷与热，苦与甜，燥与湿之类。我们的医祖埃斯库勒普之所以成为医学创始人，像这里两位诗人[28]所说的，而我自己所相信的，就是因为他能使相反相仇的东西和谐一致。

　　"不仅医学完全受爱神统治，像我刚才所说的，就是健身术和农业也是如此。至于音乐受爱神的统治更为明显，任何人不用费力思索也可以看出。赫拉克利特说过一句含糊费解的话，也许就是指这个意思。他说："一与它本身相反，复与它本身相协，正如弓弦和竖琴。'[29] 说和谐就是相反，或是和谐是由还在相反的因素形成的，当然是极端荒谬的。赫拉克利特的意思也许是说，由于本来相反的高音和低音现在调协了，于是音乐的艺术才创造出和谐。如果高音和低音仍然相反，它们就决不能有和谐，因为和谐是声音调协，而调协是一种互相融合，两种因素如果仍然相反，就不可能互相融合；相反的因素在还没有互相融合的时候也就不可能有和谐。由于同样理由，节奏起于快慢，也是本来相反而后来互相融合。在这一切事例中，造成协调融合的是音乐，它正如上文所说的医学，在相反因素中引生相亲相爱。所以音乐也可以说就是研究和谐与节奏范围之内的爱情现象的科学。在和谐与节奏的组织本身上，我们固然不难看出这些爱情现象，它们还见不出爱情的两重性，可是到了应用和谐与节奏于实际人生的时候，无论是创造乐调（这就是所谓制曲），还是演奏已经制成的曲调（这就靠所谓音乐教育），这就不是易事，就需要高明的音乐技术了。就是在这个时候，我们要应用上文的结论了，就要区别天上爱神与人世爱神了，爱的对象应该是品格端正的人，以及小有缺陷而肯努力上进的人，这才是应该保持的爱情，才是起于天上爱神的那种高尚优美的爱情。至于起于人世爱神的那种杂音的凡俗的爱情却须加以谨慎防闲，免得使他的快感养成了淫荡。这正如我们的医学很重视食欲的正确运用，享受珍肴的滋味而却不致生病。从此可知，在音乐、医学以及其他一切人和神的事情之中，我们都要尽量细心窥测这种爱神，因为他们是普遍存在的。

"再看一年四季的推移，也充满着这两种爱情。我刚才所说的冷与热、燥与湿那些性质如果有一种有节制的爱情把它们约束在一起，使相反者相成，产生一种恰到适合节度的和谐，于是风调雨顺，人畜草木都健康繁殖，不发生任何灾害。反之，在季节的推移中，如果没有节制的爱情占了优势，就会有各种灾害，牲畜草木就发生瘟疫或其他各种疾病，凡是霜雹霉之类都是由于天文学所研究的爱情范围之中起了反常失调的现象。天文学的对象就是星辰的变动和季节的推移。

"不仅此，占卜术所管的那些祭祀典礼，那些人与神的互相交通，也都只有一个目的，就是爱情的保持和治疗。凡是对神不敬是怎样起来的？它都由于在处理对父母（无论存亡）和对神的职责上，所信奉崇敬的不是有节制的爱情而是另一种爱情。占卜术的功用就是督察和治疗这两种爱情，所以占卜术是调节人神友谊的一种艺术，因为它能辨别在人类中哪些爱情倾向才符合敬天畏神的道理。

"从此可知，爱神的威力是多方面的、广大的、普遍的。但只在他以公正和平的精神，在人和神之间成就善事的时候，他才显出他的最大的威力，使我们得到最高的幸福，使我们不但彼此友爱相处，而且与高高在上的神们也维持着敬爱的关系。我的话就到此终结，也许我的这篇颂词也有许多遗漏，可是这并非有意的。阿里斯托芬，如果我有遗漏，就请你填补起来。不过你颂扬爱神，如果另有新的意思，那也就随你的意。你已经不打嗝了。"[30]

亚里斯脱顿往下说：于是次序轮到阿里斯托芬。阿里斯托芬就说："不错，我打嗝固然停止了，可是经过了打喷嚏的手续。我正在觉得奇怪，为什么身体的和谐秩序必得经过打喷嚏的那些声响和痒痛，才能恢复。你看，喷嚏一打，打嗝果然就停止了！"厄里什马克回答说："我的好人，当心你在干什么！你一说话就开玩笑。你本来可以平平静静地说下去，却这样开玩笑，使我不得不提防着你，看你的话有什么惹人笑的。"他笑着说："厄里什马克，你说得对，我刚才所说的全不算。可是千万不要提防我。我所害怕的倒不是我的话会惹人笑，因为惹人笑是我的诗神的胜利，本来这也就是他的特长，我只害怕我的话荒谬可笑。"厄里什马克说："哼，你只管打人，以为你自己可以不挨打！小心一点，别说你自己没有理由来辩护的话，可是要依我的话，我宁愿放你过去，不让你说。"

阿里斯托芬接着说："对，厄里什马克，我打算换一个方式来说，和你与泡赛尼阿斯所说的都另是一样。依我看，一直到现在，人们对于爱神的威力还是完全不了解。若是他们了解，就会替爱神建立最庄严的庙宇，筑起最美丽的祭坛，举行最隆重的祭奠。可是一直到现在，爱神还没有得到这样崇敬，尽管他理应得到它。在一切神之中，爱神是人类的最好的朋友，他援助人类，他替人医治一种病，医好了，就可以使人得到最高的幸福。我今天所要做的，就是要使你们明白爱神的威力。你们自己明白了，就可以把我的教义传给全世界。

"你们首先要领教的是人的本性以及他所经过的变迁。从前人和现在人不一样。第一，从前人类本身分成三种，不像现在只有两种。在男人和女人之外，从前还有一种人不男不女，亦男亦女。这第三种人现在已经绝迹了，只有名称还保留着，就是所谓'阴阳人'，他们原来自成一类，在形体上和在名称上都兼阴阳两性的。现在'阴阳人'这个名称却成了骂人的字眼。其次，从前人的形体是一个圆团，腰和背都是圆的，每人有四只手、四只脚，一个圆颈项上安着一个圆头，头上有两副面孔，朝前后相反的方向，可是形状完全一模一样，耳朵有四个，生殖器有一对，其他器官的数目都依比例加倍。他们走起路来，也像我们一样直着身子，但是可以随意向前向后。可是要跑快的时候，他们就像现在玩杂技翻筋斗一样，把脚伸直向前翻滚，八只手脚一齐动，所以翻滚得顶快。为什么从前人有三种，身体有这样的构造呢？这是因为男人原来是由太阳生出来的，女人原来是由大地生出来的，至于阴阳人则是月亮生出来的，因为月亮自己也同时具备太阳和大地的性格。他们的形体和运动都是圆的，因为都像他们的父母。这种人的体力和精力当然都非常强壮，因此自高自大，乃至于图谋向神们造反。他们的故事正和荷马所说的厄法尔提斯和俄图斯的故事 [31] 一样，想飞上天，去和神们打仗。

"于是宙斯和众神会商应付的办法，他们茫然莫知所措。他们不能灭绝人种，像从前他们用雷电灭绝巨人的那种样 [32]，因为灭绝了人类，就灭绝了人类对神的崇拜和牺牲祭祀；可是人类的蛮横无礼也是不能容忍的。宙斯用尽了头脑，终于想出一个办法。他说：'我找到了一个办法，一方面让人类还活着，一方面削弱他们的力量，使他们不敢再捣乱。我提议把每个人截成两半，这样他们的力量就削弱了，同时，他们的数目加倍了，这就无异于说，侍奉我们的人和献给我们的礼物也就加倍了。截了之后，他们只能用两只脚走路。如果他们还不肯就范，再要捣乱，我就再把他们每人截成两半，让他们只能用一只脚跳来跳去。'宙斯说到就做到，他把人截成两半，像截青果做果脯和用头发截鸡蛋一样。截过之后，他吩咐阿波罗把人的面孔和半边颈项扭转到截开的那一面，使人常看见截痕，学乖一点，扭转之后，再把伤口医好。阿波罗于是把他们的面孔扭转过来，把截开的皮从两边拉到中间，拉到现在的肚皮地方，好像用绳子封紧袋口一样。他把缝口在肚皮中央系起，造成现在的肚脐。然后他像皮鞋匠把皮放在鞋模上打平一样，把皱纹弄平，使胸部具有现在的样子，只在肚皮和肚脐附近留了几条皱纹，使人永远不忘过去的惩罚。

"原来人这样截成两半之后，这一半想念那一半，想再合拢在一起，常互相拥抱不肯放手，饭也不吃，事也不做，直到饿死懒死为止。若是这一半死了，那一半还活着，活着的那一半就到处寻求匹偶，一碰到就跳上前去拥抱，不管那是全女人截开的一半（就是我们现在所谓女人），还是全男人截开的一半。这样，人类就逐渐消灭掉了。宙斯起了慈悲心，就想出一个新办法，把人的生殖器移到前面——从前都是在后面，生殖不是借男女交媾，而是把卵下到土里，像蝉一样——使男女可以借交媾来生殖。由于这种安排，如果抱着相合的是男人和女人，就会传下人种；如果抱着相合的是男人和男人，至少也可以平泄情欲，让心里轻松一下，好去从事人生的日常工作。就是像这样，从很古的时代，人与人彼此相爱的情欲就种植在人心里，它要恢复原始的整一状态，把两个人合成一个，医好从前截开的伤疼。

　　"所以我们每人只是人的一半，一种合起来才见全体的符[33]，每一半像一条鱼剖开的半边，两边还留下可以吻合的缝口。每个人都常在希求自己的另一半，那块可以和他吻合的符。凡是由上文所说的阴阳人截开的男人就成为女人的追求者，男情人大半是这样起来的，至于截开的女人也就成为女情人，男人的追求者。凡是由原始女人截开的女人对于男人就没有多大兴趣，只眷恋和自己同性的女人，于是有女子同性爱者。凡是由原始男人截开的男人在少年时代都还是原始男人的一截面，爱和男人做朋友，睡在一起，乃至于互相拥抱。这就是'娈童'和'象姑'们。他们在少年男子中大半是最优秀的，因为具有最强烈的男性。有人骂他们为无耻之徒，其实这是错误的，因为他们的行为并非由于无耻，而是由于强健勇敢，富有男性，急于追求同声同气的人。最好的证明是只有这批少年到了成年之后，才能在政治上显出是男子汉大丈夫。一旦到了壮年，他们所爱的也就是少年男子，对于娶妻生养子女没有自然的愿望，只是随着习俗去做；他们自己倒宁愿不结婚，常和爱人相守。总之，这种人的本性就是只爱同性男子，原因是要'同声相应，同气相求'。

"如果这样一个人，无论他是少年男子的恋爱者还是另一种恋爱者，碰巧遇到另一个人恰是他自己的另一半，那就会发生什么样情形呢？他们就会马上互相爱慕，互相亲昵，一刻都不肯分离。他们终生在一起过共同的生活，可是彼此想从对方得到什么好处，却说不出。没有人会相信，只是由于共享爱情的乐趣，就可以使他们这样热烈地相亲相爱。很显然地，两人心中都在愿望着一种隐约感觉到而说不出来的另一种东西。假如正当他们抱着睡在一床的时候，赫淮斯托斯带着他的铁匠工具站到他们的面前[34]，向他们说：'你们这两个人，彼此想从对方得到的究竟是什么呢？'假如因为看见他们仓皇不知所答，他就再问他们：'你们是否想紧紧地结合在一起，日夜都不分离呢？如果你们的愿望是这样，我可以把你们放在炉里熔成一片，使你们由两个人变成一个人，只要你们在世一天，你们就一天像只是一个人在活着。假如你们死，那也就在一道死，走到阴间的就不是两个人而只是一个人。想一想看，你们是否想这样办？这样是否能使你们心满意足？'听到这番话之后，我敢担保，他们之中没有一个人会答一个'不'字，或是表示愿望其他的东西。他们每个人都会想，这正是他们许久以来所渴望的事，就是和爱人熔成一片，使两个人合成一个人。

"这一切原因就在人类本来的性格是如我向你们所说的，我们本来是完整的，对于那种完整的希冀和追求就是所谓爱情。从前，我已经说过，我们是一体，可是在现在，由于我们的罪过，神把我们分割开来了，如同拉刻代蒙人分割阿卡狄亚人那样[35]。如果我们对神们不守规矩，恐怕不免要再被神们截开一次，走起路来像墓石上那些侧面浮雕的人物一样，从鼻梁中线剖开，成了些符的碎片。所以我们应奉劝世人在一切事上面都要敬神，免得再度受惩罚，而且在爱神的保佑之下，得到福气。任何人都千万不能在行为上渎犯了爱神，得罪于神们通常都由于这个罪过。如果我们一旦成了爱神的朋友，与他和平相处，我们就会碰见恰好和我们相配合的爱人，在今天能享到这种福气的人们是多么稀罕哟！请厄里什马克不用插嘴嘲笑我，以为我的话是暗射着泡赛尼阿斯和阿伽通两人。他们也许的确是属于少数幸运者的行列，而他们也的确都是男人。不过我所指的是全世界的男男女女，我说全体人类都只有一条幸福之路，就是实现爱情，找到恰好和自己配合的爱人，总之，回原到人的本来性格。这种回原既然是最好的事，那么，达到这个目标的最捷的路径当然也是最好的路径，这就是得到一个恰好符合理想的爱人。爱神是成就这种功德的神，所以他值得我们歌颂。在今生，他保佑我们找到恰好和我们相配合的，在来生，他给我们无穷的希望。如果我们能敬神，爱神将来就会使我们回到我们原来的完整一体，医好我们，使我们享十全的福气。

"厄里什马克，这是我对爱神的颂辞，和你的不一样，请你不要拿它来开玩笑，我们还要听听其余诸位的话，至少还有阿伽通和苏格拉底两位，没有说话。"[36]

"好，我听你的话，"厄里什马克说，"我实在很欣赏你的颂辞。若不是我素来知道苏格拉底和阿伽通在爱情这个题目上都很内行的话，我就会担心他们不容易措辞，因为许多的话都已说过了。不过对他们两位，我还是很有信心。"

苏格拉底就接着说："厄里什马克，你的颂辞倒顶好。可是假如你现在坐在我的位置，尤其是在阿伽通说完话之后，你会觉得诚惶诚恐，像我现在一样。"阿伽通说："苏格拉底，你是要灌我的迷魂汤，要我想起听众在指望我说出一番漂亮话，心里慌张起来。"苏格拉底说："阿伽通，我亲眼看见你领着你的演员们高视阔步地登台，对着广大的听众表演你的作品，丝毫不露慌张的神色，如果现在我相信我们这几个人就可以扰乱你的镇静，那么，我就未免太健忘了。"阿伽通说："苏格拉底，我希望你不要那样小看我，以为我轻易让剧场听众弄昏了头脑，忘记了在一个明白人来看，少数有理解力的人比一大群蠢人要可怕得多。"苏格拉底说："阿伽通，若是我以为像你这样一个聪明人还有凡俗的见解，我就真正是错误了。我可是很明白，如果你遇见你觉得是聪明的人们，你会把他们的见解看得比大众的见解更重要。我恐怕这种聪明的人们并不是我们，因为我们那天在场，是大众的一部分。不过假如你遇见旁人，真正是聪明的，你会觉得在他们面前做丑事是很可耻的，是不是？"阿伽通说："你说得对。"苏格拉底又问："在大众面前做了丑事，你就不觉得有什么可耻吗？"听到这话，斐德若就插嘴说："亲爱的阿伽通，如果你尽在回答苏格拉底的问题，他就会完全不管我们今天所计划做的事有什么结果。只要找到一个对话人，他就会和他辩论到底，尤其是在对话人是一个美少年的时候。我自己倒爱听苏格拉底辩论，不过我今天负责照管爱神的颂辞，在听过你们每人的话之后，还要听他的。请你们先把爱神的这笔债还清了，然后再进行你们的辩论。"阿伽通说："斐德若，你说得对，没有什么事可以拦阻我说话，至于和苏格拉底辩论，我可以另找机会。"

阿伽通接着说："我打算先说我该怎样说的计划，然后再说下去。此前说话的诸位都不是颂扬爱神，而是庆贺人类从爱神所得到的幸福，没有一个人谈到这位造福人类者的本质。无论颂扬什么，只有一个正确的办法，就是先说明所颂扬的人物的本质，然后说明他所生的效果。所以颂扬爱神，也要先说他的本质，后说他的恩惠。

"因此，我先作这样一个肯定，爱神在所有的神中是福气最大的——这话并非要引起其他神们的妒忌——因为他在神们之中是最美而且最善的。他是最美的，因为第一层，斐德若，他在神们之中是最年轻的。最好的证明是他自己供给的，他遇到老年就飞快地逃跑，老年本身也就跑得够快了，快得叫我们不大情愿[37]。在本质上爱神就厌恶老年，不肯接近他，远远地望到他就引身退避。他总是爱和少年混在一起，因为他自己就是一个少年，古话说得好：'物以类聚'。斐德若说的话大部分我都同意，只是他以为爱神比克洛诺斯和伊阿珀托斯还更古老[38]，我却不敢同意。我的看法正相反，爱神在神们之中不但是最年轻的，而且永远年轻。至于赫西俄德和帕墨尼得斯所传述的关于古代神们的纷争，如果是真的，也应该是由于定命神而不是由于爱神。因为如果当时他们中间已有爱神，就不会有那些互相残杀、幽囚以及许多残暴的行为，就只会有和平和友爱，如同从爱神成了神们的统治者以来的情形[39]。

"所以爱神年轻是千真万确的，唯其年轻，所以很娇嫩。可惜没有像荷马那样的诗人把他的神明的娇嫩描写出来。荷马倒形容过阿特，说她不仅是一位女神，而且娇嫩，她的一双脚至少是娇嫩的，荷马这样说过：

> 她的脚实在娇嫩，因为她不在地上走，
> 她的行径是人们的头脑。[40]

所以在荷马看来，娇嫩有一个明显的标志，就是她走软的，不走硬的。我们用同样的标志来看爱神，也可以说，他是娇嫩的，因为他不在地上走，也不在脑壳上走（这也不是什么柔软的东西），而是在世上最柔软的东西上走，也就在那上面住。他所奠居的地方是人和神的心灵。

并且不是任何心灵，毫无抉择，而是遇到心硬的就远走，心软的就住下去。爱神既然不但用脚而且用全身盘踞最柔软东西的最柔软部分，他本身也就非常娇嫩，这是必然的道理。

"从此可知，爱神最年轻，也最娇嫩。此外，他的形体也柔韧。如果他坚硬，他就不会随时随地都能屈身迁就，而且在每个心灵中溜进溜出，不叫人发觉。他的柔韧性和随和性还有一个明显的证据，就是他的相貌的秀美，秀美是爱神的特性，这是人所公认的。丑恶和爱神却永远水火不相容。他经常在花丛中过活，所以颜色鲜美。无论是身体、心灵或是其他，若是没有花，或是花谢了，爱神就不肯栖身；他所栖身的地方一定是花艳香浓。

"关于爱神的美，所说的话已很够，但是可说的话还是很多。我们现在且来说爱神的善。他的最大的光荣在既不施害于人神，也不受人神的害。暴力与他无缘：若是他有所忍受，忍受的也不是暴力，因为暴力把握不住爱神；若是他有所发动，发动的也不是暴力，因为爱情都是出于自愿的，双方情投意合才是'爱乡的金科玉律'。

"爱神不仅有正义，而且有节制。大家都公认节制是快感和情欲的统治力。世间没有一种快感比爱情本身还更强烈。一切快感都比不上爱情，就由于它们都受爱神的统治，而爱神是他们的统治者。爱神既然统治着快感和情欲，他不就是最有节制吗？

"再说勇敢，'连战神也抵挡不住'爱神。我们没听说过，爱神被战神克服，只听说过，战神被爱神克服，被阿佛洛狄忒克服[41]。克服者总比被克服者强。爱神既然能克服世间最勇敢的，他也就必然是勇敢无比了。

"爱神的正义、节制和勇敢都已经说过了，剩下要说的是他的聪明才智。在这一点上我必须尽力说得透彻。头一层，像厄里什马克一样，我也得要尊敬我的行业，说爱神是一位卓越的诗人，一切诗人之所以成其为诗人，都由于受到爱神的启发。一个人不管对诗多么外行，只要被爱神掌握住了，他就马上成为诗人。这就很可以证明爱神是一个熟练的诗人，对一般的音乐创作都很拿手，因为一个人如果自己没有一件东西，他就不能拿它给旁人，如果不会一件事，也就不能拿它来教旁人。还不仅此，一切生命形式的创造，一切生物的产生，谁敢说不都是爱神的功绩呢？再说一切技艺，凡是奉爱神为师的艺术家都有光辉的成就，凡是不曾承教于爱神的都默然无光。阿波罗怎样发明射击、医药和占卜的？还不是由于欲望和爱情的诱导？所以阿波罗其实还是爱神的徒弟。各种诗神在音乐方面，赫淮斯托斯在金工方面，雅典娜在纺织方面，宙斯在人神统治方面，也都要归功于爱神的教益。所以自从爱神一出现，神们的工作就上了轨道，有了秩序，这显然是对于美的爱好，因为丑不能作为爱的基础。像我开头就说过的，在爱神出现之前，定命神用事，神们中间曾发生许多凶恶可怕的事；自从爱神降生了，人们就有了美的爱好，从美的爱好就产生了人神所享受的一切幸福。

"斐德若，我的看法是这样：爱神在本质上原来就具有高尚的美和高尚的善，后来一切人神之间有同样的优美品质，都由爱神种下善因。现在我想到两行诗，正可以表现我的意思：

> 人世间的和平，海洋上的风平浪静，
> 狂风的安息，以及一切痛苦的甜睡，

这都是爱神的成就。他消除了隔阂，产生了友善，像我们今天这样的一切欢聚庆祝，一切宴会，乐舞和祭祀仪式，都是由他发动的、领导的。他迎来和穆，逐去暴戾，好施福惠，怕惹仇恨，既慷慨而又和蔼，所以引起哲人的欣羡，神明的惊赞。没有得到他的保佑的人们想念他，已经得到他的保佑的人们珍视他。他的子女是欢乐、文雅、温柔、优美、希望和热情，只照顾好的，不照顾坏的。在我们的工作中他是我们的领导，在我们的忧患中他是我们的战友和救星，在文酒集会中，他是我们的伴侣。无论是人是神，都要奉他为行为的轨范，每个人都应当跟着这位优美的向导走，歌唱赞美他的诗歌，并且参加他所领导的使人神皆大欢喜的那个乐曲。

"斐德若，这就是我的颂辞。我尽了我的力，使这篇颂辞时而庄重，时而诙谐。我愿意把它作为我对爱神的献礼。"[42]

阿伽通的话说完了之后，据亚理斯脱顿告诉我，在座的人们全体热烈鼓掌，赞赏这位少年说得那样好，是他自己的光荣，也是爱神的光荣。于是苏格拉底瞟了厄里什马克一眼，向他说："阿库门的儿子，你看，我原来所怕的果然不足怕吗？我原来就说阿伽通会说得顶好，使我难以为继，不是有先见之明吗？"厄里什马克回答说："你确实说过他会说得顶好，在这一点上你倒是有先见之明。可是你说难以为继，我却不敢承认。"苏格拉底说："我的好人啊，怎么不是难以为继？不但是我，就是任何人在听过这样既富丽而又优美的颂辞之后，要再说话，不都会有同样感觉吗？全文各部分都顶精彩，精彩的程度固然不同，但是快到收尾时，辞藻尤其美妙，使听者不能不惊魂荡魄。就我自己来说，我知道很清楚，无论如何，我也说不到那样好，自觉羞愧，想偷着溜出去，可惜找不到机会。阿伽通的颂辞常使我想起高吉阿斯，诚惶诚恐的心情恰如荷马所描写的，我生怕阿伽通在他的收尾的字句中会把那位大雄辩家高吉阿斯的头捧给我看，使我化成顽石，哑口无言[43]。

"所以我明白了，当初我和你们约定我也来跟着你们颂扬爱神，并且说我自己对爱情很内行，而其实我对于怎样去颂扬一个东西，茫然无知，这真是荒唐可笑。由于我的愚蠢，我原来以为每逢颂扬时，我们对于所颂扬的东西应该说真实话，有了真理做基础，然后选择最美的事实，把它们安排成最美的形式。我原来自视很高，自信一定可以说得顶好，因为我自以为知道作颂辞的真正方法。可是现在看来，一篇好颂辞并不如此，而是要把一切最优美的品质一齐堆在所颂扬的对象身上去，不管是真是假，纵然假也毫无关系。我们的办法好像每人只要做出颂扬爱神的样子，并不要真正去颂扬他。就是因为这个缘故，在我看来，你们费尽气力把一切优点全归到爱神，说他的本质如何完美，效果如何伟大，使他在无知之徒的眼前——当然不是在有见识人的眼前——现出最美最善的东西。这种颂扬的方式倒是顶堂皇典丽的，可是当我答应跟着你们颂扬爱神的时候，就不知道是要用这样的方式。所以那只是我的口头应允，并非我的衷心应允。请诸位准许我告辞吧，我不能做这样的颂辞，我根本不会。不过你们如果肯让我用我自己的方式专说一些老实话，不是和你们比赛口才，使我成为笑柄，那么，我倒情愿来试一试。斐德若，请你决定一下，你们是否还要一篇老实话来颂扬爱神，不斤斤计较辞藻，让我想到什么就说什么呢？"

斐德若和其他在座的人们都请苏格拉底说下去，用什么方式都随他的便。苏格拉底说："还有一个请求，斐德若，我想向阿伽通问几个问题，先得到他的一致意见，然后才说我的话。"斐德若说："我答应你的请求，问他吧。"

据亚理斯脱顿说，此后苏格拉底就这样开始：

苏　亲爱的阿伽通，你的颂辞开端就声明先要说明爱神的本质，然后再陈述他的功劳，这的确很妥当。你的这段开端我十分钦佩。你把爱神的本质说得非常美妙高华，我还想请问你一句：爱是有对象，还是没有对象呢？

212

我的意思并非要问爱情是否就是对父亲或母亲的爱，这样问题当然很荒谬可笑。但是假如关于父亲，我提出这样一个问题：一个父亲还是某某人的父亲，还是不是什么人的父亲呢？这问题倒和我刚才所提出的那个问题相类似。如果你想答得妥当，你当然会说：父亲是儿女的父亲。是不是？

阿　当然。

苏　母亲也是儿女的母亲？

阿　是。

苏　那么，再请回答几个问题，好使你把我的意思懂得更清楚一点。假如我这样问你：一个弟兄，就其为弟兄而言，他是不是某某人的弟兄？比如说，弟或妹的兄？

阿　不错。

苏　现在就请你把这道理应用到爱情上：爱情还是某某对象的爱，还是不是什么对象的爱呢？

阿　它当然是某某对象的爱。

苏　请谨记着这一点，爱情的对象是什么。现在暂请问：钟爱者对于所爱的对象有没有欲望呢？（是否想他呢？）

阿　无疑地有欲望。

苏　在爱他想他的时候，钟爱者是否已经得到了（占有了）那个对象？

阿　大概说来，他还没有得到那个对象。

苏　不是什么"大概"，要的是确定不移。请想一想，一个人在想一个东西，是否就必然还没有那件东西，有了它是否就必然不再想它？在我看来，这是确定不移的。阿伽通，你看如何？

阿　我和你的看法是一致的。

苏　很好，已经大的人就不再想大，已经强的人就不再想强，是不是？

阿　就我们已经承认的话来说，这是不可能的。

苏　我想这是因为他既然有了这类品质，就不再需要它们。

阿　你说得对。

苏　假如强者还想强，捷者还想捷，健康者还想健康……也许有人会说，凡是已经有了某某品质的人还是可以想有那些品质。为了免得受他们的蒙混，阿伽通，我得这样说：请你想一想，这些人既然有了这些品质，这"有"是必然的，无论他们愿不愿有它们，他们都必得有，他们怎样还能想有他们所已有的呢？假如有人向我们说："我本来康健，可是还在想康健；我本来富有，可是还在想富有；我就是想有我所已有的。"我们就该这样回答他："我的好人，你现在想富有，想康健，强壮，是为了将来而想它们，现在你不管想不想它们，你都已经有它们了。你说：'我想有我所已有的。'请想一想，你这句话是不是说'现在我所已有的东西，我想将来仍旧有它们'？阿伽通，他会不会承认这话呢？

阿　他该承认。

苏　爱情不恰恰也是这样？一个人既然爱一件东西，就还没有那件东西；他想它，就是想现在有它，或者将来永远有它。

阿　当然。

苏　所以总结起来，在这个情形和在一般情形之下，所想的对象，对于想的人来说，是他所缺乏的，还没有到手的，总之，还不是他所占有的。就是这种东西才是他的欲望和爱情的对象。

阿　的确如此。

苏　现在我们且回看一下上文所说的话，看我们在哪几点上已经得到一致意见。头一层，爱情是针对着某某对象的；其次，这种对象是现在还没有得到的。是不是？

阿　是。

苏　既然如此，就请你回想一下在你的颂辞里，你把哪些东西看作爱情的对象。我可以提醒你，你所说的大致是这样：由于对于美的事物的爱，神们才在他们的世界里奠定了秩序，丑的事物不是爱情的对象。你是否是这样说的？

阿　不错，我说的确是这样。

苏　你说得很妥当，朋友。既然如此，爱情的对象就该是美而不是丑了？

阿　对。

苏　我们不是也承认过：一个人所爱的是他所缺乏的，现在还没有的吗？

阿　不错。

苏　那么，美就是爱情所缺乏的，还没有得到的？

阿　这是必然的。

苏　缺乏美的，还没有美的东西你能叫它美吗？

阿　当然不能。

苏　既然如此，你还能说爱神是美的吗？

阿　苏格拉底，恐怕当初我只是信口开河，对于所说的那一套道理根本没有懂得。

苏　你的辞藻却是实在美丽，阿伽通；但是我还要请问一点：你是否以为善的东西同时也是美的？

阿　对，我是这样想。

苏　爱神既然缺乏美的东西，而善的东西既然同时也是美的，他也就该缺乏善的东西了。

阿　我看不出有什么方法可以反驳你，苏格拉底，就承认它是像你所说的吧。

苏　亲爱的阿伽通，你所不能反驳的是真理不是苏格拉底，反驳苏格拉底倒是很容易的事。

好，我现在不再麻烦你了，且谈一谈我从前从一位曼提尼亚国的女人，叫作第俄提玛的，所听来的关于爱情的一番话。这位女人对爱情问题，对许多其他问题，都有真知灼见。就是她，从前劝过雅典人祭神禳疫，因此把那次瘟疫延迟了十年；也就是她，传授给我许多关于爱情的道理。我现在就按照刚才阿伽通和我所已达到协议的论点，尽我的能力，把她教给我的话重述一番。阿伽通，就依你的办法，我先说爱神的本质，然后再说他的功劳。我看最好的办法就是按照那位异方女人怎样考问我的次序来谈。当时我向第俄提玛所说的话也正和阿伽通今晚向我所说的一模一样，我说过爱神是一位伟大的神，说他的对象是美。她反驳我的话也正和我反驳阿伽通的一样，说爱神既不美，又不善。往下我就和她作如下的对话：

苏　你这话怎样讲，第俄提玛，爱神是丑的恶的吗？

第　别说谩神的话！你以为凡是不美的就必然丑吗？

苏　当然。

第　凡是没有真知的人就必须无知吗？真知与无知之中有一个中间情况你没有想到吗？

苏　那是什么？

第　有正确见解而不能说出道理，知其然而不知其所必然，这还不能算是真知，因为未经推理的认识怎么能算是真知呢？但是也不能算是无知，因为碰巧看得很正确，怎么能算是无知呢？所以我以为像正确见解就是介乎真知与无知之中的一种东西。

苏　你说得很对。

第　那么，你就不能硬说凡是不美的就必然是丑的，凡是不善的就必然是恶的。爱神也是如此，你既然承认了他不善不美，别就以为他必恶必丑，他是介乎二者之间的。

苏　可是每个人都承认爱神是一个伟大的神呀！

第　每个人？每个有知的人，还是每个无知的人？

苏　都在一起，全世界的每个人。

第　（笑）苏格拉底，他们既然不承认他是一个神，怎么能承认他是一个伟大的神呢？

苏　你所说的"他们"是谁？

第　你是其中之一，我也是其中之一。

苏　这话怎样可以证明？

第　容易得很。请问：你不说凡是神都是美的，有福分的？你敢否认任何一个神的美和福分吗？

苏　凭老天爷，我不敢否认。

第　凡是人只要具有美的事物和善的事物，你就认为他们有福分，是不是？

苏　一点不错。

第　但是你也承认过：爱神因为缺乏善的事物和美的事物，才想有他所没有的那些事物？

苏　我承认过。

第　他既然缺乏美的事物和善的事物，怎么能算是一个神？

苏　看来像是不能。

第　既然如此，你看，你自己就是一个不把爱神看作神的[44]。

苏　那么，爱神是什么呢？一种凡人吗？

第　绝对不是。

苏　是什么呢？

第　像我原先所说的，介乎人神之间。

苏　他究竟是什么，第俄提玛？

第　他是一种大精灵，凡是精灵都介乎人神之间。

苏　精灵有什么功用？

第　他们是人和神之间的传语者和翻译者，把祈祷祭礼由下界传给神，把意旨报应由上界传给人；既然居于神和人的中间，把缺空填起，所以把大乾坤联系成一体。他们感发了一切占卜术和司祭术，一切关于祭礼、祭仪、咒语、预言和巫术的活动。神不和人混杂，但是由于这些精灵做媒介，人和神之中才有来往交际，在醒时或是在梦中。凡是通这些法术的人都是受精灵感通的人，至于通一切其他技艺行业的人只是寻常的工匠。这些精灵有多种多样，爱神就是其中之一。

苏　他的父母是谁呢？

第　说起来话很长，但是我还是不妨替你讲一讲。当初阿佛洛狄忒诞生时，神们设筵庆祝，在场的有丰富神，聪明神的儿子。他们饮宴刚完，贫乏神照例来行乞，在门口徘徊。丰富神多饮了几杯琼浆——当时还没有酒——喝醉了，走到宙斯的花园里，头昏沉沉地就睡下去了，贫乏神所缺乏的就是丰富，心里想和丰富神生一个孩子，就跑去睡在他的旁边，于是就怀了孕，怀的就是爱神。爱神成了阿佛洛狄忒的仆从，就是因为这个缘故，因为他是在阿佛洛狄忒的生日投胎的，因为他生性爱美，而阿佛洛狄忒长得顶美。[45]

　　因为他是贫乏神和丰富神配合所生的儿子，爱神就处在一种特殊的境遇。头一层，他永远是贫乏的，一般人以为他又文雅又美，其实满不是那么一回事，他实在粗鲁丑陋，赤着脚，无家可归，常是露天睡在地上、路旁或是人家门楼下，没有床褥。总之，像他的母亲一样，他永远在贫乏中过活。但是他也像他的父亲，常在想法追求凡是美的和善的，因为他勇敢，肯上前冲，而且百折不挠。他是一个本领很大的猎人，常在设诡计，爱追求智慧，门道多，终身在玩哲学，是一位特殊的魔术家、幻术家和诡辩家。在本质上他既不是一个凡人，也不是一个神。在同一天之内，他时而茂盛，时而萎谢，时而重新活过来，由于从父亲性格所得来的力量。可是丰富的资源不断地来，也不断地流走，所以他永远是既不穷，又不富。

　　其次，他也介乎有知与无知之间。情形是这样：凡是神都不从事于哲学，也无意于求知，因为他们已经有哲学和知识了，凡是已经知道的人也都不再去探求。但是无知的人们也不从事于哲学，也无意于求知，因为无知的毛病正在于尽管不美、不善、不聪明，却沾沾自满。凡是不觉得自己有欠缺的人就不想弥补他根本不觉得的欠缺。

苏　既然如此，第俄提玛，哪些人才从事于哲学呢？既然有知者和无知者都不算在内？

第　这是很明白的，连小孩也看得出，他们就是介乎有知与无知之间的，爱神就是其中之一。因为智慧是事物中最美的，而爱神以美为他的爱的对象，所以爱神必定是爱智慧的哲学家，并且就其为哲学家而言，是介乎有知与无知之间的。他的这种性格也还是由于他的出身，他的父亲确是聪明富有，他的母亲却愚笨贫穷。亲爱的苏格拉底，这个精灵的本质就是如此。你原来对于爱神有别样的看法，这也并不足怪。因为照你自己的话来看，你以为爱神是爱人而不是情人，是被爱者而不是钟爱者。你把爱神看成绝美，就是因为这个缘故。其实可爱者倒真是美，娇嫩，完善，有福分；但是钟爱者的本质完全不同，如我所说明的。

苏　很好，外方客人，你说得顶好。爱神的本质既然是如你所说的，他对于人类有什么功用呢？

第　这正是我要启发你的第二个问题，苏格拉底。爱神的本质和出身既然像我所说过的，而他的对象是美的事物，你也承认了。假如有人这样问我们："苏格拉底和第俄提玛，对于美的事物的爱究竟是什么呢？或是说得更明白一点，'凡是爱美者所爱的究竟是什么？'"

苏　他爱那些美的事物终于归他所有。

第 但是你的答案引起了另一问题："那些美的事物既然归他所有之后，他又怎么样呢？"

苏 这问题我还不能立刻回答。

第 好，假如换个题目，问的不是美而是善："请问，苏格拉底，凡是爱善者所爱的究竟是什么？"

苏 他爱那些善的事物终于归他所有。

第 那些善的事物既然归他所有之后，他又怎么样呢？

苏 这个问题到比较容易回答，我可以说：他就会快乐。

第 对，快乐人之所以快乐，就由于有了善的事物。我们不必再追问他为什么希望快乐，你的答案似乎达到终点了。

苏 你说得对。

第 依你看，这种欲望或爱是不是全人类所公有的呢？是否人人都希望善的事物常归他所有呢？你怎样说？

苏 是这样，它是全人类所公有的。

第 那么，既然一切人都永远一律爱同样的事物，我们为什么不说一切人都在爱，而说某些人在爱，某些人不在爱呢？

苏 我也觉得奇怪。

第 并没有什么奇怪。因为我们把某一种爱单提出来，把全体的名称加在它上面，把它叫作"爱"。旁的名称也有这样误用的。

苏 请举一个例。

第 就拿这个例子来说，你知道创作⁴⁶的意义是极广泛的。无论什么东西从无到有中间所经过的手续都是创作。所以一切技艺的制造都是创作，一切手艺人都是创作家。

苏 你说的不错。

第 可是你知道，我们并不把一切手艺人都叫作创作家，却给他们各种不同的名称，我们在全体创作范围之中，单提有关音律的一种出来，把它叫作"创作"或"诗"。只有诗这一种创作才叫作"创作"，从事于这种创作的人才叫作"创作家"或"诗人"。

苏　你说得对。

第　爱这个字也是如此。就它的最广义来说，凡是对于善的事物的希冀，凡是对于快乐的向往，都是爱，强大而普遍的爱。但是在其他方面企图满足这种欲望的人们，无论是求财谋利，好运动，或是爱哲学，都不叫作"情人们"或"钟爱者们"，我们也不说他们在恋爱。只有追求某一种爱的人们才独占全体的名称，我们说他们在恋爱，把他们叫作"情人"或"钟爱者"。

苏　你说这番话也许有些道理。

第　我知道有一种学说，以为凡是恋爱的人们都在追求自己的另一半[47]。不过依我的看法，爱情的对象既不是什么一半，也不是什么全体，除非这一半或全体是好的。因为人们宁愿砍去手足，如果他们觉得这些部分是坏的。我以为人所爱的并不是属于他自己的某一部分，除非他把凡是好的都看作属于自己的，凡是坏的都看作不属于自己的。人只爱凡是好的东西。你有不同的看法吗？

苏　凭宙斯，我没有什么不同的看法。

第　那么，我们可否干脆地说：凡是好的人们就爱？

苏　可以这么说。

第　还要不要做这样一个补充，人们爱把凡是好的归自己所有？

苏　应该做这样补充。

第　不仅想把凡是好的归自己所有，而且永远归自己所有。

苏　这也是应该补充的。

第　总结起来说，爱情就是一种欲望，想把凡是好的永远归自己所有。

苏　这是千真万确的。

第　爱情既然常如此，现在请问你：人们追求这样目的，通常是怎样办？有爱情热狂的人发出怎样行为？这行为的方式怎样？你说得出吗？

苏　如果我说得出，第俄提玛，我就不用钦佩你的智慧，也不用拜你的门了。我来向你请教的正是这类问题。

第　好，我告诉你吧，这种行为的方式就是在美中孕育，或是凭身体，或是凭心灵。

苏　你这句话要请占卜家来解释，我不懂。

第　待我说明。一切人都有生殖力，苏格拉底，都有身体的生殖力和心灵的生殖力。到了一定的年龄，他们本性中就起一种迫不及待的欲望，要生殖。这种生殖不能播种于丑，只能播种于美。男女的结合其实就是生殖。这孕育和生殖是一件神圣的事，可朽的人具有不朽的性质，就是靠着孕育和生殖。但是生育不能在不相调和的事物中实现。凡是丑的事物都和凡是神圣的不相调和，只有美的事物才和神圣的相调和。所以美就是主宰生育的定命神和送子娘娘。就是因为这个道理，凡是有生殖力的人一旦遇到一个美的对象，马上就感到欢欣鼓舞，精神焕发起来，于是就凭这对象生殖。如果遇到丑的对象，他就索然寡兴，蜷身退避，不肯生殖，宁可忍痛怀着沉重的种子。所以一个人孕育种子到快要生殖的时候，遇到美的对象，就欣喜若狂，因为得到了它，才可解除自己生产的痛苦。照这样看来，爱情的目的并不在美，如你所想象的。

苏　然则它在干什么呢？

第　爱情的目的在凭美来孕育生殖。

苏　就依你那么说吧。

第　这是不容置疑的。为什么要生殖呢？因为通过生殖，凡人的生命才能绵延不朽。根据我们已经断定的话来看，我们所迫切希求的不仅是好的东西，而且还要加上不朽，因为我们说过，爱情就是想凡是好的东西永远归自己所有那一个欲望。所以追求不朽也必然是爱情的一个目的。

苏格拉底说："我多次听她谈爱情问题，所听到的教义大体如此。还有一次，她向我提出以下这样的问题："

第　依你看，苏格拉底，这爱情和这欲望的原因在哪里？你注意到一切动物在想生殖的时候那种奇怪的心情没有？无论是在地上走的，还是在空中飞的，在那时候都害着恋爱的病，第一步要互相配合，第二步要哺育婴儿。为着保卫婴儿，它们不怕以最弱者和最强者搏斗，甚至不惜牺牲生命；只要能养活婴儿，自己挨饥饿，受各种痛苦，都在所不辞。人这样做，我们还可以说是因为他受理性的指使。但是动物也都有这种现象，那是什么原因呢？你能不能告诉我？

苏　我不知道那是什么原因。

第　连这道理都不知道，你还想精通爱情的学问吗？

苏　我老早就向你说过，正因为不知道，我才来向你求教。请你告诉我，这些结果以及有关爱情的其他结果，都是由于什么原因。

第　如果你相信爱情在本质上确如我们屡次所断定的那样，你就不会再惊疑了。现在这个事例在原则上还是和我们从前所谈过的一样，就是可朽者尽量设法追求不朽。怎样才能达到不朽呢？那就全凭生殖，继续不断地以后一代接替前一代，以新的接替旧的。就拿个体生命来说，道理也是一样。我们通常以为每一个动物在它的一生中前后只是同一个东西，比如说，一个人从小到老，都只是他那一个人。可是他虽然始终用同一个名字，在性格上他在任何一个时刻里都不是他原来那个人。他继续不断地在变成新人，也继续不断地在让原来那个人死灭，比如他的发肉骨血乃至于全身都在变化中。不仅是身体，心灵也是如此。他的心情、性格、见解、欲望、快乐、苦痛和恐惧也都不是常住不变的，有些在生，有些在灭。还有一个更奇怪的事实：就是我们的知识全部也不但有些在生，有些在灭，使我们在知识方面前后从来不是同样的，而且其中每一种知识也常在生灭流转中。我们所谓"回忆"就假定知识可以离去；遗忘就是知识的离去，回忆就是唤起一个新的观念来代替那个离去的观念，这样就把前后的知识维系住，使它看来好像始终如一。凡是可朽者都是依这个方式去绵延他们的生命，他们不能像神灵的东西那样永久前后如一不变，而是老朽者消逝之后都留下新的个体，与原有者相类似。苏格拉底，凡是可朽者在身体方面或其他方面之所以能分享不朽，就是依这个方式，依旁的方式都不可能。因此，一切生物都有珍视自己后裔的本性，并无足怪，一切人和物之所以有这种热忱和爱情，都由于有追求不朽的欲望。

苏格拉底说："听到她的这番话之后，我非常惊怪，就问她：'真的就是这样吗，最渊博的第俄提玛？'于是她以一个十足的诡辩大师的气派回答我。"

第　不用怀疑，苏格拉底，你只需放眼看一看世间人的雄心大志。你会觉得它毫无理性，除非你彻底了解我所说过的话，想通了他们那样奇怪地欲望熏心，是为着要成名，要"流芳百世"。为着名声，还有甚于为着儿女，他们不怕冒尽危险，倾家荡产，忍痛受苦，甚至不惜牺牲性命。你以为阿尔刻提斯会做她丈夫阿德墨托斯的替死鬼，阿喀琉斯会跟着帕特洛克罗斯死，或是你们自己的科德洛斯会舍身救国，为后人建立忠义的模范吗[48]？如果他们不想博得"不朽的英名"，现在我们还在纪念的英名？没有那回事！我相信凡是肯这样特立独行的人都在想以不朽的功绩来博取不朽的荣誉。他们品格愈高，也就愈要这样做。他们所爱的都是不朽。

凡是在身体方面生殖力旺盛的人都宁愿接近女人，他们的爱的方式是求生育子女，因此使自己得到不朽，得到名字的久传，而且依他们自己想，得到后世无穷的福气。但是凡是在心灵方面生殖力旺盛的人却不然。世间有些人在心灵方面比在身体方面还更富于生殖力，长于孕育心灵所特宜孕育的东西。这是什么呢？它就是思想智慧以及其他心灵的美质。一切诗人以及各行技艺中的发明人都属于这类生殖者。但是最高最美的思想智慧是用于齐家治国的，它的品质通常叫作中和与正义。这类生殖者是近于神明的，从幼小的时期起，心灵就孕育着这些美质，到了成年时期，也就起了要生殖的欲望。这时候，我想，他也要四处寻访，找一个美的对象来寄托生殖的种子，因为他永不会借丑的对象来生殖。美本来是他所孕育的一个品质，因此，他对于身体美的对象比对于身体丑的对象较易钟情。如果他碰见一个美好高尚而资禀优异的心灵，他对于这样一个身心调和的整体就会五体投地去爱慕。对着这样一个对象，他就会马上有丰富的思想源源而来，可以津津谈论品德以及善人所应有的性格和所应做的事业。总之，他就对他的爱人进行教育。常和这美的对象交往接触，他就把孕育许久的东西种下种子，让它生育出来。无论是住的近或隔的远，他随时随地都一心一意地念着他的爱人。到了婴儿出世之后，他们就同心协力，抚养他们的公共果实。这样两个人的恩爱情分比起一般夫妻中的还要深厚得多，因为他们所生育的子女比寻常肉体子女更美更长寿。每个人都宁愿与其生育寻常肉体子女，倒不如生育这样心灵子女，如果他放眼看一看荷马，赫西俄德以及其他大诗人，欣羡他们所留下的一群子女，自身既不朽，又替他们的父母留下不朽的荣名。再看莱科勾在斯巴达所留下的子女不仅替斯巴达造福，而且可以说，替全希腊造福。在你们雅典人中间，梭伦也备受崇敬，因为他生育了你们的法律。此外，还有许多例证，无论在希腊或在外夷，凡是产生伟大作品和孕育无穷功德的人们都永远受人爱戴。因为他们留下这样好的心灵子女，后人替他们建筑了许多庙宇供馨香祷祝，至于寻常肉体子女却从来不曾替父母博得这样大的荣誉。

以上这些关于爱情的教义，苏格拉底，你或许还可以领会。不过对于知道依正路前进的人，这些教义还只是达到最神秘教的门径，我就不敢说你有能力参证了[49]。我尽力替你宣说，你须专心静听。

凡是想依正路达到这神秘境界的人应从幼年起，就倾心向往美的形体[50]。如果他依向导引入正路，他第一步应从只爱某一个美形体开始，凭这一个美形体孕育美妙的道理[51]。第二步他就应学会了解此一形体或彼一形体的美与一切其他形体的美是贯通的。这就是要在许多个别美形体中见出形体美的形式[52]。假定是这样，那就只有大愚不解的人才会不明白一切形体的美都只是同一个美了。想通了这个道理，他就应该把他的爱推广到一切美的形体，而不再把过烈的热情专注于某一个美的形体，就要把它看得渺乎其小。再进一步，他应该学会把心灵的美看得比形体的美更可珍贵，如果遇见一个美的心灵，纵然他在形体上不甚美观，也应该对他起爱慕，凭他来孕育最适宜于使青年人得益的道理。从此再进一步，他应学会见到行为和制度的美，看出这种美也是到处贯通的，因此就把形体的美看得比较微末。从此再进一步，他应该受向导的指引，进到各种学问知识，看出它们的美。于是放眼一看这已经走过的广大的美的领域，他从此就不再像一个卑微的奴隶，把爱情专注于某一个个别的美的对象上，某一个孩子，某一个成年人，或是某一种行为上。这时他凭临美的汪洋大海，凝神观照，心中起无限欣喜，于是孕育无数量的优美崇高的道理，得到丰富的哲学收获。如此精力弥满之后，他终于一旦豁然贯通唯一的涵盖一切的学问，以美为对象的学问。

说到这里，你得尽力专心听了。一个人如果随着向导，学习爱情的神秘教义，顺着正确次序，逐一观照个别的美的事物，直到对爱情学问登峰造极了，他就会突然看见一种奇妙无比的美。他的以往一切辛苦探求都是为着这个最终目的。这种美是永恒的，无始无终，不生不灭，不增不减的。它不是在此点美，在另一点丑；在此时美，在另一时不美；在此方面美，在另一方面丑；它也不是随人而异，对某些人美，对另一些人就丑。还不仅此，这种美并不是表现于某一个面孔，某一双手，或是身体的某一其他部分；它也不是存在于某一篇文章，某一种学问，或是任何某一个别物体，例如动物、大地或天空之类；它只是永恒地自存自在，以形式的整一永与它自身同一[53]；一切美的事物都以它为泉源，有了它那一切美的事物才成其为美，但是那些美的事物时而生，时而灭，而它却毫不因之有所增，有所减。总之，一个人从人世间的个别事例出发，由于对于少年人的爱情有正确的观念，逐渐循阶上升，一直到观照我所说的这种美，他对于爱情的神秘教义也就算近于登峰造极了。这就是参悟爱情道理的正确道路，自己走也好，由向导引着走也好。先从人世间个别的美的事物开始，逐渐提升到最高境界的美，好像升梯，逐步上进，从一个美形体到两个美形体，从两个美形体到全体的美形体；再从美的形体到美的行为制度，从美的行为制度到美的学问知识，最后再从各种美的学问知识一直到只以美本身为对象的那种学问，彻悟美的本体。

亲爱的苏格拉底，这种美本身的观照是一个人最值得过的生活境界，比其他一切都强。如果你将来有一天看到了这种境界，你就会知道比起它来，你们的黄金，华装艳服，娇童和美少年——这一切使你和许多人醉心迷眼，不惜废寝忘食，以求常看着而且常守着的心爱物——都卑卑不足道。请想一想，如果一个人有运气看到那美本身，那如其本然，精纯不杂的美，不是凡人皮肉色泽之类凡俗的美，而是那神圣的纯然一体的美，你想这样一个人的心情会像什么样呢？朝这境界看，以适当的方法凝视它，和它契合无间，浑然一体，你想，这对于一个凡人是一种

227

可怜的生活么？只有循这条路径，一个人才能通过可由视觉见到的东西窥见美本身，所产生的不是幻象而是真实本体，因为他所接触的不是幻象而是真实本体，你没有想到这个道理吗？只有这样生育真实功德的人才能邀神的宠爱，如果凡人能不朽，也只有像他这样才可以不朽。

苏格拉底说："斐德若和在座诸位，这就是第俄提玛教我的一番话。我自己对它心悦诚服，我也在设法使旁人对它心悦诚服，使人人相信 要想找到一个人帮助我们凡人得到这样福分，再好不过的就是爱神。因此，我现在奉劝诸位，每个人都应该尊敬爱神。像我自己就特别热心以尊敬爱神为专业，而且还要激起旁人也有这样大的热忱。我现在歌颂爱神，而且要永远歌颂爱神，尽我所有的能力，来歌颂他的威灵。斐德若，你把这番话叫作爱神的颂辞也好，给它一个旁的名称也好，都随你的便。"[54]

苏格拉底说完话，在场的人们都赞赏他说得好，只有阿里斯托芬说苏格拉底的话里有一段涉及他自己，正在提出质问，猛然有人大敲前门，有一阵嘈杂的声音，仿佛是一群欢宴者的吵闹，其中还听见一个吹笛女的歌声。阿伽通就告诉奴隶们："出去看看是谁，如果是我的朋友，就请他们进来，否则就说我们已喝完酒，正要休息了。"

没有一会儿，我们就听见前院有亚尔西巴德的声音，他烂醉如泥，大声喧嚷着问阿伽通在哪里，吩咐人带他去见阿伽通。那位吹笛女和其他随从的人们就扶着他到会饮的厅里。他到门口就站住，头上戴着一个葡萄藤和紫罗兰编的大花冠，还缠着许多飘带，大声嚷道："朋友们，你们都好呀，你们肯不肯让一个醉汉来陪酒，还是让我们替阿伽通戴上花冠，戴完了就走？我们来就专为这件事。我得告诉你们，昨天我有事，不能来参加庆祝；可是现在我来了，头上戴了这些飘带，我要把这些飘带从我的头上取下来，拿来缠在这个人的头上，我可以说，这个最聪明最漂亮的人的头上。你们笑，笑我喝醉了吗？尽管你们笑，我说的却是真话。咳，干脆回我一句话，我已经说明来意了，我还是进来还是不进来？你们还是和我喝酒，还是不和我喝酒？”

　　大家都嚷着欢迎他，请他入座，阿伽通也在邀请他。他由随从的人们扶着进来，取下头上的飘带，准备缠阿伽通的头，把飘带举在眼前，所以没有看见苏格拉底。他走到阿伽通和苏格拉底中间坐下，原来苏格拉底望见他来，就已经把自己的座位让出了。他一坐下，就拥抱阿伽通，用飘带缠他的头。阿伽通吩咐奴隶们：“把亚尔西巴德的鞋脱下，让他和我们俩躺在这床上。”“那就再好不过了，”亚尔西巴德说，“你以外还有谁呢？”他转头一看，看见苏格拉底，马上跳起来嚷：“凭赫拉克勒斯呀[55]，咳，原来苏格拉底也在这里！你这家伙，还是你那个老习惯，坐在这里乘其不意地来吓我一跳，老是在出乎意外的地方碰到你！你在这里干吗？为什么坐在这里？不坐在阿里斯托芬旁边，或是其他实在滑稽或是想滑稽的人的身旁？你居然玩了什么花样，坐在这里最美的一个人旁边，这是什么意思？给我说来！”

　　于是苏格拉底说：“阿伽通，请你设法保护我，因为这家伙的爱情对于我真不是一件小麻烦。自从我钟情于他，我就不能看一个美少年一眼，或是和他谈一句话，若是有这样事，他就大吃其醋，用最酷毒的方法虐待我，不伸手打我就是好事。现在他的老脾气又发作了，请你劝他和我和解，如果他要动武，还要请你保护。我真怕他的狂热的爱情和他的妒忌，怕的叫我发抖。”

　　亚尔西巴德说：“不，你和我没有什么和解。你今天说出这样话，下次我再报复你，目前咧，阿伽通，把你的飘带拿几条给我，让我来缠这家伙的头，这个奇妙惊人的头。别让他怪我替你戴了花冠，没有

229

替他戴，他这位大辩才，是一位不仅像你只在前天得到胜利，而且会永远在一切人之中得到胜利的。"说到就做到，他拿了飘带，缠了苏格拉底的头，然后归还原位躺下。接着他又说："朋友们，我看你们都还很清醒。这不行，你们得喝酒，你们知道，这是大家原来约定的事。现在我选我自己来做主席，一直到你们喝够了再说。阿伽通，叫人拿一个顶大的杯子给我，如果你有的话。别忙，用不着杯子，堂倌，你把那个凉酒的瓶子拿给我。"这瓶子要装三斤多，他把酒斟满，一口就把它喝干，再叫人把它斟满，传给苏格拉底，同时说："朋友们，这瓶酒对于苏格拉底并不是一件陷害他的东西，你要他喝多少，他就喝多少，而且永不会醉。"

堂倌斟了酒，苏格拉底马上就一口喝干，厄里什马克就问："亚尔西巴德，这是什么一个办法？我俩就只管喝酒，也不谈话，也不唱歌吗？我们尽傻喝，像要解渴似的！"亚尔西巴德回答说："咳，厄里什马克，你聪明爸爸的聪明儿子[56]，我向你敬礼！"厄里什马克说："我回敬你，但是我俩究竟怎么办呢？""你就怎么办就怎么办，我俩只有唯命是听，因为常言说得好，'一个医生，胜过万人'[57]。你且随意开方子吧！"厄里什马克于是说："请听着，在你未来之前，我们商议定了，从左到右每人都要尽力做一篇最好的颂辞，来颂扬爱神。我俩都已经做过了，你既然没有做，却喝了酒，现在就应该轮到你来做。你做完颂辞之后，可以随意出一个题目请苏格拉底讲，他又随意出一个题目请他的右邻讲，其余就这样顺次轮流下去。"亚尔西巴德说："你这办法倒顶好，厄里什马克，不过叫一个醉汉和一些头脑清醒的人们较量口才，恐怕不大公平。并且，亲爱的朋友，你相信苏格拉底刚才所说的那一套话吗？事实和他所说的却正相反。如果我在他的面前，不颂扬他而颂扬旁的，无论是人是神，就难保不挨他的拳头。"苏格拉底向他说："够了，别再说废话了！""凭波塞冬[58]，你别抗议，"亚尔西巴德说，"在你面前，我不能颂扬旁人。"厄里什马克插嘴说："就这么办吧，你要颂扬苏格拉底就开始颂扬吧！"亚尔西巴德问："真的吗？厄里什马克，你觉得我应该这样办，当你们的面来好好地报复这家伙一场吗？"苏格拉底抗议说："喂，我的少年人，你要干吗呢？要颂扬我来和我开玩笑么？还是有旁的用意呢？""我担保只说真话，你同意么？""只要你说的是真话，我不但同意，而且还要敦促你。"亚尔西巴德就说："我不会失信。并且请你注意着，如果我说错了，请马上就拦阻我，告诉我：'你那句话是谎话'，因为我不会故意撒谎。假如我记性坏，说的乱，请不要见怪，像我现在这样醉昏昏的，想有条有理地缕述你的奇妙处，恐怕不太容易。"

诸位，要颂扬苏格拉底，我打算用些比喻来说。他自己也许以为我这样办，是要和他开玩笑，请他放心，我用的比喻是要说明真理，不是要开玩笑。首先我要说，他活像雕刻铺里摆着的那些西勒诺斯像[59]，雕刻家们把他们雕成手执管笛，身子由左右两半合成，如果打开来，你会看见里面隐藏着神像。其次我要说，他像林神马西亚斯[60]。苏格拉底，你在外表上和这些林神们相像，我想连你自己也不会辩驳。至于其他类似点，且听我说来。你是一个厉害的嘲笑家，不是吗？如果你否认，我可以拿出证据来。你不是一个吹笛手吗？你是的，而且比林神还要更高明。林神用嘴唇来叫人心荡神怡，还要靠乐器，现在任何人用林神的调子来吹笛，都可以发生同样效果——奥林普斯[61]所吹的那些调子我认为还是马西亚斯教给他的——所以无论是谁，吹笛的名手也好，普通吹笛女子也好，只要能吹林神的调子，就有力量使人们欢欣鼓舞，显示出听众中哪些人需要神的保佑或是参与秘密仪式；只有林神的一些调子有这

231

种力量，因为它们是神性的。马西亚斯和你只有一个分别，苏格拉底，你不消用乐器，只用单纯的话语，就能产生同样的效果。若是旁人在说话，尽管他是第一流辩才，我们丝毫不感兴趣；但是一旦听到你说话，或是听旁人转述你的话，尽管转述的人口才坏，马上我们无论男女老少就都欢欣鼓舞起来了。

就拿我自己来说吧，朋友们，若是不怕你们说我醉酒说疯话，我可以向你们发誓来声明他的言辞对我发生过什样稀奇的影响，这影响就连在现在我还感觉到。我每逢听他说话，心就狂跳起来，比科里班特们[62]在狂欢时还跳得更厉害；他的话一进到我的耳里，眼泪就会夺眶而出，我看见过大群的听众也表现出和我的同样情绪。我也听过伯里克理斯[63]和许多其他大演说家，他们的辩才固然也使我钦佩，可是我从来没有遇过听苏格拉底的那样的经验，从来不觉得神魂颠倒，从来不自恨像奴隶一样屈伏。但是每逢听这位马西亚斯，我常感觉到我所过的这样生活简直过不下去。苏格拉底，我这番话是你都无法否认的。就连在此刻，我还有这样感觉；若是我肯听他，就得凭他支配，就得再发生同样的情绪。他曾逼我承认：我在许多方面都还欠缺，因为我参预雅典的政事，就忽略了我自己的修养。因此我勉强掩耳逃避他，像逃避莎琳仙女[64]一样，怕的是坐在他身边要一直坐到老。我生平从来不在人前感到羞愧，他是唯一的人使我对他感到羞愧，这是出人意料的。向他领教的时候，我对他劝我怎样立身处世的话一句也不能反驳，可是一离开了他，我还是不免逢迎世俗[65]。我老是逃避他，但是一旦见到他的面，想到从前对他的诺言，就感到羞愧。我有时甚至愿望他不在人世，可是假如他真正死了，我会感到更大的痛苦。所以我真不知怎样对付这家伙才好。

我们这位林神怎样用他的笛调迷惑了我，还迷惑了许多旁人，我已经说过了。现在我要告诉你们，在旁的方面他多么像我所比喻的，他有多么神奇的威力。我敢说，你们中间没有一个人能了解他，现在我要继续揭开他的面具，既然我已经开始了。你们看看，苏格拉底对于美少年们是什样多情，他时时刻刻地缠着他们献殷勤，一见到他俩就欢天喜地的。再看，他多么蠢，什么也不知道，至少是他装得像这样。这一点不活像西勒诺斯吗？这是他戴的外壳，像雕刻的西勒诺斯的那种外壳一样。但是你如果把他剖开，看看他的里面，亲爱的酒友们，你们想不到他里面隐藏着那一大肚子的智慧！我告诉你们，人的美毫不在他眼里，他怎样鄙视它，是你们想象不到的。他也瞧不起财富，以及一般世俗所欣羡的那些东西。这一切都不在他眼里，我们这一班人也都不在他眼里，他一生都在讥嘲世间人。可是到了他认真的时候，把肚子剖开的时候，那里面所藏的神像就露出来了，旁人看见过没有，我不知道，我自己却亲眼见过，发现它们是那样的神圣、珍贵、优美、奇妙，使我不由自主地五体投地，一切服从他的意志。

我以为他对我的年轻貌美有真正的爱情，自幸这是一个很吉利的兆应和运气，希望可以用我的恩情换取他的教诲，把他所知道的都教给我。我向来颇自豪，以为自己的年轻貌美是无人能比的。从前我去访苏格拉底，常带一个随从，以后因为心里有了这个计算，就把这个随从打发走，我单独一个人去看他。这里我必须把实情和盘托出，请你们专心听着，苏格拉底你也听着，如果我说谎，你随时可以反驳。朋友们，我去会他，只有他和我面对面，我指望着他要趁这个机会向我说一点情人私下向爱人所说的话，心里甚为快活。可是我的指望落得一场空，什么也没有，他只和平时一样和我交谈，一天完了，把我放下，自己就走了。这次失败之后，我邀他陪我到健身房去做运动。我和他交手练拳，心想这回可以达到我的愿望。他和我交过几次手，没有一个旁人在场。哼，还有什么可说的！一步也没有进展！这办法既然不行，我就决定大胆一点，对他用比较猛的办法，既然开头了，不能半途而废，要看看他到底怎样。因此，像情人想引诱爱人一样，我约他来吃晚饭。他先是推辞，后来勉强答应了。第一次来了，吃完饭之后，他马上告辞，当时我很羞愧，就让他走了。第二次我想了一个新办法，饭吃完之后，我不断气地和他攀谈，一直谈到深夜。他说要走，我以太晚为借口，强迫他留下。这样他就和我联床卧着，他用的就是他吃晚饭用的那张床。在这间房里睡的没有旁人，就只有他和我。

一直到这里，我的故事可以谈给任何人听，下文的话我决不会向你们讲下去，若不是一方面因为"酒说真话"——是否要连"孩子们"在一起都没有多大关系[66]——另一方面因为我既然开始颂扬苏格拉底，如果把他的最光辉灿烂的行迹瞒着不说，未免不忠实。还有一层，我的情形正和遭蛇咬过的人一样。据说一个人若是遭蛇咬了，不肯把他的感觉说给人听，除非那人自己也是遭蛇咬过的，因为只有亲自遭蛇咬过的才能了解他，也才能原谅他，如果由于苦痛的压迫，他所说的话和所做的事显得不正常。我咧，也遭咬了，咬我的那东西比蛇还更厉害，咬的地方是疼得最厉害的地方，我的心，我的灵魂，或是叫它一个旁的名称也可以。我是被哲学的言论咬伤了。这比毒蛇还更毒，如果它咬住一个年幼的而且资禀不坏的心灵，就会使他无论做什么，说什么，都全凭它的支配。看看这些在座的：斐德若，阿伽通，厄里什马克，泡赛尼阿斯，亚理斯脱顿，阿里斯托芬——用不着提苏格拉底本人——还有许多旁的人，你们每个人也都尝过哲学的迷狂和热情，所以我可以说给你们听，你们会原谅我过去的行为和今天的话语。但是对于奴隶们以及一切外人俗人，把最厚的门关起，免得声音到了他们的耳里。

好，诸位，灯熄了，佣人退出了，我想和他用不着转弯抹角，无妨开门见山地把我的意思直说出来。所以我推了他一下，问："苏格拉底，你睡着了吗？""还没有哩。"他回答。"你知道我在想什么吗？""想什么呢？"我于是说："我想你是唯一的一个人配得上做我的情人，可是你好像害羞，不肯向我提这件事。我的心情是这样，我认为若是我不肯答应你，无论是在这方面，还是在其他方面，你对于我的财产或我的亲友有所需要的话，我说，若是我不肯答应你，我就傻了。我心里想，人生最重要的事莫过于提高自己的修养；要达到这个目的，我不能找到一个比你更好的导师。因此，我觉得若是像你这样一个人向我有所要求而我不肯答应的话，在高明人面前，我会感觉到比答应了在俗人面前所感到的羞愧更大。"听到我这番话之后，苏格拉底用他所惯有的特有的那副天真神气回答说："亲爱的亚尔西巴德，你说到我的那番话如果是真的，如果我确实有一种力量能帮助你提高你的修养，你倒还是真不愚笨。若是那样，你就一定发现了我有一种真正伟大的美，远超过你的貌美。若是这个发现使你起了念头要分享我的这种美，要用美换美，你的算盘就打得很好，很占了我一些便宜，因为你拿出来的是外表美，要换得的是实在美，这真是所谓'以铜换金'。但是，亲爱的朋友，你得再加审慎地考查一番，你也许看错了，我也许毫无价值。到了肉眼开始朦胧的时候，心眼才尖锐起来，你离那个时节还远哩。"我就回答他说："我要说的话都说给你听了，没有一句不是真心话，现在就等你考虑，看什样办法对于你和我才最好。"他说："你说得很对，将来总有一天我们可以考量考量，看什样办法对我们才最好，在这件事上和其他事情上。"经过这番交谈之后，我的箭算是射出去了，我以为已经射中了他。因此，我就爬起来，不让他有机会说一句话，就把我的大衣盖在他的身上——当时正是冬天——我自己就溜进他的破大衣下面，双手拥抱着这人，这真正神奇的人，就这样躺了一宵。苏格拉底，你敢说这是谎话吗？我的一切努力都只能引起他的鄙视，他对我所自豪的貌美简直是嘲笑，简直是侮辱。诸位判官们，你们今天对于苏格拉底的傲慢，须评判评判。我凭神们和女神们向你们发誓，我和苏格拉底睡了一夜起来之后，正像和我的父亲或哥哥睡了一夜一样！

从此以后，我的心情怎样，你们不难想象了。一方面我觉得遭了他鄙视，另一方面我惊赞他的性格，他的节制和他的镇静，我从来没有碰见一个人像他那样有理性，那样坚定，我以为这简直是不可能的。因此，我既不能恼怒他，和他绝交，又没有办法可以引他上钩。我知道在钱财方面他比埃阿斯对于刀矛[67]还更牢不可破，我唯一的优点，在我自己看，或许是能攻破他的武器，但是他终于脱险了。所以我找不到一条出路，只有东西游荡，受这人的支配，从来奴隶受主人的支配都还不至于像我这样。

经过这次事情之后，他和我都参加了泡提第亚战役[68]。我们吃饭同席。初到时他就以能吃苦耐劳见长，不但胜过我，而且胜过军队里一切人。每逢交通线断绝，我们孤立在一个地方的时候——这在军中是常有的事——食粮断绝了，没有一个人能像他那样忍饥挨饿。可是有时肴馔很丰盛，也没有一个人能像他那样狼吞虎咽。他本来不大爱喝酒，若是强迫他喝，他的酒量比谁也强，最奇怪的是从来没有人见过苏格拉底喝醉。关于他的酒量，我想停一会你们就可以作见证。其次，他不怕冬天的酷冷——那地带冬天是很可怕的——也很叫人吃惊。有一次下过从来没有见过的那样厉害的霜，兵士们没有一个人敢出门，就是出门的话，也必定穿得非常厚，穿上鞋还裹上毡；但是他照旧出去走，穿着他原来常穿的那件大衣，赤着脚在冰上走，比起穿鞋的人走着还更自在，叫兵士们都斜着眼睛看他，以为他有意轻视他们。

他在军中的情形如此。"但是这位勇敢的英雄还立过旁的功绩"[69]，那也是在军中的事，值得一谈。一天大清早他遇到一个问题，就在一个地点站着不动，凝神默想，想不出来，他不肯放手，仍然站着不动去默想。一直站到正午，人们看到他，都很惊奇，互相传语说："从天亮，苏格拉底就一直站在那里默想！"到了傍晚，旁观者中有几个人吃过晚饭——当时正是夏天——就搬出他俩的铺席，睡在露天里，想看他是否站着过夜。果然，他站在那里一直站到天亮，到太阳起来了，向太阳做了祷告，他才扯脚走开。

你们想不想知道他在战场上的情形？丢开这层不说,也未免不公道。在那次战争中将官们发给我一个英勇奖章，那一次全军中就只有他一人救了我的命。我受了伤，他守着我不肯走，结果把我的盔甲和我自己都救出危险。我就请求将官们把英勇奖章发给你，苏格拉底，这是事实，我想你不会骂我或是反驳我。将官们看到我的阶级，有意要把奖章给我，你比他们还更坚持，一定要让奖章给我，你自己不肯要。在德利乌门战败之后[70]，全军撤退，苏格拉底当时的态度也很值得钦佩。当时我碰巧在场，我骑着马，他背着重兵器徒步走。队伍全散乱了，他跟着拉克斯[71]一起退走。我碰巧赶上他们，一望见他们，我就告诉他们不要怕，我决不丢开他们。那给了我一个好机会——比在泡提第亚的机会更好——来观察苏格拉底——因为我骑着马，自己倒没有什么可怕的。我观察到两点，头一点，他远比拉克斯镇静；第二点，阿里斯托芬，像你的诗句所说的，他在那里走路的样子像在雅典一样"昂首阔步，斜目四顾"[72]，看到敌人也好，看到朋友也好，都是那样镇静地斜着眼看着，叫每个人远远地望到他，就知道他不是好惹的，若是挨到他，他会拿出坚强的抵抗。因此，他和他的伴侣都安然脱了险，因为在战场上人们遇到像这样神气的人照例不敢轻于冒犯，人们所穷追的是些抱头鼠窜的人。

此外，苏格拉底值得我们颂扬的稀奇事迹还很多，不过在旁的活动范围里，同样的话也许可以应用到旁人身上。有一点特别值得赞赏的，就是无论在古人还是在今人之中，找不到一个可以和他相比的人。比如说，提起阿喀琉斯，你可以拿布拉什达斯[73]或旁人和他相比；提起伯里克理斯，你可以拿涅斯托耳，安芪诺耳[74]或许多可以想到的人和他相比；同样的，许多伟大人物都各有他们的侪辈。可是谈到苏格拉底这个怪人，无论在风度方面还是在言论方面，你在古今找不出一个人来可以和他相比，除非你采取我的办法，不拿他比人，而拿他比林神和西勒诺斯，无论是就风度看，还是就言论看。

我说他的言论，因为我在开头时忘记说，他在这方面尤其活像剖开的西勒诺斯。如果你要听苏格拉底谈话，开头你会觉得顶可笑。在表面上他的字句很荒谬，就恰像鲁莽的林神所蒙的那张皮。他谈的尽是扛货的驴子哟，铁匠哟，鞋匠哟，皮匠哟，他好像老是在说重复话，字句重复，思想也重复，就连一个无知的或愚笨的人听到，也会传为笑柄。但是剖开他的言论，往里面看，你就会发现它们骨子里全是道理，而且也只有它们才是道理；然后你会觉得他的言论真神明，最富于优美品质的意象，含有最崇高的意旨，表达出凡是求美求善的人们都应该知道的道理。

朋友们，这就是我颂扬苏格拉底的话，同时关于他对于我的侮谩，我也夹杂了一些埋怨的话。并不只是我一个人受过他的这样待遇，格罗康的儿子卡密德，第俄克利斯的儿子攸惕顿[75]，以及许多旁人都受过他的骗，他假装情人，而所演的却是爱人的角色。阿伽通，我告诉你这一切，免得你也受他的骗。我的惨痛经验对于你是一个教训，谨防着不要像谚语中的傻瓜，"跌了跤才知道疼"。[76]

亚尔西巴德说完之后，在座的人们不免发笑，他的坦白见出他对苏格拉底还未能忘情。苏格拉底就接着说："亚尔西巴德，我看你今天并没有醉，若不然，你就不会用许多漂亮话来转弯抹角地掩盖你这一大篇话的本意。这个本意你只在收尾时偶然提到，使人看不出你的唯一目的在挑拨离间阿伽通和我，借口我只应爱你不能爱旁人，阿伽通也只应接受你的爱，不能接受旁人的爱。可是你的诡计已经被我们戳穿了，你的那幕林神和西勒诺斯的把戏也迷惑不着人了。亲爱的阿伽通，别让我们中他的计，提防着不让他离间我们。"阿伽通回答说："你说的可不是真话，苏格拉底！我疑心亚尔西巴德跑到我们两人中间坐着，显然就是想把我们隔开。可是他的如意算盘打不成，我马上就换位置，躺到你旁边来。""那办法顶好，"苏格拉底说，"躺到我右边来。"于是亚尔西巴德就嚷："老天爷，这家伙也在折磨我，他想到处占我的上风。我的好人啊，你至少让阿伽通躺在我们俩中间！""这不行，"苏格拉底说，"你刚颂扬了我，依次我应该颂扬我的右邻。如果阿伽通坐在我的左边，我还没有颂扬他，他倒又要颂扬我。我的神明的朋友，就让阿伽通坐在我的上面吧，别妒忌我颂扬这位少年，我有极热烈的愿望要颂扬他。""哈哈！"阿伽通嚷，"亚尔西巴德，你看，我没有办法留在原位，我必须得换位置，好让苏格拉底来颂扬我！"亚尔西巴德回答说："哼，你又像平常一样，只要苏格拉底在场，旁人就绝对没有机会接近美少年们。你看，他想阿伽通躺在他旁边，借口找的多么巧妙！"

阿伽通于是起身，正准备移到亚尔西巴德旁边去躺，突然间门口到了一大群欢宴者。有人刚出门，所以门开着，他们就一直闯进来，闯到我们的会饮厅坐下。厅里于是有一大阵喧嚷，秩序全乱了，彼此互相劝酒，大家喝的不知其量。据亚理斯脱顿说，厄里什马克、斐德若和旁人就离开那地方回家去了。亚理斯脱顿咧，他睡着了，当时夜很长，他睡得很久，一直到天亮听到鸡叫才醒，他睁眼一看，看见旁的客人睡的睡，走的走了，只有阿伽通、阿里斯托芬和苏格拉底三人还没有睡，还在喝酒，一个大杯从左传到右，传来传去。苏格拉底在和他们辩论，辩论的话亚理斯脱顿不大记得清楚，因为开头他没有听到，而且他的头还是昏昏沉沉的。不过他说辩论的要旨他还记得，苏格拉底在逐渐说服其余两人，逼他们承认同一个人可以兼长喜剧和悲剧，一个人既能凭艺术作悲剧，也就能凭艺术作喜剧[77]。其余两人逼得不能不承认，其实都只模模糊糊地在听，不久就开始打盹，阿里斯托芬先睡着，到天快亮的时候，阿伽通也跟着睡着了。苏格拉底看见他两人睡得很舒服，就起身走出去，由亚理斯脱顿陪着，像平常习惯一样，他到利赛宫[78]洗了一个澡，照平时一样度过那一天，到晚间才回家去休息。

（根据 Léon Robin 参照 W.R.M. Lamb 和 Meunier 译）

注释

1. 法勒雍在雅典西南，离城约三公里。

2. 宙斯是最高天神，希腊人常凭他发誓，表示说的话是真的。

3. 以上可以看作一篇小序，说明这篇对话是怎样传下来的，颇像佛经的"如是我闻"。这篇对话经过两次转述，由在场的亚理斯脱顿给亚波罗多洛，现在再由亚波罗多洛谈给一位生意人。以下才是对话本身。

4. 阿伽通的名字在希腊文中原有"好人"的意思。

5. 见荷马史诗《伊利亚特》卷二和卷十七。阿伽门农和墨涅拉俄斯本来是弟兄，墨涅拉俄斯的妻子海伦和特洛伊国王子私奔，酿成有名的特洛伊战争。这两弟兄就是希腊远征军的将领。

6. 见《伊利亚特》卷十，原文说："两人同伴走，一人先想出有用的办法。"原文几成谚语，人人熟习，所以不全引。

7. 希腊在公元前四、五世纪戏剧极盛，每年祭神大典中必举行戏剧竞赛。戏院是露天的，看戏是公民的义务，所以阿伽通的第一部悲剧演出，听众就有三万人。

8. 《墨兰尼普》这部剧本现在只存下几个片段。

9. 参看第181页注10。

10. 普若第库斯有一部著作解释信神的起源，以为原始人把凡是有益于人类的自然事物都尊奉为神。参看第83页注12。

11. 以上一段叙会饮经过和礼赞爱神的建议，以下便是会饮者轮流做的几篇爱神的颂辞。

12. 引语见赫西俄德的《神谱》第114至120行。

13. 阿库什劳斯是希腊的谱牒学家，据说他把赫西俄德的《神谱》由诗译成散文。

14. 帕墨尼得斯是当时著名的哲学家。著作只存片段。"世界主宰"的原文是说"统治世界的女神"，译者解说不一，有人以为是"正义"，有人以为是"生殖的大原则"。

15. 关于"情人"和"爱人"，参看148页注22。

16. 阿尔刻提斯的丈夫阿德墨托斯病当死，阿波罗神替他求情，准许他的父母或妻之中有一人代他死。他的父母虽然年老，却不肯替死。于是阿尔刻提斯依然请替死。神们嘉奖她，让她死后复活。欧里庇得斯用这个传说写了一部悲剧，就以"阿尔刻提斯"为名。

17. 俄耳甫斯是希腊传说中的琴师和诗人，他的妻子欧律狄刻死了，他怀念甚切，活着走到阴间，要求冥王准他把她带回人世。他的音乐感动了冥王，冥王准了他的要求，附一个条件：他的妻跟在他后面走，未到阳间之前，不准他回头看她。快到阳间了，俄耳甫斯忍不住，回头看了她一眼，冥王马上就把她夺回到阴间。

18. 传说俄耳甫斯被酒神的女信徒们撕死。

19. 据希腊传说，好人死后到西方的一个极乐世界。这一小段穿插好像是文不对题，柏拉图的用意在讥嘲诡辩派作家引经据典，作无聊的考证。

20. 斐德若的颂辞有三个要点：（一）爱神最古，所以最尊；（二）爱神助人就善避恶，有道德的作用；（三）尊敬爱神的人须全心全意，不惜牺牲性命，才达到爱情的最高理想。他的见解很平凡，文章全是摹仿诡辩派作家的风格，一味掉书袋，盲目信任传统，卖弄修辞的小技术。

21. 希腊的阿佛洛狄忒相当于罗马的维纳斯，是女爱神。她的出身在希腊有两个传说。一说最初天神被儿子杀死，把尸首砍碎投到海里，海里起了一片白浪，就变成阿佛洛狄忒（据赫西俄德的《神谱》）。这就是本文所谓"高尚女爱神"。另一说是荷马史诗所采取的，以为她是天神宙斯和狄俄涅（本是宙斯的亲身女儿）配合所生的。

22. "良家妇女"依原文是"自由妇女"，就是有自由权的妇女，不是奴隶。

23. 厄利斯和玻俄提亚都是希腊南部的城邦，民性较强悍拙直，文化也较雅典落后。

24. 伊俄尼亚是小亚细亚西岸的希腊殖民地，屡受波斯的侵略和统治。

25. 这是雅典史上一个有名的政变。亚理斯脱格通钟爱少年男子哈莫第乌斯，专制君主希庇阿斯的兄弟希巴库斯想夺宠而不成功，于是凌辱这两位爱友。他们设计暗杀了希巴库斯，两人自己也先后牺牲了性命，被雅典人崇奉为爱国志士。

26. 泡赛尼阿斯的颂词有三个要点：（一）爱神不止一种，应颂扬的是"天上爱神"不是"人间爱神"，是心灵的爱不是肉体的爱；（二）一切行为自身无所谓美丑，美丑因"做的方式"好坏而定，爱也是如此；（三）依这个标准：雅典的男子同性爱的情形比希腊各城邦的都强，因为"做的方式"比较好，爱情的追求与学问道德的追求合而为一。这番话不是颂扬爱神，是为雅典式"男风"辩护。表面摆的是大道理，实际上思想很庸俗而且线索不大连贯。它还是代表诡辩派的思想和文章风格。

27. 原文"泡赛尼阿斯停顿了"，"停顿"和"泡赛尼阿斯"两词都以 Pausa 起头，是诡辩派修辞家所爱玩弄的伎俩。

28. 两位诗人指在座的阿里斯托芬和阿伽通。

29. 赫拉克利特这段引语见《零星遗著》第45节。宇宙之团成一体，是由于两种相反的力量互持，正如弓弦和竖琴依靠松紧两种力量的调协。一生多，多复归于一。这意思含有辩证发展的道理。参看第181页注5。

30. 厄里什马克的颂辞把爱情看作宇宙间调协两相反势力的力量，他先从他的专业医学，次从音乐、天文以及当时所盛行的占卜祭祀，举实例证明他的大原则。这篇颂词颇重要，因为它不仅代表科学，而且是唯物辩证的思想的萌芽。同时，它也寓有控制自然的思想。

31. 厄法尔提斯和俄图斯是兄弟，从小就勇武，想登天造反，把希腊的三座山一座架在另一座顶下作梯子，后来被阿波罗杀了。故事见荷马的《奥德赛》卷十一。

32. 宙斯当天帝，巨人们造反，宙斯和他们打了十年，才用雷电把他们灭绝，埋到埃特纳火山底下去。

33. 中国古代以符为信，符可以用竹木和金属材料做成，一整体截成两半，两半相合无缝，才可证明符是真的。古代希腊也有类似的器具。

34. 火神赫淮斯托斯是铁匠的祖师。参看第58页注2。

35. 这有两说：一说是指公元前三八五年的事。拉刻代蒙人（即斯巴达人）侵略阿卡狄亚（伯罗奔尼撒半岛东北地区），把它的名城曼提尼亚毁坏了，把它的居民迁徙到旁的地方去了。一说是指公元前四一七年的事。斯巴达争霸权，把阿卡狄亚同盟解散了。如从前说，本篇应写在公元前三八五年之后，如从后说，它可能写得较早。

36. 阿里斯托芬的颂辞，像他的喜剧作品一样，在谑浪笑傲的外表之下，隐藏着很严肃的深刻的思想。从表面看，他替人类的起源和演变描绘了一幅极滑稽可笑的图画，替同性爱和异性爱给了一个既荒唐而又像近情理的解释。从骨子里的思想看，他说明爱情是由分求合的企图，人类本是浑然一体，因为犯了罪才被剖分成两片，分是一种惩罚，一种疾病，求合是要回到原始的整一和健康；所以爱情的快乐不只是感官的或肉体的，而是由于一种普遍的潜在的要求由分而合的欲望得到实现，这番话着重爱情的整一，推翻了泡赛尼阿斯的两种爱神的看法；同时，像厄里什马克的看法一样，也寓有矛盾统一的道理。

37. 老年来得太快。

38. 依希腊神话，克洛诺斯是天神宙斯的父亲，伊阿珀托斯是肩扛地球的神阿特拉斯的父亲，所以都以古老著名。

39. 这段的大意是古代神们常斗争残杀是因为年轻的爱神还未出世。赫西俄德的《神谱》说到克洛诺斯残杀他的父亲乌拉诺斯，幽囚独眼神，以及宙斯讨伐叛神之类故事。关于帕墨尼得斯，参看241页注14。

40. 阿特是宙斯的女儿，常在不知不觉之中迷惑人的心神，使人轻举妄动。引语见《伊利亚特》卷十九。

41. 阿佛洛狄忒本是火神的妻，却爱上战神，和他私通。参看第59页注39。

42. 阿伽通的颂辞着重爱神的本质和功用。论本质他是尽善尽美；论功用他是一切艺术，一切技艺，乃至于一切事业的感发者。总之，阿伽通把所有的好话都堆在爱神身上，他的结构是很平板的，理由是很牵强附会的，却斤斤计较修辞学上一些小伎俩，仍然不脱诡辩派的习气。

43. 高吉阿斯是当时有名的诡辩家，阿伽通所敬佩摹仿的。苏格拉底的颂扬全是讽刺。高吉阿斯（Gorgias）与高根（Gorgones）字形相近。高根在希腊神话中是一种女妖怪，头发是蛇，凶恶可怕，见者立即化为顽石。见《奥德赛》卷十一。苏格拉底拿高吉阿斯式的辞藻比高根的头。

44. "爱神不是神"，好像自相矛盾，这里如把爱神的名字译音为"厄洛斯"（Eros），似较妥。但"厄洛斯"在希腊文的含义仍是"爱神"，如果因为第俄提玛的翻案，就把全篇的"爱神"改成"厄洛斯"也还是不妥。所以仍用"爱神"，取其较易了解。参看第148页注27，第149页注48。

45. 这段神话不见经传，是虚构的。这里所谓"丰富"和"贫乏"都不仅在经济方面，同时也在思想智慧方面。依第俄提玛看，爱是这四种相反者的统一。

46. 原文是 Poésie，其实就是"诗"，"诗"在希腊文中的意义就是"创作"。有些译本就用"诗"字来译。下文"一切手艺人都是创作家"就译成"一切手艺人都是诗人"。这里从罗本的法译。

47. 暗指阿里斯托芬的看法。

48. 阿尔刻提斯参看第241页注16；阿喀琉斯参看第18页注15。科德洛斯是雅典国王。雅典和多里斯战争，德尔斐预言告诉他们，如果雅典国王战死，雅典就会胜利。多里斯人下令要保全科德洛斯的生命。他乔装樵夫和多里斯人挑战，故意送死，因此使雅典得到胜利。

49. 柏拉图把最高的爱情学问——即哲学——看作一种玄秘的宗教，所以假托一个神秘的女巫来说，用的字常带有宗教术语的意味。所以译文借用了一些佛典中的术语。

50. 原文只是"身体"，不过西文中"身体"常指一般物体，用"形体"译似较妥。形体是感觉的对象，与下文所说的那些理解的对象相对立。

51. 原文 logos 有"言辞""文章""道理"等义。

52. 这里所谓"形式"就是"理式""共相"或"概念"。

53. 这就是所谓"绝对美"，它涵盖一切，独一、无对、无待。

54. 苏格拉底的颂辞是全篇三大段的中段，也是全篇的精义所在，它本身分两部分：和阿伽通的对话以及和第俄提玛的对话。在和阿伽通的对话里，他说明了：（一）爱情必有对象；（二）钟爱者还没有得到所爱的对象；（三）爱情就是想占有所爱对象那一个欲望；（四）爱情的对象既然是美，如阿伽通所说的，它就还缺乏美，"爱神是美的"一说不能成立；（五）美善同一，所以爱神也不是善。这样苏格拉底就把阿伽通的一篇大文章完全推翻了。接着他说他的爱情学问是从女巫第俄提玛领教来的。他原来和阿伽通一般见解，她纠正了他。她使他明白：（一）爱神是介乎美丑、善恶、有知与无知、神与人之间的一种精灵，是丰富和贫乏的统一，总之，就是一个哲学家；（二）爱情就是想凡是美的善的永远归自己所有那一个欲望；（三）爱情的目的是在美的对象中传播种子，凭它孕育生殖，达到凡人所能享有的不朽：生殖是以新替旧，种族与个体都时刻刻在生灭流转中。这种生殖可以是身体的，也可以是心灵的。诗人、立法者，教育者以及一切创造者都是心灵方面的生殖者；（四）爱情的神秘教，也就是达到哲学极境的四大步骤。

55.凭有名的大力士发誓。

56.厄里什马克的父亲阿库门是一位名医。

57.见《伊利亚特》卷十一。

58.凭海神发誓。

59.希腊神话中的林神（Satyri），其中一个专名西勒诺斯（Silenus）。这些林神们象征自然的繁殖力，与酒神教关系最密切。他们的形状很丑陋，头发竖立，鼻圆而孔朝天，耳尖如兽，额上有两个小角，后面还有一条尾巴。他们欢喜酒、乐、舞以及一般感官性的享乐。苏格拉底的形状著名的丑陋。所以亚尔西巴德拿林神像来比他。林神像是当时宗教上的工艺品，外表是林神，肚子里藏着各种神像。

60.马西亚斯，见第61页注62。

61.奥林普斯是希腊著名的乐师，做了很多祭神歌。参看第18页注9。

62.科里班特是信奉酒神的祭司们，在酒神祭典中表现宗教热忱于疯狂的歌舞。参看第18页注11。

63.伯里克理斯是雅典文化极盛时代的大政治家，民主党的首领。参看第151页注72。

64.莎琳仙女住海岛上，以美妙的歌声诱乘船的过客登陆，把他们化为牲畜，见《奥德赛》卷十二；参看第150页注56。

65.亚尔西巴德虽然爱从苏格拉底听教，但是轻浮好名，终于在政治上失败，出卖过雅典，雅典在公元前四〇四年被斯巴达攻陷后，他准备奔降波斯，被人刺死。柏拉图在这里可能是对于这位轰动一时的人物表示惋惜，同时替老师洗清失教的过错。

66.希腊有一句谚语，"酒和孩子们都说真话"。

67.埃阿斯是特洛伊战争中的英雄，他的护身盾是用七层牛皮做的，所以不怕刀矛。

68.泡提第亚是希腊北部的一个城市，本受雅典统治，公元前四三三年起兵反抗希腊，经过两年苦战，终被雅典克服。苏格拉底参加过这次战役。

69. 见《奥德赛》卷四。

70. 德利乌门是玻俄提亚的一个城市。公元前四一二年玻俄提亚和雅典在交战，把雅典打败了。

71. 拉克斯是这次战役中的雅典将官。

72. 引语见阿里斯托芬的喜剧《云》第 362 行。《云》本是为讥嘲苏格拉底而写的。苏格拉底被控处死，《云》是一个导火索。柏拉图把这句本是讽刺的话改为颂扬的话，可见他写这篇对话时，心里记得《云》这宗公案。所以有人以为亚尔西巴德的颂词是对于《云》的答辩。

73. 布拉什达斯是公元前五世纪斯巴达的战斗英雄，几次打败过雅典，死于战役。

74. 特洛伊战争中有两个善于辞令的老谋臣，在希腊方面是涅斯托耳，在特洛伊方面是安式诺耳。

75. 卡密德是柏拉图的母舅，攸惕顿只在克塞诺丰的《回忆录》（记苏格拉底言行的）露过一次面，都是苏格拉底的弟子。

76. 亚尔西巴德对苏格拉底的颂词是拿苏格拉底看作哲学和爱情的具体化。

77. 这个看法和《理想国》卷三里所说的正相反。参看本书第 46-47 页。

78. 利赛宫在雅典城东门外伊立苏河边，是一个健身房。

斐利布斯篇

——论美感

对话人：苏格拉底

　　　　普若第库斯

一　喜剧跟悲剧一样，都引起快感与痛感的混合 [1]

苏　此外还有一种痛感和快感的混合。

普　是哪种呢？

苏　这一种就是心灵所常感受到的。

苏　这究竟是什么一回事？

苏　像愤怒、恐惧、忧郁、哀伤、恋爱、妒忌、心怀恶意之类情感，你是否把它们看作心灵所特有的痛感呢？

普　对，我是这样看。

苏　我们不是也觉得这些情感充满着极大的快感么？是否需要提醒你这样描写愤怒的诗句：

愤怒惹得聪明者也会狂暴，

它比滴下的蜂蜜还更香甜。[2]

以及我们在哀悼和悲伤里所感到的那种夹杂痛感的快感呢？

普　不用你提醒，事实确是如此。

苏　你想到人们在看悲剧时也是又痛哭又欣喜么？

普　当然。

苏　你是否注意到我们在看喜剧时的心情也是痛感夹杂着快感呢？

普　我还不大懂得……

苏　我们刚才提到的心怀恶意，你是否认为它是一种心灵所特有的痛感呢？

普　对。

苏　但是心怀恶意的人显然在旁人的灾祸中感到快感。

普　的确如此。

苏　无知当然是一种灾祸，愚蠢也是如此。

普　当然。

苏　从此就可以看出滑稽可笑具有什么性质了。

普　请你解释一下。

苏　滑稽可笑在大体上是一种缺陷，具有这种缺陷的情况就叫作滑稽可笑的。

这种缺陷一般是和德尔斐神庙的碑文所说的那种情况正相反。

普　你指的是"认识你自己"那句格言，是不是？

苏　对。这句话的反面显然就是简直不认识自己……大多数人在认识上的错

误都是关于心灵品质方面的，自己以为具有实在并没有的优良品质……

这类情形又当分为两种，如果我们要对孩子气的心怀恶意以及它所伴随

的快感和痛感的混合，得到深入的理解。你问我怎样分？凡是对自己抱

有这种错误的妄自尊大的想法的人们，像其余的人们一样，可以分为两

类：一类人必然是有势力的，另一类人正相反。

普 你说得对。

苏 那么，我们就按照这个原则来分。有这种妄自尊大想法的人如果没有势
力，不能替自己报复，他们受到耻笑，这种情况正可以称其为滑稽可笑。
但是这种人如果有势力，能替自己报复，你就可以很正确地说他们强有
力，可怕又可恨，因为强有力者的无知，无论是实在的还是伪装的，有
伤害旁人的危险，而没有势力者的无知就是滑稽可笑的。

普 你说得很对。但是我还不很明白在这种情况下，快感与痛感怎样夹杂在
一起。

苏 首先得研究一下心怀恶意。

普 请你说下去。

苏 心怀恶意一方面是一种不光明的痛感，另一方面也是一种快感，是
不是？

普 当然是。

苏 庆幸敌人的灾祸既不算过错，也不算心怀恶意，对不对？

普 当然不算。

苏 但是人们见到朋友的灾祸，不感到哀伤，反而感到快乐，这不算过错吗？

普 那当然是过错。

苏 我们不是说过无知对于任何人都是一种坏事吗？

普 对。

苏 那么，我们朋友如果对自己的智慧、美貌及其他优良品质有狂妄的想法，
如果他们没有势力，他们就显得滑稽可笑；如果他们有势力，他们就显
得可恨。我们可不可以这样说：这种心理状况如果是无害的，而且显现
在我们朋友身上，它在旁人眼里就显得滑稽可笑？

普 那的确是滑稽可笑。

苏　我们不是同意过：无知本身就是一种灾祸吗？

普　对，那是一种大灾祸。

苏　我们耻笑这种灾祸时，感到的是快感还是痛感呢？

普　显然是快感。

苏　我们不是也说过：从朋友的灾祸中得到快感是由于心怀恶意吗？

普　不能由于其他原因。

苏　那么，我们就可以达到这样的推理线索：我们耻笑朋友们的滑稽可笑的品质时，既然夹杂着恶意，快感之中就夹杂着痛感；因为我们一直都认为心怀恶意是心灵所特有的一种痛感，而笑是一种快感，可是这两种感觉在这种情况下同时存在。

普　不错。

苏　所以我们的论证所达到的结论就是这样：在哀悼里，在悲剧里和喜剧里，不仅是在剧场里，而且在人生中一切悲剧和喜剧里，还有在无数其他场合里，痛感都是和快感混合在一起的。

普　不同意这个结论是不可能的，苏格拉底，尽管一个人很想持相反的意见。

二　形式美所产生的快感是不夹杂痛感的 [3]

苏　在混合的快感之后，顺着自然的次序，我们必须转到不混合的快感。

普　好极了。

苏　我现在就转到不混合的快感，试一试把它们说清楚。有些人说，一切快感只是痛感的休止，我不赞成这种看法。我已经说过，我用它们作为证据，来证明有些快感只是表面的而不是真实的，另外一些快感，看来是很大而且很多的，实在是和痛感混合在一起，是和身心两方面最大的痛苦的停止混合在一起。

普　苏格拉底，究竟哪些快感才算是真正的呢？

苏　真正的快感来自所谓美的颜色、美的形式，它们之中很有一大部分来自气味和声音，总之，它们来自这样一类事物：在缺乏这类事物时我们并不感觉到缺乏，也不感到什么痛苦，但是它们的出现却使感官感到满足，引起快感，并不和痛感夹杂在一起。

普　苏格拉底，我又不明白你的意思了。

苏　我的意思乍看当然不明白，我来设法把它说明白。我说的形式美，指的不是多数人所了解的关于动物或绘画的美，而是直线和圆以及用尺、规和矩来用直线和圆所形成的平面形和立体形；现在你也许懂得了。我说，这些形状的美不像别的事物是相对的，而是按照它们的本质就永远是绝对美的；它们所特有的快感和搔痒所产生的那种快感是毫不相同的。有些颜色也具有这种美和这种快感。你明白我的意思吧？

普　我在设法了解，但是希望你把意思说得更明白一点。

苏　我的意思是指有些声音柔和而清楚，产生一种单整的纯粹的音调，它们的美就不是相对的，不是从对其他事物的关系来的，而是绝对的，是从它们的本质来的。它们所产生的快感也是它们所特有的。

普　对，的确是这样。

苏　嗅觉的快感没有刚才所说的那些快感那么带有神圣的性质，但是不一定要和痛感混合在一起，不管嗅觉是从什么地方来的，是什么东西引起的；所以我把这类快感和上面说的那些快感都归在不杂痛感的一类……

（根据 H.N. Fowler 的英译，参校阿斯木斯所选的俄译。）

注释

1. 这一段选译自原文 47D 至 50B。
2. 见《伊利亚特》卷十八。
3. 这一段选译自原文 50E 到 52A。

法律篇
——论文艺教育

对话人：雅典客人

　　　　克勒尼阿斯，克里特人。

　　　　麦格洛斯，斯巴达人。

一　论音乐和舞蹈的教育 [1]

雅　我认为快感和痛感是儿童的最初的知觉，德行和恶行本来就取快感和痛
　　感的形式让儿童认识到……我心目中的教育就是把儿童的最初德行本能
　　培养成正当习惯的一种训练，让快感和友爱以及痛感和仇恨都恰当地植
　　根在儿童的心灵里，这时儿童虽然还不懂得这些东西的本质，等到他们
　　的理性发达了，他们会发现这些东西和理性是谐和的。整个心灵的谐和
　　就是德行，但是关于快感和痛感的特殊训练会使人从小到老都能厌恨所
　　应当厌恨的，爱好所应当爱好的，这种训练是可以分开来的，依我看，
　　它配得上称为教育。受过教育的人却没有这种训练？

克　客人，我相信你关于教育的话说得很对。

雅　听到你赞同，我很高兴。快感和痛感的训练，如果安排得好，的确是教育的一个根源，可惜它在人类生活中曾遭到放松和败坏。当初神们哀怜人类生来就要忍受的辛苦劳作，曾定下节日欢庆的制度，使人可以时而劳动，时而休息；并且把诗神们和诗神领袖阿波罗以及酒神狄俄尼索斯分派到人间参加人类的欢庆，使人们在跟神们一起欢庆之中，借神们的帮助，可以提高他们的教育。我想要知道我们在座的人对一句常言怎样看，它说得对不对。人们常说，一切动物在幼年都不能安静下来，无论是就身体还是就声音来说；他们都经常要动，要叫喊；有些跳来跳去，嬉游欢乐不尽，有些发出各种各样的叫声。但是一般动物在他们的运动中辨别不出秩序和紊乱，也就是辨别不出节奏或和谐，但是我们人类却不然，神们被分派给我们做舞蹈的伴侣，他们就给我们和谐与节奏的快感。这样，神们就激起我们的生气，我们跟着他们，手牵着手，在一起舞蹈和歌唱。人们把这些叫作"合唱"，这个词本来有"欢喜"的意义。[2] 我们是否先该承认：教育首先是通过阿波罗和诗神们来进行的？你的意见如何？

克　我同意。

雅　是否说受过教育的人就受过很好的合唱的训练，而没有受过教育的人却没有这种训练？

克　当然。

雅　合唱分两部分：舞蹈和歌唱，是不是？

克　是。

雅　教育得好的人就能歌善舞？

克　我想是这样。

雅　我们来想想这话究竟是什么意思？

克　你说什么意思？

雅　他能歌善舞，但是否还要加上一句：他歌的是好的东西[3]，舞的也是好的东西？

克　就加上这一句吧。

雅　我们得假定他辨得出什么是好，什么是坏，然后他才会运用得恰如其分。你看在这两种人之间，一种人会按照一般所了解的正确方式去移动身体，运用腔调，但是并不喜善恨恶，另一种人在姿势和腔调上虽不正确，但是对快感和痛感的感觉却正确，并且喜善恨恶，是哪一种在舞蹈和音乐方面训练得更好呢？[4]

克　客人，那是两种很不相同的教育。

雅　如果我们三人知道在唱歌和舞蹈中什么才是好的，我们才真正知道谁受过教育，谁没有受过教育；否则我们就当然不会知道什么是教育的保障以及有教育和没有教育了。

克　你说得对。

雅　让我们来像猎犬一样随着气味追寻下去，来找出形象、曲调、歌唱和舞蹈中的美；如果找不到，谈起教育（无论是希腊的还是蛮夷的）就没有用处。

克　不错。

雅　什么是形象的美或美的曲调？一个英勇的心灵遭到困苦，一个怯懦的心灵也遭到困苦，是否会用同样的形象和姿势，会发出同样的声音呢？

克　那怎么可能，他们的面色就不同！

雅　……让我们说，表现出身心德行的那些形象和曲调，就毫无例外是好的，表现出罪恶的那些形象和曲调就是不好的。

克　你说的顶好，情况确实如此。

雅　再考虑一下，我们所有的人对每种舞蹈是否都同样喜爱？

克　相差很远。

雅　是什么把我们引上迷途呢？凡是美的事物不是对于我们一切人都同样是美吗？还是它们本身就同样美，不是按照我们的意见才同样美？⁵ 没有人会承认在舞蹈里表现罪恶的形式比表现德行的形式还更美，或是会承认他自己喜爱表现罪恶的形式而旁人却喜爱另样的形式。但是多数人都说，音乐的好处在使我们的心灵得到快感。这话是亵渎神圣的，不可容忍的；可是这种幻觉却有一种较好的解释。

克　什么解释？

雅　那就是艺术适应人的性格。合唱的动作摹仿各种行动、命运和性情的模样，每一细节都摹仿到，凡是在天性或习惯或天性习惯上这些文辞，或歌曲，或舞蹈都能投合的人就不能不从它们得到快感，赞赏它们，说它们美。但是天性，生活方式或习惯和它们不适合的人就不会喜爱它们或赞赏它们，会说它们丑。此外还有一种人，天性好而习惯坏，或是习惯好而天性坏，就会口里赞赏的是一回事而心里喜爱的却是另一回事。他们说，所有这些摹仿都是愉快的，但不是好的。在他们认为明智的人们面前，他们会对用卑鄙方式去歌舞，或是有意识地赞助这种行为，感到羞耻，但是在内心里却感到一种不可告人的快感。

克　这话很对。

雅　恶劣歌舞的爱好者会受到什么害处，赞赏相反的一类快感的人会受到什么益处么？

克　我想他们会受到。

雅　"我想"这个语气不合适，应该说"我坚信"。那样歌舞的产生的效果是不是就像一个人和坏人来往，心里喜爱和赞同这种坏人，只是疑心到自己会因此而显得坏，才以游戏的态度责备这种坏人？在这种情形之下，喜爱坏人的人就会变成类似他所喜爱的坏人，尽管他对赞赏这类坏人还感到羞耻。我们所能受到的益处或害处还有比这里所说的更大吗？

克 的确没有。

雅 那么，在一个已有好法律的或是将来要有好法律的城邦里，说起音乐所给的教益和娱乐，我们能设想让诗人们在舞蹈里，无论在节奏、曲调或歌词哪一方面，都随意爱拿出什么就拿出什么，去教导家境好的人家的青年儿女吗？诗人应该随他的意愿来训练他的合唱队而不顾德行或恶行吗？

克 那的确是不合理的，不可思议的。

雅 但是除在埃及以外，诗人几乎在每一个城邦里都可以这样做。

克 请问，在埃及有些什么关于音乐和舞蹈的法律？

雅 告诉你你就会惊奇。很早以前埃及人好像就已认识到我们现在所谈的原则：年轻的公民必须养成习惯，只爱表现德行的形式和音调。他们把这些形式和音调固定下来，把样本陈列在神庙里展览，不准任何画家和艺术家对它们进行革新或是抛弃传统形式去创造新形式。一直到今天，无论在这些艺术还是在音乐里，丝毫的改动都在所不许。你会发现他们的艺术品还是按照一万年以前的老形式画出来或雕塑出来的——这是千真万确，决非夸张——他们的古代绘画和雕刻和现代的作品比起来，丝毫不差，技巧也还是一样。

克 真是奇闻！

雅 我宁愿说，真符合政治家和立法者的风度！……所以我说只要一个人能以任何方法找到一些自然的曲调，他就可以满怀信心地把它们体现在一种固定的合法的形式里。这样喜新厌旧所引起的那种追求新奇的心理就没有足够的力量去败坏已经视为神圣的歌和舞，拿它们已陈旧作为借口。无论如何，它们在埃及毫没有遭到败坏。

克 你的证据似乎足以证明你的论点。

雅 我们可不可以满怀信心地说：音乐和合唱庆祝的真正的功用就在此：当

我们自认为生活过得好时，我们欢庆；另一方面，当我们欢庆时，我们也自认为生活过得好？

克 确实如此。

雅 当我们欢庆我们的好运道时，我们是否就安静不下来？

克 对。

雅 这时我们的年轻人就跳起舞来，唱起歌来，而我们这些老年人认为在旁边观看，也就算尽了我们的一份任务。我们不灵活了，但是仍然爱看年轻人游戏取乐。因为我们爱回想到过去的自己；我们很高兴替能使我们回想自己的青年时代的那些青年人安排竞赛。

克 这话很对。

雅 普通人对于节日欢庆都这么说：谁给我们最大量的快感和娱乐，谁就应该被认为最聪明的人，应该获得锦标[6]的人，这话是否就毫无道理呢？在这种场合，娱乐就是日程上的大事，能使大多数人得到娱乐的人不就应该最受尊敬，获得锦标吗？这是否说得正当，做得正当呢？

克 可能是正当的。

雅 但是，亲爱的朋友，我们还得辨别不同的情况，不要匆忙下判断。有一种考虑这个问题的方法就是设想在一个庆祝会里各种玩意应有尽有，包括体操、音乐和跑马各种竞赛：公民们都会齐了，奖品也公布了，公告也发出了，任何人都可随意参加竞赛，谁能使观众得到最大的乐趣，谁就获得锦标——没有什么规则去约束如何提供乐趣的方式，只要在提供乐趣上最成功，就会戴胜利冠，被尊为竞选者中最能令人愉快的人。你想这种公告会产生什么结果呢？

克 就哪一方面来说？

雅 那里会有各种各样的献技。这个人像荷马一样，会朗诵一段诗，另一个人会奏笛；这个人会来一部悲剧，那个人会来一部喜剧。如果有人设想他能凭傀儡戏去得奖，那也并不足为奇。假想这些竞选者，乃至于还有无数其他竞选者，都会在一起，你能告诉我究竟谁应该是胜利者么？

克　没有亲眼看到他们竞赛，怎么能回答你这个问题呢？这问题就提得荒谬。

雅　你们既然都不能回答，让我来回答这个你们认为荒谬的问题，好不好？

克　好。

雅　如果让小孩子们来裁判，他们会把锦标判给傀儡戏。

克　那当然。

雅　较大的孩子们会拥护喜剧，受过教育的妇女和年轻人乃至一般人都会投悲剧的票。

克　很可能。

雅　我相信我们老年人感到最大乐趣的是听一位诵诗人朗诵《伊利亚特》和《奥德赛》，或是一篇赫西俄德的诗，我们会判定他为胜利者。但是究竟谁才是胜利者就成为问题了。

克　是有问题。

雅　很显然，你和我得宣布：凡是由我们老年人评判为胜利者就应该是胜利者，因为我们的见解远比现在世上任何人的都高明。

克　当然。

雅　我在这一点上也同意多数人的意见，音乐的优美要凭快感来衡量。但是这种快感不应该是随便哪一个张三李四的快感；只要为最好的和受到最好教育的人所喜爱的音乐，特别是为在德行和教育方面都首屈一指的人所喜爱的音乐，才是最优美的音乐。所以裁判人必须是有品德的人，这种人才要求智勇兼备。一个真正的裁判人不应凭剧场形势来决定，不应该因为群众的叫喊和自己的无能而丧失勇气；既然认识到真理，就不应由于怯懦而随便做出违背本心的裁判，用刚才向神发誓的那张嘴去说谎。他坐在裁判席上不是作为剧场听众的学生而是作为他们的教师，他应该敌视一切迎合观众趣味的勾当。现在在意大利和西西里还流行的希腊老规矩确实是让全体观众举手表决谁得胜。但是这种规矩已导致诗人的毁灭，因为诗人们现在都养成了习惯，为迎合裁判人的低级趣味而写作，结果观众变成了诗人的教师，这种规矩也导致戏剧的衰败；人们本来应该看到比他们自己较好的人物性格，从而获得较高的快感，但是现在他们咎由自取，结果适得其反。从此应该推演出什么结论呢？

克　什么结论？

雅　就是我们已三番四次达到过的结论：教育就是要约束和引导青年人走向正确的道理，这就是法律所肯定的而年高德劭的人们的经验所证实为真正正确的道理，为着要使儿童的心灵不要养成习惯，在哀乐方面违反法律，违反服从法律的人们的常径，而是遵守法律，乐老年人所乐的东西，哀老年人所哀的东西，为着达到这个目的，我说人们才创造出一些真正引人入胜的歌调，其目的就在培养我们所谈的和谐。因为儿童的心灵还不能接受看书的训练，这些歌词就叫作游戏和歌唱，以游戏的方式来演奏。正如人们身体有病，看护们就给他们一些有营养价值的适口的饮食，也给他们一些没有营养价值的不适口的饮食，让病人学会爱好前一种，厌恶后一种，真正的立法者会劝导诗人们，如果劝导不行，就强迫诗人们在节奏，形象，曲调各方面都用美丽而高尚的文字，去表现有自制力和勇气并且在一切方面都很善良的人们的音乐。

二　"剧场政体"与贵族政体 [7]

雅　……朋友们，按照古代的法律，人民不像现在这样都是主子，而是法律的忠顺的仆役。

麦　你指的是什么法律？

雅　我们先谈关于音乐的法律——音乐指的是从前的音乐——以便把过分自由的发展追溯到根源。从前在我们希腊人中间，音乐分成若干种类和风格，一种是对神的祷祝，叫作颂歌；另一种和这对立的叫作哀歌；此外还有阿波罗的颂歌以及庆祝狄俄尼索斯诞生的颂歌，叫作"酒神歌"。从前人还另有一种歌，就叫作"法律"[7]，上面还冠上"竖琴调"的字眼，这一切和其他歌调都区分得很清楚，不准演奏者把这种音乐风格和另一种音乐风格混淆起来。至于作决定，进行裁判和惩处不服从者的那种权力，不是像现在这样用群众的嘶吼，极嘈杂的叫喊，或鼓掌叫好等方式表现出来。公众教育的掌管者们坚决要求听众屏息静听到底，男孩们和他们的导师们乃至一般群众都只得静听，否则就要挨棍棒。这是很好的秩序，听众也乐于服从，从来不敢用叫喊来表示他们的意见。不过随着时代的推移，诗人们自己却引进来庸俗的漫无法纪的革新。他们诚然是些天才，却没有鉴别力，认不出在音乐中什么才是正当的合法的。于是像酒神信徒们一样如醉如癫，听从毫无节制的狂欢支配，把哀歌和颂歌，阿波罗颂歌和酒神颂歌都不分皂白地混在一起，在竖琴上摹仿笛音，这样就弄得一团糟，他们还狂妄无知地说，音乐里没有真理，是好是坏，都只能凭听者的快感来判定。他们创造出一些淫靡的作品，又加上一些淫靡的歌词，这样就在群众中养成一种无法无天、胆大妄为的习气，使他们自以为有能力去评判乐曲和歌的好坏。这样一来，剧场的听众就由静默变为爱发言，仿佛他们就有了能力去鉴别音乐和诗的好坏。一种邪恶的剧场政体（theatrocracy）就生长起来，代替了贵族政体。如果掌裁判权的民主政体所包括的成员都是些有教养的人，这种风气倒还不至于产生多大害处；但是在音乐里就产生一种谁都无所不知、漫无法纪的普遍的妄想——自由就接踵而来，人们自以为知道他们其实并不知道的东西，就不再有什么恐惧，随着恐惧的消失，无耻也就跟着来了。人们凭一种过分大胆的自由，鲁莽地拒绝尊重比他们高明的人们的意见，这就是邪恶无耻！

三 诗歌的检查制度⁸

雅 ……适宜于高贵身体和宽宏心灵的各种舞蹈我已经描绘过了。现在还有必要来研究一下丑陋的人物和思想，喜剧里旨在逗笑的，在风格、歌调和舞蹈各方面都带有喜剧性的那些因素，以及这些因素所提供的摹仿。对立面都不能没有对立面，没有可笑的事物，严肃的事物就不可理解，一个人可以理解到这两方面，但是如果他多少有些德行，就不能在行动上同时做到严肃与可笑。正是由于这个道理，他应该学会懂得这两方面，以免在无知中做出不合适的可笑的事，或是说出不合适的可笑的话——他应该叫奴隶们和雇来的异邦人来摹仿这类可笑的事物，但是自己决不能认真的研究这种摹仿，自由的男女⁹也不应该被人发现在学习这一套。这种摹仿应该经常见出某种新奇的成分。我们就把这几点在我们的法律里和在我们的谈论里都规定下来，作为关于叫作喜剧的那一类逗笑的娱乐和规章。

如果有哪一位写悲剧的号称严肃的诗人到我们这里来，向我们说："诸位异邦人，我们是否可以把我们的诗篇带进你们的城邦来？关于这方面你们有什么意旨见教？"我们应该怎样回答这些高明人呢？我的意思是应该这样答复他们："高贵的异邦人，我们按照我们的能力也是些悲剧诗人，我们也创作了一部顶优美、顶高尚的悲剧。我们的城邦不是别的，它就摹仿了最优美最高尚的生活，这就是我们所理解的真正的悲剧。你们是诗人，我们也是诗人，是你们的同调者，也是你们的敌手。

最高尚的剧本，只有凭真正的法律才能达到完善，我们的希望是这样。所以你们不要设想我们会突然允许你们在市场搭起舞台，介绍你们这批演员的美妙的声音，把我们自己的声音掩盖住，让你们向我们的妇女们、儿童们以及一般平民来谈论我们的制度，用的不是我们的语言，甚至是和我们的语言相反的语言。一个城邦如果还没有由长官们判定你们的诗是否宜于朗诵或公布，就给你们允许证，它就是发了疯。所以先请你们这些较柔和的诗神的子孙们把你们的诗歌交给我们的长官们看看，请他们拿它们和我们自己的诗歌比一比，如果它们和我们的一样或是还更好，我们就给你们一个合唱队 [10]；否则就不能允许你们来表演。"我们就把这些规矩定为一切舞蹈和舞蹈教学的法律；如果你不反对，把关于奴隶们的规定和关于主子们的规定也分别开来。

（根据 Jowett 的英译本第三版译）

注释

1. 这一段选译自卷二，653A 至 660A。

2. 在希腊文中"合唱"与"欢喜"在字形上略相近。"合唱"是歌、乐、舞的混合，原是在节日独立表演的，后来成为悲剧的一个组成部分。

3. "好""坏"两字在希腊文里往往指善恶，有时也指美丑。

4. 这个问题没有马上得到回答，但是从下文可见，柏拉图把道德的内容看得远比技巧重要。

5. 柏拉图在这里提出美的客观基础和客观标准问题，并且作出明确的答复：他否定了快感作为衡量美丑的标准，肯定了美在道德内容而不在技巧。

6. 我们奖胜利用锦标，希腊人用棕榈。

7. 这一段选译自卷三，700A 至 701B。

8. 原文 nomoi 本义为"法律"又用作"歌曲"。

9. 这一段选译自卷七，816D 至 817E。

10. 上文指的是奴隶主，这里指的是自由民，自由民既非奴隶主，又非奴隶，大半是城市中经营工商业者。

11. 参看第 58 页注 14。

题解

伊安篇

　　伊安是一个职业的诵诗人。古希腊的文学类型是史诗、悲剧和抒情诗。悲剧由演员在剧场里表演，史诗和抒情诗由诵诗人在祭典和宴乐场合朗诵。朗诵之外他还可以自出心裁演述，有如中国的"说书"。伊安的拿手诗是荷马的两部大史诗：《伊利亚特》和《奥德赛》。

　　《伊安》是柏拉图的一篇较早的最短的对话。谈论的主题是：诗歌的创作是凭专门技艺知识还是凭灵感？答案是它只凭灵感。若论专门技艺知识，诗人和诵诗人在谈驾马车时比不上车夫，在谈打鱼时比不上渔夫。至于诵诗本身是怎样一种专门技艺，伊安始终说不出，可见诗歌并不是一种专门技艺。尽管荷马歌咏的是战争，谈到军事，荷马所给的知识并不能使人当将官带兵。艺术既不靠某一种专门知识，也就不能给予人某一种专门知识。

　　这是一篇最古的谈艺术灵感的文献。灵感说在希腊并不通行，当时通行的是摹仿说，以为文艺是现实世界的仿本。灵感说无疑地夹杂有原始社会的迷信，但是它之所以起来，是由于认识清楚了文艺不能如法炮制，它的心理活动不是通常的理智，它的来源不是技艺知识。近代德国浪漫派作家们看重"天才"，天才说实在伏根于灵感说。篇中用磁石吸铁比喻诗人、诵诗人和群众的关系，也颇近似托尔斯泰的"艺术传染"说。当时心理学还没有很发达，灵感的"迷狂状态"也可以说就是艺术创造时的潜意识的酝酿，以及兴高采烈时情感和想象的白热化。柏拉图认识到这些现象对艺术创作的重要性，只是他的解释是不科学的。当时神话的势力还很大，少有人不相信"诗神"，灵感说只是诗神信仰的一个必然结果。

灵感说在柏拉图的思想里始终盘踞着，他后来的许多对话都常提到它，尤其是在《斐德若篇》里。

理想国（卷二至卷三）

《理想国》是柏拉图的最长的最成熟的一篇对话。这篇对话的写作大约是在《会饮篇》之后，《斐德若篇》之前，当时他的年纪在五十岁左右。它的目的在讨论理想国的制度和理想公民的性格。他以为国家与个人的理想都在"正义"，就是社会里各种阶级，个人性格里各种因素，都站在它们所应站的岗位，应统治的统治，应服从的服从，形成一种合理的谐和的有机整体，其中一切都恰到好处。他的理想国以希腊的城邦为模型，范围很小，大部分公民都住在一个城里，成为一个国。所以对话里说到理想国，都把它叫作"城邦"。柏拉图把城邦的统治阶级叫作"保卫者们"其实就是战士们。当时希腊曾屡受波斯的侵略，雅典也曾被希腊的其他城邦侵略，所以柏拉图把训练"保卫者们"当作建立理想国的一个首要的工作。

卷二至卷三所谈的只是保卫者的幼年教育。柏拉图以为教育是终生的事，各种课程应适合年龄与性格的发展。大概地说，十七八岁以前应只有音乐和文学；由十七八岁到二十岁应专重体育与身体的锻炼；由二十岁到三十岁就要转到理智的发展，学习各种科学，同时受军事训练；由三十岁至三十五岁，就到了柏拉图所最看重的集大成的学问，辩证术，以及一般哲学；三十五岁开始从政，实际经验也还是教育。这是教育程序的大要。（参看《法律篇》）

音乐和文学所以是教育的起点。我们把音乐和文学看作两回事，柏拉图把文学看作音乐的一部分，因为文学在古代及原始社会中主要的是诗歌，和音乐本分不开。另一点我们需要了解的是希腊文学是与宗教和神话分不开的，柏拉图所谓"故事"大半指神话和英雄传说。希腊神话和英雄传说的宝库首先是荷马的史诗，其次是悲剧。希腊儿童和青年人的教育内容主要的是荷马史诗，教育方式主要的是演唱或口述，不像我们依靠书本。柏拉图对当时流行的这种文学教育极不满意，在这篇对话里他对于荷马进行了严厉的批评。

柏拉图首先检讨文学的内容。史诗和悲剧的内容，我们已经说过，不外是神话和英雄传说。儿童最富于感受性，所得的印象也最深永。神和英雄既是人所崇拜的，他们的言行在儿童心里所留下的深永印象当然就是形成他们性格的主要影响。希腊史诗和悲剧所描写的神与英雄对形成儿童性格能否发生良好的影响呢？柏拉图从这个观点分析荷马史诗，把它指责得体无完肤。在那里面神和英雄也犯平常人所犯的罪恶，互相争吵、互相陷害、说谎欺哄人、奸淫掳掠、爱财受贿、怕死、遇到灾祸就哀哭、贪图酒食享乐，如此等类的榜样决不能教育青年人学会真诚、勇敢、镇静、有节制。而且史诗悲剧都往往不让好人有好报应，坏人有坏报应，暗示祸福无凭，正义对于主持正义的人不一定有益处。这种思想也是有毒的，总之，就题材内容说，柏拉图要求文学含有健康的道德教训，对青年人有益，他认为希腊文学大部分不合这个标准。

其次，他讨论文学的形式。他专就叙述故事时说话的身份口吻着眼。以这个做分类标准，他发现文学形式不外单纯叙述、摹仿叙述和混合体三种。单纯叙述是作者站在旁观者的地位把故事叙述出来，即普通所谓间接叙述；

摹仿叙述是作者不露面，把人物摆出来，借他们的动作和对话把故事叙述出来，即普通所谓直接叙述，也就是戏剧性的叙述；混合体是时而用单纯叙述，时而用摹仿叙述。柏拉图只赞成用单纯叙述，如果用摹仿叙述，摹仿的对象也只能限于善人善言善行。他认为摹仿对于保卫者们有很坏的影响，一则一个人要专心致志地去做一件事，才能做得好，摹仿许多人物的许多技艺，必定一无所成；二则摹仿比自己低劣的人物，习惯成自然，性格便不免朝低劣转变。柏拉图的这个看法是颇令人惊讶的。当时希腊戏剧最盛行，如果依他的话，戏剧就根本不应存在。荷马史诗大部分也是用直接叙述，那也就要成问题。

谈到音乐本身，当时音乐可以说是诗歌的伴侣。所以柏拉图把它分析成歌词、乐调和节奏三个成分，以为乐调和节奏都应该听命于歌词，不应使歌词迁就乐调和节奏。歌词就是文学，已经谈过。乐调当时流行吕底亚调、伊俄尼亚调、多里斯调、佛律癸亚调四种，各以地域得名。前两种柔缓文弱，后两种严肃雄壮。从训练保卫者来说，柏拉图当然只取后两种。节奏指声音长短起伏。和乐调一样，柏拉图要求它简单，一方面须能表现勇敢，一方面须能表现头脑清醒、镇静、有节制。

由音乐节奏，柏拉图推广到一般艺术的美丑。他在这里谈到美学上一个基本问题。他看出一切艺术都有音乐节奏的道理在里面。美与不美，就要看这音乐节奏是否和谐匀称：它是否和谐匀称，就要看它所表现的心灵品质如何。所以艺术根本是人格的表现。艺术既能表现人格，又能影响人格，所以它在理想国里应该受到最认真的考虑。柏拉图的政治教育基本思想是着重环境，他要环境经过美化或艺术化，使处身其中的人们不知不觉地受它的陶冶，不但知道爱好美，而且"融美于心灵"，形成完美的性格，心中存着一个极准确的美丑标准。有这样的训练，他们睁开眼睛看世界，看到一草一木，一言一行，无论它是多么大或多么小，就马上看出它是美的还是丑的；是美的就加以爱好，是丑的就加以厌恶；像这样的，世界才能走向完美。

记得这个崇高的理想，我们才能理解柏拉图何以一方面那样看重诗和艺术，一方面对当时的史诗和悲剧又那样严厉，要把它们从理想国里驱逐出境。柏拉图并非不要诗和艺术，只是不要当时流行的那种诗和艺术。他说得很明白："我们应该强迫诗人们在他们的诗里只描绘善美东西的影像，否则就不准他们在我们的城里作诗。"在他看，艺术不仅要美，还要与真和善合一，它不仅以产生快感为目的，还要对于国家有用。

柏拉图本是贵族出身，他在这里谈文学音乐教育，全是为统治阶级着想。像在许多其他对话里一样，他对一般平民常存着鄙视的态度。这当然由于他的阶级出身和当时的特殊社会情形。不过他毫不犹疑地主张文学和艺术是政治的一部分，而且必须对社会有益。这个主张却是很健康的。

理想国（卷十）

《理想国》到了第九卷，题中应有之义算是说完了。第十卷一开始就控诉诗人，来得颇突然。这一大段对话好像是一篇独立的文章，插进《理想国》后面作为结论的。柏拉图在卷二至卷三里已讨论过诗，对荷马大肆攻击一番，就决定了不准诗人进理想国。到卷十作结时他又回到诗的问题，可能有三种理由：第一，从卷三定了诗的禁令以后，可能引起爱护诗者的批评，他觉得有答辩的必要；第二，卷二至卷三虽然就分析实例指出诗的坏影响，却没有从基本原则上指出诗的毛病，这问题重要，他觉得在终结之前不能不弥补这个缺陷；第三，理想国能否成功要看它的统治阶级——"保卫者们"——能否受到适宜的教育，养成适宜的性格。诗是希腊教育中重要部分，所以对于诗作合理的决定，是建立理想国的基础。

在希腊文中，诗的原义是"制作"或"创造"，所以诗的原理通于一切艺术。不过希腊人把艺术看得比较宽，包括各种技艺或手工艺在内。柏拉图在《高吉阿斯》对话里把诗和糖果香水的制造等量齐观。在本篇里把他诗人和画家看得比木匠和铁匠还不如。木匠和铁匠还在制作器具，而诗和图画之类艺术只摹仿工匠制作之类现象世界事物。他控诉诗人的第一个大罪状就是从它的本质来说，诗只是一种"摹仿"。他所谓"摹仿"和近代人所谓摹仿不同。近代人把摹仿看作效仿前人作品，是与"创造"相对立的，艺术应有创造性，不应限于摹仿。柏拉图却不是从这个意义看轻摹仿，他所谓摹仿，如镜子摄取事物的影像，是和"制作"（木匠制作床那个意义的"制作"）同意的。诗画尽管有创造性，它还是取现象世界中的形形色色加以剪裁配合，就还是"摹仿"现象世界。在柏拉图看，宇宙间只有"规律""原理大法"——他所谓"理式"——才是真实的，现象世界只是规律的个别事例，"理式"的具体化，所以是按照或"摹仿"理式而来的，可以说是理式的影子或仿本，诗画之类艺术就是摹仿现象世界的某一面相。比如说床，一切床都有"床之所以为床"那么一个理式，那是天生自然的（也可以说是"神造"的），常住不变的，那也才是床的本体或真实体。木匠制床，就要摹仿这个床的理式，如果不抓住"床之所以为床"就不成其为床。他的作品不是床的真实体，只是真实体的仿本，所以和真实体隔着一层，诗人或画家描写床，就要摹仿木匠所制的个别的床，而且还只是那个床从某一时境某一观点所看到的某一面相，所以和真实体又隔着一层。诗画之类艺术只能算是"摹仿的摹仿""影子的影子""和真理隔着三层"。站在哲学家的地位，柏拉图要求的是真知识，而诗画之类艺术所给的只是迷惑人的幻象。希腊人居然奉制造幻象的荷马为教育大师，从他找做人的准则，这尤其是柏拉图所要驳斥的。柏拉图的摹仿虽然看来颇偏，却奠定了艺术的一个基本原则，就是艺术以现象世界为对象，是具体不是抽象的，是要写出实人实境，不是凭空谈道理的。后来浪漫派着重想象，现实派着重现实人生，趋向本来相反，可是都逃不了柏拉图的摹仿说。

诗人的第一个罪状是从哲学的立场看诗的本质所提出的，他的第二个罪状从政治教育的立场看诗的效果所提出来的。柏拉图的《理想国》的主要目的在替"正义"下定义。人性中有三大成分，最好的是理智，其次的是意志，最坏的是情欲。意志和情欲受节制于理智，才达到个人性格的正义。国家有三个阶级，相当于理智的是哲学家，相当于意志的是武士，相当于情欲的工商，武士和工商受哲学家的统治，才达到国家政治的正义。有理想人，才能有理想国。诗人和艺术家不从理智出发，专逢迎人类的弱点，挑动情欲，产生快感，姑求博取声誉。情欲愈受刺激，愈需要刺激，久之成为疾癖，就愈不受理智的节制。希腊人最推崇悲剧。这个影响尤其危险。因为理想国的保卫者们需要勇敢镇静，哀怜癖和感伤癖的滋养就会使他们变成一些没有丈夫气的懦弱者。

柏拉图的基本观点是：诗和艺术应服务于政治，它们的好坏就应从政治教育的影响来看。因此，他提出"效用"一个标准来衡量诗。荷马值不得那样赞赏，因为他既没有给个人以良好的教训，又没有对国家立过功，打过胜仗或是制定过法律。理想国毕竟还可以保留一部分诗，那只是颂神的与歌颂英雄的，因为这类诗对于政治教育有它的效用。因为着重实用，柏拉图以为托诸空言，不如见诸实行，而诗是徒托空言的。他说："宁愿作诗人所歌颂的英雄，不愿做歌颂英雄的诗人。"

最后，柏拉图却替诗留了一点余地。他说：如果有人能替诗辩护，证明她不仅产生快感，而且对国家有用，他还可以准诗回到理想国来。这个挑战首先由他的门徒亚里士多德接受了。《诗学》可以看作对《理想国》卷十的回答。对于诗的本质的罪状《诗学》里有这样一段申辩：

"历史写已然之事，诗写当然之事。因此，诗比历史更富于哲学性，地位更高，因为诗表现共相，而历史只叙述殊相。所谓共相是指什么人在什么样情境所必做的事，必说的话，虽然诗替人物取些专名，它的目的却在这种普遍性。所谓殊相就例如亚尔西巴德那个历史人物所做的或所遭遇的事。"（《诗学》第九章）

这就是说，诗不只是摹仿现象世界的偶然事变，而要见出什么样性格在什么样情境发出什么样言行的道理或规律。诗有"诗的真理"，在实人实境中具体地表现着，并不如柏拉图所说的，只在产生幻象。

其次，对于诗的效果的罪状，《诗学》里有两段答辩：

"一般来说，诗起于两种原因，都是由于人性：第一，人从小就有摹仿本能，他和动物不同，就在他最善于摹仿，很早就借摹仿来学习；其次在摹仿品中得到快感，这也是很自然的。"（《诗学》第四章）

"悲剧……使用一些情节引起哀怜和恐惧，因而完成这些情绪的净化。"（《诗学》第六章）

这就是说，人生来就爱好艺术，这是人的本性，不应摧残；而且情感经过发泄之后，起净化作用，对于身心健康是有益的。所以柏拉图所控诉的第二个罪状不能成立。

本质和效用是诗和艺术的两大根本问题，柏拉图和亚里士多德所提出的两个不同的看法，在大体上奠定了欧洲文艺思想的基础。后来的文艺理论在这两个基本问题上大抵都逃不开这两大壁垒。

斐德若篇

公元前五世纪是希腊文化的大转变期，光辉灿烂的悲剧时期已渐过去，光辉灿烂的哲学时期才渐起来。在过渡之中诡辩家风起云涌。诡辩家大半是修辞家，算是徘徊于文学与哲学之间的。从文学看，他们是文学颓废期的学者，想把文学窄狭化到文法与修辞的伎俩，把生气蓬勃的东西肢解为规律公式，而他们所建立的规律公式又大半是琐屑零乱的。从哲学看，他们以思想为游戏，想在信口雌黄、颠倒是非上显聪明才智，不肯彻底深入，深求真理；但是他们的诡辩也刺激了人们的思想，引起激烈的辩论，对哲学的兴起也不为无功。他们是职业的学者，一方面像近代的律师，常替原告、被告作控诉词和辩护词；一方面像近代的语文教授，开馆授徒，写修辞术教科书，作修辞的模范文，训练学生去做像他们自己那样的诡辩家。他们的生活资源就全靠这两种职业。

苏格拉底对这班诡辩家是深恶痛绝的，一方面因为他们大半同情民主党；一方面因为他们以学问为职业，加以商业化，没有寻求真理的高尚思想，在人格上是可鄙视的。这批诡辩家也敌视他，公元前三九九年苏格拉底以迷惑青年罪被雅典法庭处死，主要的控诉人就是一个诡辩家莱康（Lycon）。

柏拉图写这篇对话，依法国学者罗本和英国学者泰勒的研究，是在苏格拉底屈死之后，也就是说，在《会饮篇》和《理想国》两大对话之后。篇中攻击的对象莱什阿斯是一个诡辩家兼修辞家的代表，当时在雅典是赫赫有名的。对话人斐德若是一个诡辩家和修辞家的信徒，爱好学问而头脑简单，没有批判力。讨论的问题是修辞术怎样才是艺术，是否要从探讨真理出发。这正是当时哲学家与诡辩家所剧烈争辩的一个中心问题。无疑地，柏拉图对诡辩家的讥嘲多少带有发泄对于老师屈死的愤恨的意味。

这篇对话的主题曾经引起长久的争论。从表面看，它显然分成两大部分，前半讨论爱情，顺带地谈到灵魂不朽的问题，后半讨论修辞术，进一步谈到探求真理的辩证术，即柏拉图心目中的哲学，好像前后漠不相关。实际上这篇对话的结构是非常紧凑细密的，而主题也实在只有一个，就是修辞术与辩证术的关系。前半包含三篇讨论爱情的文章，一篇是诡辩家莱什阿斯教修辞术的模范文，主题是爱人应该接受没有爱情的人，因为爱情有许多毛病——一个典型的颠倒是非的诡辩家的论调——一篇是苏格拉底采取这个诡辩家的主题，戏拟一篇在艺术上比原作较成功的文章；第三篇是苏格拉底的翻案文章，爱情的歌颂，文章不仅是文字的播弄——像头两篇那样——而是真理的表现，根据真理，头两篇文章便应根本推翻。爱情不是利害的打算或是肉欲的满足，而是由神灵凭附的迷狂，从人世间美的摹本窥见美的本体所起的爱慕。灵魂借以滋长的营养品，总之，它和哲学是一体的。下半篇转到修辞术即文章怎样才能做得好的问题，就以这三篇文章为实例，加以分析和说明。前半是经验事实，后半是由经验事实提高到原理。《斐德若篇》在文学批评史上可以说是最早的一篇分析作品的批评。

苏格拉底首先奠定了文学艺术的基本大原则；文章必须表现真理。这也就是中国儒家的"修辞立其诚"，诡辩派从头便错，他们所谓"修辞"是迎合听众的成见，强词夺理，混乱是非，在小伎俩上显聪明，来博得观众的赞赏。由于不重视真理，他们不在探求事物本质上下功夫，所以思想条理紊乱，文章的布局不是思想的有系统的发展而是杂乱堆砌。苏格拉底要推翻这种流行的措施的修辞术，而建立一个根据真理表现真理的修辞术。无论讨论什么题目，先要定义正名，把所讨论的事物本质揭开，使参加讨论者和听众都有一个一致的目标，不至甲指的是马而乙指的是驴，各是其说而实在都是文不对题。所以在文章方面：

"头一个法则是统观全局，把和题目有关的纷纭散乱的事项统摄在一个普遍概念下面，得到一个精确的定义，使我们所要讨论的东西可以一目了然。"

这一步综合的功夫做到了，第二步便是分析。"顺自然的关节，把全体剖析成各个部分"，因此见出全体与部分，原则与事例，概念与现象的关系。这两步功夫合在一起就是"辩证术"（dialectic）。这就是真正的修辞术，此外别无所谓修辞术。

一般修辞术课本的作者们爱定下一些琐屑破碎的规矩，以为学者学得了这一套规矩，如法炮制，就可以做出好文章。苏格拉底以为这无异于拾得几个医方就去行医。依他看，离开寻求真理的辩证术，把文章只当作文章来教，是不可能的。文章作为要有三个条件。"第一是生来就有语文的天才；其次是知识；第三是训练"。苏格拉底看重"天才"，所以处处说文学离不掉"灵感"或"迷狂"。在本篇谈爱情迷狂时他就说：

"此外还有第三种迷狂，是由诗神凭附而来的。它凭附到一个温柔贞洁的心灵，感发它，引它到兴高采烈神飞色舞的境界，流露于各种诗歌，颂赞古代英雄的丰功伟绩，垂为后世的教训。若是没有这种诗神的迷狂，无论谁去敲诗歌的门，他和他的作品都永远站在诗歌的门外，尽管他自己妄想单凭诗的艺术就可以成为一个诗人。"

所谓"诗的艺术"就是诗的"技巧"，正是修辞家拿来教人的。苏格拉底以为修辞术本身是无教的。如果要在知识学问下面下功夫的话，倒有两种学问是有裨益的。第一是自然科学：

"凡是高一等的艺术，除掉本行所必有的训练以外，还需要对于自然科学能讨论，能思辨；我想凡是思想既高超而表现又能完美的人像是从科学学得门径。伯里克理斯的长处就在此。"

所谓"本行所必有的训练"并非修辞家的琐碎规矩，而是他所提倡的"辩证术"，其实就是哲学。问津于自然科学，正是取它的方法来充实辩证术。其次是近代所谓"心理学"。"修辞术所穷究的是心灵……命意遣词，使心灵得到所希冀的信念和美德"。心灵是有各种各样的，文章也是有各种各样的。作者应能了解哪一类文章宜于感动哪一类心灵，然后有的放矢，苏格拉底早就看出文学艺术与听众的重要关系，这是值得特别注意的。

在苏格拉底时代，除掉诗以外，还很少有写的文章（只有希罗多德的历史之类少数著作是写的散文），当时修辞术所研究的主要的还是怎样说话，在法庭里辩护，在公共场所里演说，或是在私人集会里讨论。不过散文写作已经开始流行了，这要归功于诡辩派学者，尤其是本篇所攻击的莱什阿斯和伊索克拉特。当时还有人以为"文章写作"（Logographie）是一件不光荣的事。苏格拉底一方面以为它本身没有什么可耻，写得坏才可耻；一方面也以为文字书籍有它的限制和流弊，它是哑口的，你不能和它对质，而且它养成思想的懒惰。它的最大功用不过是备忘。比它较胜的是口说的文章。但是最好的文章是哲学思想的孕育，不是写在纸上而是写在直接受教者的心灵里的。文章是人格的表现，一个作者永远比他的作品要伟大。

这篇对话和《会饮篇》可以看作姊妹篇，都是一般学者公认为柏拉图思想的精华。对话集所常讨论的主题如"理式""爱情""灵魂不朽""哲学修养""灵与肉的冲突"之类的在这里都得到透辟的讨论。"苏格拉底式的辩证术"在这里也得到一个简要的说明。

大希庇阿斯篇

　　柏拉图的三十几篇对话里有许多篇连带着谈到美的问题，专以美为主题的只此一篇。《希庇阿斯》有大小两篇，小篇谈恶起于无知。大篇较长，写得比较好，时代也略较先，所以叫作"大"，十九世纪学者们多怀疑这篇是柏拉图的门徒所拟作的，现代学者们多认为这篇还是柏拉图自己作的，不过是在早期作的。

　　希庇阿斯像《斐德若篇》里的莱什阿斯一样，是一个诡辩者，以教辩论为职业的。他一见到苏格拉底，就自夸他的声名和文章，说不久要公开朗诵他的作品，请苏格拉底去听。苏格拉底说，要判别文章的美丑，先要知道美是什么，他有一个论敌就曾拿这个问题盘问过他，他想请教高明的希庇阿斯，以备下次好去应战。苏格拉底就假装那个论敌，和希庇阿斯对辩美的问题。这位假想的论敌其实还是苏格拉底。用一个第三者的口吻，他可以痛快地讥嘲他所厌恶的诡辩者一番。这篇只有开场几段希庇阿斯自夸的话没有译。到了美的正题以后，全文都译在这里。

　　苏格拉底要求的是美本身的定义，希庇阿斯只能拿个别的美的事物来回答他。第一个答案是："美就是一位年轻漂亮的小姐。"苏格拉底半开玩笑似的说，一匹母马或是一个汤罐也可以是美的。如果以为马和罐的美不及美人的美，美人的美比起神仙的美就显得丑了。所以美人的美是相对的，可以看成美，也可以看成丑，全看和她作比较的是什么。第二个答案是："黄金是使事物成其为美的。"那么，一个有名的雕刻家为什么不用黄金而用象牙去雕女神的面目呢？并且身子用石头呢？这就引起第三个答案："恰当的就是美的。"但是"恰当"这个品质使事物美，是在实际还是在外表呢？在苏格拉底看，实际的外表是不一定相关的，因为如果实际美，外表也就一定美，人们对于美就不应该有分歧和争辩。并且"恰当"是一个原因，它不能同时

283

产品"实际美"与"外表美"两个结果。如果依希庇阿斯所承认的，恰当只使事物外表美，那就会只是一种错觉而不是美本身。至于恰当是否产生实际美，对话并没有明白地谈到。辩来辩去，美终于"从手里溜脱了"。希庇阿斯穷于应对，颇想临阵脱逃。苏格拉底留住他，换了一个讨论的方式，他自己提出一些可能的定义来逐一讨论。

头一个可能的定义是：美就是有用的。人、物乃至于习俗制度取某一形式，而那个形式适合他或它的功用，就显得美。但是有用是能发生效果，效果可好可坏，效果坏，纵然有用，还不能算是美。因此，这定义须修正为：美就是有益的，用于善的方面，产生好效果。美于是成为善的原因。但是因与果不同，美与善也就不能是一回事。于是提出第三个可能的定义：美就是视觉和听觉所生的快感。许多美的事物都是悦耳悦目的。但是仔细想起，这定义还是有许多困难。习俗制度的美是否由视听察觉？如果美就是感觉的愉快性，何以视听以外的快感如食色之类就不能算是美？视觉所生的快感不能由听觉生，听觉所生的快感也不能由视觉生；如果美是"视觉和听觉所生的快感"，单是视觉或听觉所生的快感就不能成其为美。依这个推理，美就属于二而不属于二之中各一，这却是希庇阿斯所反对的。因此，使视听两种快感成其为美的便不是这两种快感本身，而是它们俩所公用而且每种也单独有的某个共同性质。快感之上还要找出一个形容词，我们是否可以把刚才所放弃的"有益的"那个概念加在快感之上，说"美就是有益的快感"呢？原来驳倒"有益的"那个概念的理由仍然存在：有益的是产生好结果的，因果非一，所以"美"这个因就不等于"有益的快感"这个果。说来说去，"美本身是什么"，这个问题终无着落。至于希庇阿斯已经一度提起而现在又提起的那个看法——美就是做出作品，博得听众赞赏，既得名，又得利——只是拿来嘲笑诡辩家的，当然不攻自破。对于苏格拉底自己，他承认了无能，这番讨论只给了他一点益处，就是明白了美的问题是难的。

所以这篇对话只推翻了一些流行的看法，并没有得到一个结论。这是柏拉图早年的作品，他还在摸索中，既然没有见到一个结论，就不勉强下一个结论。他使我们看到的是诚实，是正在发展中的思想那种徘徊犹豫的情况。他虽然驳斥了"恰当的""有用的""有益的""发生快感的"那些概念，可是从他的后来许多对话看，他始终隐约感到这些概念与美有密切的关联。他攻击悲剧喜剧，就因为它们逢迎快感。他的理想中的艺术是要对国家人民有用有益，参看《理想国》卷十就可以明白。这是一篇未成熟的作品。其中有些不必要的咬文嚼字，也许柏拉图有意要摹仿诡辩家的口吻，借此嘲弄他们。虽然不成熟，这篇对话却仍是美学的重要文献。它是西方第一篇有系统的讨论美的著作，后来美学上许多重要思潮都伏源于此。

会饮篇

会饮在希腊是一种庆祝的礼节。这次的东道主阿伽通的悲剧上演得了奖，因邀几位好朋友在家会饮庆祝。通常会饮有乐伎助兴，因为当天在座的是些哲学家（苏格拉底）、悲剧家（阿伽通）、喜剧家（阿里斯托芬）、科学家（医生厄里什马克）和诡辩派修辞家（斐德若和泡赛尼阿斯），他们决定用座谈代替乐伎，在座的每人依次轮流作一篇爱神的礼赞。六个人从不同的立场，用不同的理由，对爱神大加赞扬了一番之后，门外忽然有一阵吵嚷，当时正在当权的少年政治家亚尔西巴德醉醺醺地带着一群人来祝贺。在座的人请他跟着作一篇爱神的礼赞，他作了，所礼赞的却不是爱神而是苏格拉底。所以《会饮篇》是七篇颂词的总结。

会饮者原来议定要讨论的主题是爱情，全篇画龙点睛处在苏格拉底口述的第俄提玛的关于哲学修养的启示，而全篇总结却在亚尔西巴德对于苏格拉底的赞扬。表面上这里就有三个主题：颂爱情，颂哲学，颂苏格拉底。实际上这三者是统一的，爱情的对象是美，而最高的美只有最高的哲学修养才能见到，苏格拉底就是一个具体的例证，他体现了真善美三者的统一。第俄提玛在她的启示里说得很明白：

"因为智慧是事物中最美的，而爱神以美为他爱的对象，所以爱神必定是爱智慧的哲学家。"

所以从美学观点来说，《会饮篇》所讨论的美并不只是寻常艺术作品的美，这种美在智慧中可以见出，在德行中可以见出，在社会典章文物制度中也可以见出。有一种统摄一切美的事物的最高的美，由个别美形体推广到一切美形体，从此得到形体美的概念（我们一般人所说的美仅止于此）；其次是爱心灵方面的道德美，如行为制度习俗之类；第三步是爱心灵方面学问知识美，即真的美，最后是爱涵盖一切的绝对美，即美的本体。全部进程都是由感性而理性，由个别物事而普遍概念，由部分而全体。全体就是统一永恒的绝对美，是美的止境。爱情的止境。也是哲学的止境。到了这个境界，主体（观者）和对象（所观境）就契合无间，达到统一。

《会饮篇》的写作年代，依一般学者的考订，是和《斐德若篇》《理想国》等最成熟的对话的年代相近，就是在柏拉图刚创立学园不久，正当他五十岁左右的时候（公元前三八五年至三八〇左右）。这篇对话宜与他早年写的《大希庇阿斯篇》合看，在那篇里柏拉图还在试探摸索，批判了几种流行的关于美的见解而自己却没有下一个最后的结论；在这篇里他已胸有定见，提出了真善美合一成为最高理想的看法。这篇对话还宜与同时期的《斐德若篇》合看，从某个意义来看，这篇也可以看成和那篇一样是讨论修辞术的，在两篇里柏拉图都没有忘记和诡辩派修辞家进行斗争的任务，两篇布局也有些类似，拿诡辩派的坏文章来和苏格拉底的好文章来对照，让诡辩派的坏文章相形见绌，甚至题材也很类似，都是当时雅典流行的男子同性爱，都涉及唯心主义的辩证法。但是比较起来，《会饮篇》在思想上更丰富深刻，在文章上也更生动精妙。所以在柏拉图的对话中，《会饮篇》是历来诗人和艺术家们最爱读的一篇，也是对文艺影响最深的一篇。

《会饮篇》也最足以说明柏拉图哲学的矛盾。他也接受了赫拉克利特的一些唯物主义的影响，承认哲学进修次第应从个别形体逐渐上升到概念；他不但发展了苏格拉底的唯心主义的辩证法，而且还吸取了唯物派赫拉克利特的素朴的辩证思想（本篇中引的赫拉克利特的话："一与它本身相反，复与它本身相协，正如弓弦和竖琴。"以及关于高低相反营造成就和谐的讨论，都可以为证），但是这些毕竟不能挽救他不走唯心主义的道路。他正确地看到从个别具体事物出发才能达到普遍概念，可是一达到最高的普遍概念，即绝对概念，他却"过了河就拆桥"，把绝对概念看成独立自在，不依存于经验事实而且超然于经验事实之上的。本来是经验界客观事实造成概念的真实，可是到了概念，柏拉图就以为只有这概念才是真实，而它所自生的那些经验界的客观事实反而只是"幻象"没有真实性。概念既然是"绝对"的，"超时空"的，永远不变的，这就放弃了辩证法的发展观点而走到行而上的迷径。把概念绝对化，认为发展终止于绝对概念，这是柏拉图的基本错误。

斐利布斯篇

《斐利布斯篇》对话的主题是：善是知识与快感的结合，中间顺带地分析了悲剧和喜剧所产生的快感以及单纯形式所产生的快感，前一类快感是夹杂痛感的，后一类快感是不夹杂痛感的。所选的两段是关于一般美感的较早的文献，同时也涉及喜剧性和形式美两个问题。

法律篇

　　《法律篇》是柏拉图晚年写的一部对话的初稿，在风格上虽然比不上其他对话的优美生动，但是代表柏拉图的比较成熟的思想。《法律篇》有"第二理想国"的称号，调子没有《理想国》那么高，但是比较着重政治、法律、教育各方面的实际具体问题。在诗和一般艺术的问题上，柏拉图在《法律篇》里所表现的态度比过去稍微缓和一点，过去他要清洗文艺，驱逐诗人，现在他只强调检查制度。不过他的文艺要为贵族统治服务的基础立场却没有改变，他的反民主的态度也比过去更激烈。

　　对话的场所在克里特岛。参加对话者除雅典客人以外有克里特人克勒尼阿斯和斯巴达人麦格洛斯；本意是要代表三个城邦人的不同的观点，事实上雅典客人始终是主要发言人：他当然就是柏拉图的化身。

译后记

——柏拉图的美学思想

柏拉图（公元前 427 —前 347）出身于雅典的贵族阶级，父母两系都可以溯源到雅典过去的国王或执政。他早年受过很好的教育，特别是在文学和数学方面。到了二十岁，他就跟苏格拉底求学，学了八年（公元前 407 —前 399），一直到苏格拉底被当权的民主党判处死刑为止。老师死后，他和同门弟子们便离开雅典到另一个城邦墨伽拉，推年老的幽克立特为首，继续讨论哲学。在这三年左右时期内，他游过埃及，在埃及学了天文学，考查了埃及的制度文物。到了公元前 396 年，他才回到雅典，开始写他的对话。到了公元前 388 年他又离开雅典去游意大利，应西西里岛锡拉库萨的国王的邀请去讲学。他得罪了国王，据说会被卖为奴隶，由一个朋友赎回。这时他已四十岁，就回到雅典建立他的著名的学园，授徒讲学，同时继续写他的对话，几篇规模较大的对话如《斐东》《会饮》《斐德若》和《理想国》诸篇都是在学园时代前半期写作的。他在学园里讲学四十一年，来学的不仅雅典人，还有许多其他城邦的人，亚里士多德便是其中之一。在学园时代后半期他又两度（公元前 367 和前 361）重游锡拉库萨，想实现他的政治理想，两次都失望而回，回来仍旧讲学写对话，一直到八十一岁死时为止。《法律篇》是他晚年的另一个理想国的纲领。

柏拉图所写的对话全部有四十篇左右，内容所涉及的问题很广泛，主要的是政治、伦理教育以及当时争辩剧烈的一般哲学上的问题。美学的问题是作为这许多问题的一部分零星地附带地出现于大部分对话中的。专门谈美学问题的只有他早年写作的《大希庇阿斯》一篇，此外涉及美学问题较多的有《伊安》《高吉阿斯》《普罗塔哥拉斯》《会饮》《斐德若》《理想国》《斐利布斯》《法律》诸篇。

除掉《苏格拉底的辩护》以外，柏拉图的全部哲学著作都是用对话体写成的。对话在文学体裁上属于柏拉图所说的"直接叙述"一类，在希腊史诗和戏剧里已是一个重要的组成部分。柏拉图把它提出来作为一种独立的文学形式，运用于学术讨论，并且把它结合到所谓"苏格拉底式的辩证法"。这种辩证法是由毕达哥拉斯和赫拉克利特等人的矛盾统一的思想发展出来的[1]，其特点在于侧重揭露矛盾。在互相讨论的过程中，各方论点的毛病和困难都像剥茧抽丝似的逐层揭露出来，这样把错误的见解逐层驳倒之后，就可引向比较正确的结论。在柏拉图的手里，对话体运用得特别灵活，向来不从抽象概念出发而从具体事例出发，生动鲜明，以浅喻深，由近及远，去伪存真，层层深入，使人不但看到思想的最后成就或结论，而且看到活的思想的辩证发展过程。柏拉图树立了这种对话体的典范，后来许多思想家都采用过这种形式，但是至今还没有人能赶得上他。柏拉图的对话是希腊文学中一个卓越的贡献。

但是柏拉图的对话也给读者带来了一些困难。第一，在绝大多数对话中，苏格拉底都是主角，柏拉图自己在这些对话里始终没有出场，我们很难断定主要发言人苏格拉底在多大程度上代表柏拉图自己的看法。第二，这些对话里充满着所谓"苏格拉底式的幽默"。他不仅时常装傻瓜，说自己什么都不懂，要向对方请教，而且有时摹仿诡辩学派的辩论方式来讥讽他的论敌们，我们很难断定哪些话是他的真心话，哪些话是摹拟论敌的讽刺话。第三，有些对话并没有做出最后的结论（如《大希庇阿斯篇》），有些对话所做的结论彼此有时矛盾（例如就文艺对现实关系的问题来说，《理想国》和《会饮篇》的结论彼此有矛盾）。不过尽管如此，把所有的对话摆在一起来看，柏拉图对于文艺所提的问题以及他所做的结论都是很明确的。总的来说，他所要解决的还是早期希腊哲学家所留下来的两个主要问题，第一是文艺对客观现实的关系，其次是文艺对社会的功用。此外，他所常涉及的艺术创作的原动力的问题，即灵感问题，也是德谟克利特早就关心的一个问题。

但是柏拉图是在新的历史情况下来提出和解决这些问题的。他的文艺理论是和当时现实紧密结合在一起的。首先我们应该记起当时雅典社会的剧烈的变化，贵族党与民主党的阶级斗争到了白热化的程度，贵族党失势了，民主党当权了，旧的传统动摇了，新的风气在开始建立了。柏拉图是站在贵族阶级反动立场上的。在学术思想上他和代表民主势力的诡辩学派（许多对话中的论敌）处在势不两立的敌对地位。在他看来，希腊文化在衰落，道德风气在败坏，而这种转变首先要归咎于诡辩学派所代表的民主势力的兴起，其次要归咎于文艺的腐化的影响。他的亲爱的老师在民主党当权下，被法院以破坏宗教和毒害青年的罪状判处死刑，这件事在他的思想感情上投下了一个浓密的阴影，更坚定了他的反民主的立场。他要按照他自己的理想，来纠正当时他所厌恶的社会风气，在新的基础上来建立足以维持贵族统治的政教制度和思想基础。他的一切哲学理论的探讨都是从这个基本动机出发的。他在中年和晚年先后拟定了两个理想国的计划，而且尽管遭到卖身为奴的大祸，还两度重游锡拉库萨，企图实现他的政治理想。他对文艺方面两大问题，也是从政治角度来提出和解决的。

其次，我们还须记起柏拉图处在希腊文化由文艺高峰转到哲学高峰的时代。在前此几百年中统治着希腊精神文化的是古老的神话、荷马的史诗、较晚起的悲剧喜剧以及与诗歌密切联系的音乐。这些是希腊教育的主要教材，在希腊人中发生过深广的影响，享受过无上的尊敬。诗人是公认的"教育家""第一批哲人""智慧的祖宗和创造者"。照希腊文艺的光辉成就来看，这本是不足为奇的。但是到了公元前五世纪，希腊文艺的鼎盛时代已逐渐过去。随着民主势力的开展，自由思想和自由辩论的风气日渐兴盛起来，古老的传统和权威也就成为辩论批判的对象，首先诡辩学家们就开始瓦解神话，认为神是人为着自然需要而假设的（见《斐德若篇》）。但是也有一部分诡辩学家们以诵诗、讲诗和论诗为业，他们之中有一种风气，就是把古代文艺作品看作寓言，爱在它们里面寻求隐藏着的深奥的真理，来证明那些作品的价值。这是一种情况。另一种情况就是在柏拉图时代，希腊戏剧虽然已渐近尾声，但仍然是希腊公民的一个主要的消遣方式。从《理想国》卷三涉及当时戏剧的地方看，柏拉图对它是非常不满的，认为它迎合群众的低级趣味，伤风败俗。在《法律篇》里柏拉图还造了一个词来表现剧场观众的势力，叫作"剧场政体"（Theatrocracy），说它代替了古老的贵族政体（Aristocracy），对国家危害很大。根据这两种情况，从他所要建立的"理想国"的角度，柏拉图对荷马以下的希腊文艺遗产进行了全面的检查，得出两个结论，一个是文艺给人的不是真理，一个是文艺对人发生伤风败俗的影响。因此，他在《理想国》里向诗人提出这两大罪状之后，就对他们下了逐客令。他认为理想国的统治者和教育者应该是哲学家而不是诗人。过去一般资产阶级学者把这场斗争描绘为"诗与哲学之争"，说柏拉图站在哲学的立场，要和诗争统治权，其实这只是从表面现象看问题，忽略了上面所提到的柏拉图在政治上的基本动机，就是要在新的基础上建立足以维持贵族统治的政教制度和思想基础。他理想中的哲学家正是他理想中的贵族阶级的上层人物。所以这场斗争骨子里还是政治斗争。他控诉荷马以下诗人们的那两大罪状同时也是针对当时柏拉图的政敌的——诗不表现真理的罪状也针对着代表民主势力的诡辩学者把诗当作寓言的论调，诗败坏风俗的罪状也针对着民主政权统治下的戏剧和一般文娱活动。

在攻击诗人的两大罪状里，柏拉图从他的政治立场去解决文艺对现实的关系和文艺的社会功用那两个基本问题。现在先就这两个问题进一步说明柏拉图的美学观点。

一 文艺对现实世界的关系

对于文艺与现实的关系，柏拉图的思想里存在着深刻的矛盾，就是在《理想国》卷十里，在控诉诗人时，他把所谓"理式"认为是感性客观世界的根源，却受不到感性客观世界的影响；在《会饮篇》里第俄提玛启示的部分，他却承认要认识理式世界的最高的美，须从感性客观世界中个别事物的美出发；因此他对艺术和美就有两种互相矛盾的看法，一种看法是艺术只能摹仿幻象，见不到真理（理式）；另一种看法是美的境界是理式世界中的最高境界，真正的诗人可以见到最高的真理，而这最高的真理也就是美。

先说他在《理想国》卷十里的看法。在这里他采取了早已在希腊流行的摹仿说，那就是把客观现实世界看作文艺的蓝本，文艺是摹仿现实世界的。不过柏拉图把这种摹仿说放在他的客观唯心主义的基础上，因而改变了它原来的朴素的唯物主义的含义。依他看，我们所理解的客观现实世界并不是真实的世界，只有理式世界才是真实的世界，而客观现实世界只是理式世界的摹本。用他自己的实例来说，床有三种：第一是床之所以为床的那个床的"理式"（Idea，不依存于人的意识的存在，所以只能译为"理式"，不能译为"观念"或"理念"）；其次是木匠依床的理式所制造出来的个别的床；第三是画家摹仿个别的床所画的床。这三种床之中只有床的理式，即床之所以为床的道理或规律，是永恒不变的，为一切个别的床所自出，所以只有它才是真实的。木匠制造个别的床，虽根据床的理式，却只摹仿得床的理式的某些方面，受到时间、空间、材料、用途种种有限事物的限制。床与床不同，适合于某一张床的不一定适合于其他的床。这种床既没有永恒性和普遍性，所以不是真实的，只是一种"摹本"或"幻象"。至于画家所画的床虽根据木匠的床，他所摹仿的却只是从某一角度看的床的外形，不是床的实体，所以更不真实，只能算是"摹本的摹本""影子的影子""和真实隔着三层"。[2] 从此可知，柏拉图心目中有三种世界：理式世界、感性的现实世界和艺术世界。艺术世界是由摹仿现实世界来的，现实世界又是摹仿理式世界来的，这后两种世界同是感性的，都不能有独立的存在，只有理式世界才有独立的存在，永住不变，为两种较低级的世界所自出。换句话说，艺术世界依存于现实世界，现实世界依存于理式世界，而理式世界却不依存于那两种较低级的世界。这也就是说，感性世界依存于理性世界，而理性世界却不依存于感性世界，理性世界是第一性的，感性世界是第二性的，艺术世界是第三性的，柏拉图形而上学地使理性世界脱离感性世界而孤立化，绝对化了。这里我们可以看出，柏拉图的客观唯心主义哲学系统是和他的形而上学的思想方法分不开的。

但是在《会饮篇》第俄提玛的启示里，柏拉图说明美感教育（其实也就是他所理解的哲学教育）的过程，却提出与上文所说的相矛盾的一个看法。他说受美感教育的人"第一步应从只爱某一个美形体开始"，"第二步他就应学会了解此一形体或彼一形体的美与一切其他形体的美是贯通的。这就是要在许多个别美形体中见出形体美的形式"（这"形式"就是"概念"），再进一步他就要学会"把心灵的美看得比形体的美更可珍贵"。如此逐步前进，由"行为和制度的美"，进到"各种学问知识"的美，最后达到理式世界的最高的美。"这种美是永恒的，无始无终，不生不灭，不增不减的。"[3]

从这个进程看，人们的认识毕竟以客观现实世界中个别感性事物为基础，从许多个别感性事物中找出共同的概念，从局部事物的概念上升到全体事物的总的概念。这种由低到高，由感性到理性，由局部到全体的过程正是正确的认识过程。在这里柏拉图思想中具有辩证的因素。他的错误在于辩证不彻底，"过河拆桥"，把本是由综合个别事物所得到的概念孤立化，绝对化，使它成为永恒不变的"理式"。本来概念是一般，是现象的规律和内在本质，的确比个别现象重要。柏拉图把这"一般"绝对化了，认为只有它才是真实的，没有看到"一般之中有特殊，特殊之中有一般"一条基本的辩证的原则。这里我们可以更清楚地看到，柏拉图的形而上学的思想方法和他的客观唯心主义哲学系统是分不开的。

同时我们还要认识到意识形态毕竟为它所自出的社会基础服务。柏拉图的"理式世界"正是宗教中"神的世界"的摹本，也正是政治中贵族统治的摹本。无论是在古代还是在近代，唯心哲学都是神权社会的影子。神权是统治阶级麻痹被统治者的工具，过去的君主都是"天子"，高高在上，"代天行命"。柏拉图要保卫正在没落的雅典贵族统治，必然要保卫正在动摇的神权观念。他强调理式的永恒普遍性，其实就是强调贵族政体（他认为这是体现理式的）的永恒普遍性，他攻击荷马和悲剧家们的理由之一就是他们把神写得像人一样坏，他说"要严格禁止神和神战争，神和神搏斗，神谋害神之类故事"，而且制定了一条诗人必须遵守的法律："神不是一切事物的因，只是好的事物的因"（《理想国》卷三），要保卫神权，就要有一套保卫神权的哲学。柏拉图的"理式"正是神，他的客观唯心主义正是保卫神权的哲学，也正是保卫贵族统治的哲学。

由于在认识论方面柏拉图有这两种互相矛盾的看法，一种以为理性世界是感性世界的根据，超感性世界而独立，另一种以为要认识理性世界，却必须根据感性世界而进行概括化，所以他对艺术摹仿的看法也是自相矛盾的。

从表面看，他肯定艺术摹仿客观世界，好像是肯定了艺术的客观现实的基础以及艺术的形象性。但是他否定了客观现实世界的真实性，否定了艺术能直接摹仿"理式"或真实世界，这就否定了艺术的真实性。他所了解的摹仿只是感性事物外貌的抄袭，当然见不出事物的内在本质。艺术家只是像照相师一样把事物的影子摄进来，用不着什么主观方面的创造活动，这种看法显然是一种极庸俗的自然主义的、反现实主义的看法。由于对于艺术摹仿有了这种庸俗的歪曲的看法，所以艺术和诗的地位就摆得很低。它只是"摹本的摹本""影子的影子""和真理隔着三层"。但是柏拉图心目中有两种诗和诗人。在《斐德若篇》里他把人分为九等，在这九等之中第一等人是"爱智慧者、爱美者、诗神和爱神的顶礼者"，此外又还有所谓"诗人和其他摹仿的艺术家"，列在第六等，地位在医卜星相之下。很显然，柏拉图在《理想国》里所攻击的诗人和艺术家是属于"摹仿者"一类的，即第六等人，绝不是他在这里所说的第一等人。这第一等人就是《会饮篇》里所写的达到"美感"教育的最高成就的人。

这里就有一个重要的问题：这第一等人和第六等人的分别在哪里呢？彼此有没有关系？如果把这个问题弄清楚，我们也就可以看出柏拉图的艺术概念和美的概念都建筑在鄙视群众、鄙视劳动实践和鄙视感性世界的哲学基础上。

第一，我们须记起希腊人所了解的"艺术"（tekhne）和我们所了解的"艺术"不同。凡是可凭专门知识来学会的工作都叫作"艺术"：音乐、雕刻、图画、诗歌之类是"艺术"；手工业、农业、医药、骑射、烹调之类也还是"艺术"。我们只把"艺术"限于前一类事物，至于后一类事物我们则把它们叫作"手艺""技艺"或"技巧"。希腊人却不做这种分别。这个历史事实说明了希腊人离艺术起源时代不远，还见出所谓"美的艺术"和"应用艺术"或手工艺的密切关系。但是还有一个历史事实，就是在古希腊时代雕刻图画之类艺术，正和手工业和农业等等生产劳动一样，都是由奴隶和劳苦的平民去做的，奴隶主贵族是不屑做这种事的。他们对"艺术"的鄙视，很像过去中国封建阶级对于"匠"的鄙视。在希腊，"艺术家"就是"手艺人"或"匠人"，地位是卑微的。笛尔斯在《古代技术》里说过："就连斐狄阿斯这样卓越的雕刻大师在当时也只被看作一个手艺人。"[4] 柏拉图采取了当时一般奴隶主这样轻视艺术技巧的态度。这一方面是由于他轻视奴隶和平民所从事的生产劳动，而技巧或技术一般是与生产劳动分不开的；另一方面也由于他痛恨诡辩学派，而诡辩学派中有许多人为着教学的目的，爱谈文艺和修辞学的技巧，并且写了许多这一类的课本。柏拉图对诡辩学派所谈的技巧一碰到机会就大加讽刺。在他看，艺术创作的首要条件不是技巧而是灵感，没有灵感，无论技巧怎样熟练，也决不能成为大诗人。关于这一点，我们下文还要详谈，现在只说柏拉图所说的第一等人，"爱智慧者、爱美者、诗神和爱神的顶礼者"，正是神灵凭附，得到灵感的人。他有意要拿这"第一等人"和普通的"诗人和其他摹仿的艺术家"对立，来降低这些"第六等人"的身份；而他所谓"爱智慧者、爱美者、诗神和爱神的顶礼者"正是柏拉图理想中的"哲学家"，也就是贵族阶级中的文化修养最高的代表，至于那"第六等人""诗人和其他摹仿的艺术家"则是运用技巧知识从事生产劳动的"手艺人"。所以柏拉图对普通的"诗人和其他摹仿的艺术家"的轻视是有阶级根源的。

特别值得注意的是柏拉图心目中的"爱智慧者、爱美者、诗神和爱神的顶礼者"并无须创作艺术作品，而他们所"爱"的"美"也不是艺术美。柏拉图在他的两篇最成熟的对话里——《会饮篇》和《斐德若篇》——都用辉煌灿烂的词句描写了这些"第一等人"所达到的最高境界：

这时他凭临美的汪洋大海，凝神观照，心中起无限欣喜，于是

孕育无数量的优美崇高的思想语言，得到丰富的哲学收获。如此精
力弥满之后，他终于一旦豁然贯通唯一的涵盖一切的学问，以美为
对象的学问。

——《会饮篇》[5]

那时隆重的入教典礼所揭开给我们看的那些景象全是完整的、
单纯的、静穆的、欢喜的，沉浸在最纯洁的光辉之中让我们凝视。

——《斐德若篇》[6]

从此可知，人生的最高理想是对最高的永恒的"理式"或真理"凝神
观照"，这种真理才是最高的美，是一种不带感性形象的美，凝神观照时
的"无限欣喜"便是最高的美感，柏拉图把它叫作"神仙福分"。所谓"以
美为对象的学问"并不是我们所理解的美学，这里"美"与"真"同义，
所以它就是哲学。这种思想有两个要点，第一个要点是"凝神观照"为审
美活动的极境，美到了最高境界只是认识的对象而不是实践的对象，它也
不产生于实践活动。这个看法正是马克思在《关于费尔巴哈的提纲》里所
说的[7]从"直观"去掌握现实而不是从"实践"去掌握现实。在美学方面这
种思想方法从古希腊起一直蔓延到马克思主义兴起为止，柏拉图在这方面
起了深远的影响。他轻视实践也还是和他轻视劳苦大众的生产劳动分不开
的。凝神观照理式说的第二个要点是审美的对象不是艺术形象美而是抽象
的道理。他对感性世界这样轻视，正是要抬高他所号召的"理式"和"哲学"，
结果是用哲学代替了艺术。这是他从最根本的认识论方面，即从艺术对现
实关系方面，否定了艺术的崇高地位。在这方面，他对后来黑格尔的美学
思想起了深刻影响。黑格尔不但也把艺术看得比哲学低，而且在辩证发展
的顶端，也让哲学吞并了艺术。

这里就有一个问题，柏拉图所说的"第六等人"即"诗人和其他摹仿的艺术家"们的作品能不能拿"美"字来形容呢？柏拉图并不否定一般艺术美，而且在他早年写的《大希庇阿斯篇》对话里专门讨论了艺术和其他感性事物的美。他逐一分析了一些流行的美的定义，例如"美就是有用的""美就是恰当的""美就是视觉和听觉所生的快感""美就是有益的快感"等等，发现每一个定义在逻辑上都不圆满，但是最后并没有得到一个圆满的结论。从后来的一些对话看，柏拉图对于感性事物的美有三种不同的看法。第一种就是在《大希庇阿斯篇》已经提到的"效用"的看法，这其实是他的老师苏格拉底的看法。就是从效用观点，柏拉图在《理想国》和《法律篇》里权衡哪些种类艺术还可以留在理想国里。第二种就是他在《理想国》里所提出的摹仿的看法，艺术摹仿感性事物，感性事物又摹仿"理式"，而"理式"是美的最后的也是最高的根源，所以直接或间接摹仿"理式"的东西也就多少"分享"到理式的美。就艺术来说，它所得到的只是真正的美的"影子的影子"，所以是微不足道的。第三种就是他在《斐德若篇》结合"灵魂轮回"说所提出的一种神秘的看法，就是感性事物的美是由灵魂隐约"回忆"到未依附肉体以前在天上所见到的真美。两个看法都把艺术美看作绝对美的影子。这两种看法和"效用"观点之间有深刻的矛盾。因为效用观点替美找到了社会基础，而另外那两种看法则设法在另一世界找美的基础。这种矛盾是根本无法统一的。

柏拉图把感性事物（艺术在内）的类，看成只是理式美的零星的、模糊的摹本。这种思想所隐含的意义是：美不能沾染感性形象，一沾染到感性形象，美就变成不完满的，这是把形而上学的客观唯心主义哲学推演到极端的一种结论。在这方面，黑格尔比柏拉图就前进了一大步，他肯定了理念与感性形象统一之后才能有美。

就文艺与现实的关系来说，柏拉图还有一个看法是值得一提的，那就是现实美高于艺术美，因为现实美和"理式"的绝对美只隔一层，而艺术美和它就要隔"三层"[8]。在《理想国》卷十里他质问荷马说：

> 亲爱的荷马，如果像你所说的，谈到品德，你并不是和真理隔着两层，不仅是影像制造者，不仅是我们所谓摹仿者，如果你和真理只隔着一层，知道人在公私两方面用什么方法可以变好或变坏，我们就要请问你，你曾经替哪一国建立过一个较好的政府？……世间有哪一国称呼你是它的立法者和恩人？[9]

在柏拉图看，斯巴达的立法者莱科勾和雅典的立法者梭伦才是伟大的诗人，而他们所制定的法律才是伟大的诗，荷马尽管伟大，还比不上这些立法者。荷马只歌颂英雄，柏拉图讥笑他说，他对英雄不会有真正的认识，否则"他会宁愿作诗人所歌颂的英雄，不愿做歌颂英雄的诗人"。他的这种思想到老未变，在《法律篇》卷七里他假想有悲剧诗人要求入境献技，他该这样答复他们：

> 高贵的异邦人，按照自己的能力也是悲剧诗人，我们也创作了一部顶优美、顶高尚的悲剧。我们的城邦不是别的，它就是摹仿了最优美最高尚的生活，这就是我们所理解的真正的悲剧，你们是诗人，我们也是诗人，是你们的同调者，也是你们的敌手。最高尚的剧本只有凭真正的法律才能达到完善，我们的希望是这样。[10]

这就是说，建立一个城邦的法律比创作一部悲剧要美得多，高尚得多。这种思想当然有片面的真理，但是柏拉图也形而上学地把它绝对化了。如果有了实际生活便不要艺术，艺术不就成为多余的无用的活动了吗？

二　文艺的社会功用

柏拉图攻击诗，并非由于他不懂诗或是不爱诗，他对诗的深刻影响是有亲身体会的。在《理想国》卷十里责备荷马的诗有毒素之后，还这样道歉：

> 我的话不能不说，虽然我从小就对于荷马养成了一种敬爱，说出来倒有些于心不安。荷马的确是悲剧诗人的领袖。不过尊重人不应该胜于尊重真理，我要说的话还是不能不说。[11]

因为他认识到诗和艺术的深刻影响，所以在制定理想国计划时，便不能不严肃地对待这种影响。"理想国"有一个重大的任务，就是"保卫者"或统治者的教育，所以柏拉图首先要解决的问题就是诗和艺术在这种教育里应该占什么地位。教育计划要根据培养目标，培养目标既然是一种理想的"保卫城邦"的人，一种他所谓有"正义"的人，那就要问：怎样才算是有"正义"的人或理想人？柏拉图对于理想人的看法是和他对于理想国的看法分不开的。理想国的理想是"正义"，所谓"正义"就是城邦里各个阶级都站在他们所应站的岗位，应统治的统治，应服从的服从，形成一种和谐的有机整体。柏拉图把理想国的公民分成三个等级，最高的是哲学家，其次是战士，最低的是农工商。这后两个等级都要听命于哲学家，国家才能有"正义"。马克思在《资本论》卷一里对柏拉图的这种等级划分曾说过："在柏拉图的理想国中，分工是被说成是国家的构成原则，就这一点说，他的理想国只是埃及种姓制度在雅典的理想化。"[12] 这就是说，柏拉图要在雅典的情况下，把埃及的等级制加以改良，其目的当然仍在维护贵族统治。柏拉图还把这种等级划分应用到人身上去。人的性格中也有三个等级，相当于哲学家的是理智，相当于战士的是意志，相当于农工商的是情欲。人的性格要达到"正义"，意志和情欲也就要受理智的统治，柏拉图既然定了这样的教育理想，他就追问：当时教育的主要途径，荷马史诗、悲剧或喜剧以及与诗歌相关的音乐能否促成这种教育理想的实现呢？能否培养成能"保卫"理想国的理想人呢？

他先就这些文艺作品的内容来仔细检查了一番，发现荷马和悲剧诗人们把神和英雄们描写得和平常人一样满身是毛病，互相争吵，欺骗，陷害；贪图酒食享乐，既爱财，又怕死，遇到灾祸就哀哭，甚至奸淫掳掠，无所不为。在柏拉图看，这样的榜样决不能使青年人学会真诚、勇敢、镇静、有节制，决不能培养成理想国的"保卫者"。

柏拉图谈到这里，还对文艺的影响作了一些心理的分析，他说："摹仿诗人既然要讨好群众，显然就不会费心思来摹仿人性中的理性的部分……他会看重容易激动情感和容易变动的性格，因为它最便于摹仿。"这里所说的"情感"指的特别是与悲剧相关的"感伤癖"和"哀怜癖"。感伤癖是"要尽量哭一场，哀诉一番"那种"自然倾向"。在剧中人物是感伤癖，在听众就是哀怜癖。这些自然倾向本来是应受理智节制的。悲剧性的文艺却让它尽量发泄，使听众暂图一时快感，"拿旁人的灾祸来滋养自己的哀怜癖"，以至临到自己遇见灾祸时就没有坚忍的毅力去担当。喜剧性的文艺则投合人类"本性中诙谐的欲念"，本来是你平时引以为耻而不肯说的话，不肯做的事，到表演在喜剧里，"你就不嫌它粗鄙，反而感到愉快"，这样就不免使你"于无意中染到小丑的习气"。此外，像性欲、愤恨之类情欲也是如此。"它们都理应枯萎，而诗却灌溉它们，滋养它们。"总之，从柏拉图的政治教育观点去看，荷马史诗以及悲剧和喜剧的影响都是坏的，因为它们既破坏希腊宗教的敬神和崇拜英雄的中心信仰，又使人的性格中理智失去控制，让情欲那些"低劣部分"得到不应有的放纵和滋养，因此就破坏了"正义"。

此外，柏拉图还检查了文艺摹仿方式对于人的性格的影响。依他的分析，文艺摹仿方式不外三种。头一种是完全用直接叙述，如悲剧和喜剧；第二种是完全用间接叙述，"只有诗人在说话"，如颂歌；第三种是头两种方式的混合，如史诗和其他叙事诗。柏拉图认为第二种方式最好，最坏的是戏剧性的摹仿。他反对理想国的保卫者从事于戏剧摹仿或扮演。这有两个理由，第一个理由是一个人不能同时把许多事做好，保卫者应该"专心致志地保卫国家的自由""不应该摹仿旁的事"；第二个理由是演戏者经常摹仿坏人坏事或是软弱的人和软弱的事，习惯成自然，他的纯洁专一的性格就会受到伤害。

根据这种种考虑，柏拉图在《理想国》卷三里向诗人们下了这样一道逐客令：

> 如果有一位聪明人有本领摹仿任何事物，乔扮任何形状，如果他来到我们的城邦，提议向我们展览他的身子和他的诗，我们要把他当作一位神奇而愉快的人物看待，向他鞠躬敬礼；但是我们也要告诉他：我们的城邦里没有像他这样的一个人，法律也不准许有像他这样的一个人，然后把他洒上香水，戴上羽冠，请他到旁的城邦去。至于我们的城邦里，我们只要一种诗人和故事作者，没有他那副悦人的本领而态度却比他严肃；他们的作品须对于我们有益；须只摹仿好人的言语，并且遵守我们原来替保卫者们设计教育时所定的那些规范。[13]

到写《理想国》卷十时，他又把这禁令重申了一遍，说得更干脆：

> 你心里要有把握，除掉颂神的和赞美好人的诗歌以外，不准一切诗歌闯入国境。如果你让步，准许甘言蜜语的抒情诗或史诗进来，你的国家的皇帝就是快感和痛感；而不是法律和古今公认的最好的

道理了。[14]

到他晚年设计第二理想国写《法律篇》对话时，他又下了一道词句较和缓而实质差别甚微的禁令。从这三道禁令我们可以看出柏拉图要对当时文艺大加"清洗"的用心是非常坚决的。经过这样大清洗之后，理想国里还剩下什么样的文艺呢？主要的是歌颂神和英雄的颂诗，这种颂诗在内容上只准说好，不准说坏；在形式上要简朴，而且像《法律篇》所规定的，应该像埃及建筑雕刻那样，固守几种传统的类型风格，代代相传，"万年不变"。《理想国》完全排斥了戏剧，《法律篇》略微放松了一点，剧本须经过官方审查，不能有伤风败俗的内容，至于喜剧还规定只能由奴隶和雇佣的外国人来扮演。此外，柏拉图还特别仔细地检查了音乐。在当时流行的四种音乐之中，他反对音调哀婉的吕底亚式和音调柔缓文弱的伊俄尼亚式，只准保留音调简单严肃的多里斯式和激昂的战斗意味强的佛律癸亚式。他的关于音乐的判决书不仅表现出他对于音乐的理想，也表现出他对于一般文艺的理想，值得把原文引在这里：

> 我们准许保留的乐调要是这样：它能很妥帖地摹仿一个勇敢人的声调，这人在战场和在一切危难境遇都英勇坚定，假如他失败了。碰见身边有死伤的人，或是遭遇到其他灾祸，都抱定百折不挠的精神继续奋斗下去。此外我们还要保留另一种乐调，它须能摹仿一个人处在和平时期，做和平时期的自由事业……谨慎从事，成功不矜，失败也还是处之泰然。这两种乐调，一种是勇猛的，一种是温和的；一种是逆境的声音，一种是顺境的声音；一种表现勇敢，一种表现聪慧。我们都要保留下来。[15]

总观以上的叙述，在文艺对社会的功用问题上，柏拉图的态度是非常明确的。他对于希腊文艺遗产的否定，并不是由于他认识不到文艺的社会影响，而是正由于他认识到这种影响的深刻。在许多对话里他时常回到文艺的问题，在《理想国》里他花了全书四分之一的篇幅来反复讨论文艺，对于希腊文艺名著，几乎是逐章逐句地加以仔细检查，假如他不看重文艺的社会功用，他就不会这样认真耐烦。他的基本态度可以用这样几句话来概括：文艺必须对人类社会有用，必须服务于政治，文艺的好坏必须首先从政治标准来衡量；如果从政治标准看，一件文艺作品的影响是坏的，那末，无论它的艺术性多么高，对人的引诱力多么大，哪怕它的作者是古今崇敬的荷马，也须毫不留情地把它清洗掉。柏拉图在西方是第一个人明确地把政治教育效果定作文艺的评价标准，对卢梭和托尔斯泰的艺术观点都起了一些影响。近代许多资产阶级文艺理论家往往特别攻击柏拉图的这个政治第一的观点，其实一切统治阶级都是运用这个标准，不过不常明说而已。

三　文艺才能的来源——灵感说

　　除掉上述两个主要的问题以外，柏拉图在对话集里还时常谈到一个问题，就是文艺创作的才能是从哪里来的？诗人凭借什么写出他们的伟大的诗篇？他的答案是灵感说，但是对所谓灵感有两种不同的解释。

　　第一种解释是神灵凭附到诗人或艺术家身上，使他处在迷狂状态，把灵感输送给他，暗中操纵着他去创作。这个解释是在最早的一篇对话——《伊安》——里提出来的。伊安是一个以诵诗为职业的说书人，苏格拉底追问他诵诗和作诗是否都要凭一种专门技艺知识。反复讨论所得的结论是：无论是荷马或是伊安本人，尽管在歌咏战争，却没有军事的专门知识；尽管在描写鞋匠，却没有鞋匠的专门知识。至于诗歌本身是怎样一种专门技艺，凭借什么知识，伊安始终说不出，当时修辞家们虽然也替诗定了一些规矩，但是学会这套规矩，还是不一定就能作诗，因此柏拉图就断定文艺创作并不凭借什么专门技艺知识而是凭灵感。他说，灵感就像磁石：

> 磁石不仅能吸引铁环本身，而且把吸引力传给那些铁环，使它们也像磁石一样，能吸引其他铁环，有时你看到许多个铁环互相吸引着，挂成一条长锁链，这些全从一块磁石得到悬在一起的力量。诗神就像这块磁石，她首先给人灵感，得到这灵感的人们又把它递传给旁人，让旁人接上他们，悬成一条锁链。凡是高明的诗人，无论在史诗或抒情诗方面，都不是凭技艺来作成他们的优美的诗歌，而是因为他们得到灵感，有神力凭附着。[16]

因此，诗人是神的代言人，正像巫师是神的代言人一样，诗歌在性质上也和占卜预言相同，都是神凭依人所发的诏令。神输送给诗人的灵感，又由诗人辗转输送给无数的听众，正如磁石吸铁一样。这样，柏拉图就解释了文艺何以能引起听众的欣赏以及文艺的深远的感染力量。

灵感的第二种解释是不朽的灵魂从前生带来的回忆。这个解释是在《斐德若篇》里提出来的。依柏拉图的神秘的观点看。灵魂依附肉体，只是暂时现象，而且是罪孽的惩罚。依附了肉体，灵魂就仿佛蒙上一层障，失去它原来的真纯本色，认识真善美的能力也就因此削弱。但是灵魂在本质上是努力向上的，脱离肉体之后（即死后），它还要飞升到天上神的世界，即真纯灵魂的世界。它飞升所达到的境界高低，就要看它努力的大小和修行的深浅。修行深，达到最高境界，它就能扫去一切尘障，如其本然地观照真实本体，即尽善尽美，永恒普遍的"理式"世界。这样，到了它再度依附肉体，投到人世生活时，人世事物就使它依稀隐约地回忆到它未投生人世以前在最高境界所见到的景象，这就是从摹本回忆到它所根据的蓝本（理式）。由摹本回忆到蓝本时，它不但隐约见到"理式"世界的美的景象，而且还隐约追忆到生前观照那美的景象时所起的高度喜悦，对这"理式"的影子（例如美人或美的艺术作品）欣喜若狂，油然起眷恋爱慕的情绪。这是一种"迷狂"状态，其实也就是"灵感"的征候。在这种迷狂状态中，灵魂在像发酵似的滋生发育，向上奋发。爱情如此，文艺的创造和欣赏也是如此，哲学家对智慧的爱慕也是如此。所以柏拉图的"第一等人""爱智慧者、爱美者、诗神和爱神的顶礼者"都是从这同一个根源来的。在柏拉图的许多对话里。特别是在《斐德若篇》和《会饮篇》里，常拿诗和艺术与爱情相提并论，也就因为无论是文艺还是爱情，都要达到灵魂见到真美的影子时所发生的迷狂状态。

唯心哲学都是和宗教上神的信仰分不开的。柏拉图的灵感说的最后根据还是希腊神话。按照希腊神话，人的各种技艺如占卜、医疗、耕种、手工业等等都是由神发明，由神传授的。每种技艺都有一个负专责的护神。诗歌和艺术的总的最高的护神是阿波罗，底下还有九个女神，叫作缪斯。柏拉图说文艺须凭神力或灵感，正是肯定希腊神话中的古老的传说。至于灵魂轮回说本是东方一些宗教中的信仰，大概是由埃及传到希腊的。除掉这个宗教的根源以外，柏拉图的灵感说和迷狂说和上文已提到的贵族阶级鄙视与生产劳动有关的技艺，以及苏格拉底派学者鄙视诡辩学派高谈技艺规矩两个事实也是分不开的。

很显然，灵感说基本上是神秘的反动的。它的反动性特别表现在它强调文艺的无理性。在《伊安篇》里柏拉图一再提到这一点：

> 酒神的女信徒们受酒神凭附，可以从河水中汲取乳蜜，这是她们在神志清醒时所不能做的事。抒情诗人的心灵也正像这样……不得到灵感，不失去平常理智而陷入迷狂，就没有能力创造，就不能

作诗或代神说话。[17]

> 神对于诗人们像对于占卜家和预言家一样，夺去他们的平常理智，用他们做代言人，正因为要使听众知道，诗人并非借自己的力量在无知无觉中说出那些珍贵的词句，而是由神凭附着来向人说话。[18]（重点是引者加的）

这种拿文艺与理智相对立的反动观点后来在西方发生过长远的毒害影响，新柏拉图派的普洛丁（公元 205 — 270）结合柏拉图的灵感说与东方宗教的一些观念，又把艺术无理性说推进了一步，成为中世纪基督教世界文艺思潮中的一个主要的流派。这种反理性的文艺思想到了资本主义末期就与消极的浪漫主义和颓废主义结合在一起。康德的美不带概念的形式主义的学说对这种发展也起了推波助澜的作用。此后尼采的"酒神精神"说，柏格森的直觉说和艺术的催眠状态说，弗洛伊德的艺术起源于下意识说，克罗齐的直觉表现说以及萨特的存在主义，虽然出发点不同，推理的方式也不同，但是在反理性一点上，都和柏拉图是一鼻孔出气的。

柏拉图在提出灵感说时却也见出一些与文艺创作有关的重要问题。首先是理智在艺术中的作用问题。他也看到单凭理智不能创造文艺，文艺创造活动和抽象的逻辑思考有所不同，他的错误在于把理智和灵感完全对立起来，既形而上学地否定理智的作用，又对灵感加以不科学的解释。这是和他把诗和哲学完全对立起来的那个基本出发点分不开的。其次是艺术才能与技艺修养的问题。他也看出单凭技艺知识不能创造文艺，诗人与诗匠是两回事，他的错误也正在把天才和人力完全对立起来，既把天才和灵感等同起来，又形而上学地否定技艺训练的作用。这是和他鄙视劳动人民和生产实践的基本态度分不开的。不过在这问题上他又前后自相矛盾。在《伊安篇》里他完全否定了技艺知识，而在《斐德若篇》里他又说文学家要有三个条件："第一是生来就有语文的天才，其次是知识，第三是训练。"但是总的说来，他是轻视技艺训练而片面地强调天才与灵感的。第三是艺术的感染力问题。他的磁石吸引铁环的譬喻生动地说明了艺术的感染力既深且广，而且起团结听众的作用，这个思想和托尔斯泰的感染说很有些类似，只是他把感染力的来源摆在灵感上而不摆在人民大众的实践生活以及作品内容的真实性与艺术性上，这也说明了他对艺术本质的认识根本是错误的。

四 结束语

柏拉图的一般哲学思想和美学思想都是从他要在雅典民主势力上升时代竭力维护贵族统治的基本政治立场出发的。他的客观唯心主义哲学就是一种借维护神权而维护贵族统治的哲学。他的永恒的"理式"就是神，所居的地位也正是高高在上的贵族地位。只有贵族阶级中文化修养最高的人（"爱智慧者"）才有福分接近这种高不可攀的"理式"，只有根据这种理式，在人身上才能保证理智的绝对控制，意志和情欲的绝对服从；也只有根据这种理式，在国家里才能保证哲学家和"保卫者们"的绝对统治，其他阶级的绝对服从。这样，才能达到理想人和理想国的目的，即柏拉图所谓"正义"。从这个基本立场出发，柏拉图鄙视理式世界以下的感性世界，鄙视与肉体有关的本能，情感和欲望，鄙视哲学家和"保卫者们"以外的劳苦大众，鄙视哲学家的观照以外的实践活动以及和实践活动有关的技艺。

从这个基本立场出发，柏拉图对早期希腊思想家所留下来的美学上两大主要问题提出了极明确的答案。

就文艺对现实世界的关系来说，他歪曲了希腊流行的摹仿说，虽然肯定了文艺摹仿现实世界，却否定了现实世界的真实性，因而否定了文艺的真实性，这也就是否定了文艺的认识作用。这是反现实主义的文艺思想。

就文艺的社会功用来说，柏拉图明确地肯定了文艺要为社会服务，要用政治标准来评价。他要文艺服务的当然是反动政治。在这问题上他也有两个极不正确的看法。第一是他因为要强调政治标准，就抹杀了艺术标准。其次他因为要使理智处于绝对统治的地位，就不惜压抑情感，因而他理想中的文艺不是起全面发展的作用，而是起畸形发展的作用，即摧残情感去片面地发扬理智。

就文艺创作的原动力来说，柏拉图的灵感说抹杀了文艺的社会源泉。只见出艺术的社会功用而没有见出艺术的社会源泉就还不算真正认识到文艺与社会生活的血肉关系。此外，他的迷狂说宣扬了反理性主义。这种反理性的文艺思想在长期为基督教所利用以后，又为颓废主义种下了种子。

柏拉图的两个基本的文艺观点，文艺不表现真理和文艺起败坏道德的作用，都遭到他的弟子亚里士多德的批判，亚里士多德在《诗学》里说明了诗的真实比历史的真实更带有普遍性，符合可然律与必然律，而且诗起于人类的爱好摹仿（即学习）和爱好节奏与和谐的本能，对某些情绪可起净化作用。从此西方美学思想便沿着柏拉图和亚里士多德的两条对立的路线发展，柏拉图路线是唯心主义的路线，亚里士多德路线基本上是唯物主义的路线。如果从文艺创作方法的角度来看，在古代思想家中柏拉图和朗吉努斯所代表的主要是浪漫主义的倾向，亚里士多德和贺拉斯所代表的主要是古典主义和现实主义的倾向。就古代文艺思想对后来的影响来说，也是浪漫主义者侧重柏拉图和朗吉努斯，古典主义者和现实主义者侧重亚里士多德和贺拉斯。

对柏拉图做出恰当的估价并不是一件易事，很有一部分人因为柏拉图是唯心主义的祖师和雅典贵族反动统治的维护者，就对他全盘否定，甚至说柏拉图只能对反动派发生影响，对进步的人类来说，他是毫无可取的。但是在唯物主义的进步的思想家之中，也有持相反意见的。车尔尼雪夫斯基就是一个例子，这位俄国革命民主主义的美学家说，"柏拉图的著作比亚里士多德的具有更多的真正伟大的思想"；对于摹仿说，"柏拉图比亚里士多德发挥得更深刻，更多面"；"柏拉图所想的首先是：人应该是国家公民……他并不是从学者或贵族的观点，而是从社会和道德的观点，来看科学和艺术"，[19]这里把"贵族观点"与"社会和道德观点"看作两回事，不承认柏拉图从贵族观点来看艺术，都是不正确的。但是车尔尼雪夫斯基对柏拉图做出这样高的评价，也不是毫无根据，它至少应该提醒我们对柏拉图不能匆促地下片面的结论。这里牵涉到文化遗产批判继承问题。在历史上像柏拉图这样反动的唯心主义的思想家多至不可胜数，他们是否就不可能在个别问题上有片面的正确的看法呢？如果没有，他们早就应该被人忘去，对进步的人类不会发生丝毫有益的影响。关于这一点，下文还要谈。如果有，我们就应该对具体问题作具体分析，把可能有的正确论点肯定下来，尽管它是片面的。

首先来检查一下柏拉图的影响。在西方相当长的一个时期内，柏拉图的影响是超过了亚里士多德的。在亚力山大里亚和罗马时代，很少有文艺理论家提到亚里士多德，朗吉努斯没有提到他而对柏拉图则推崇备至，连古典主义者贺拉斯也没有提到亚里士多德。亚里士多德在中世纪因为著作稿本丧失，提到他的人大半根据传说，等到十三世纪他的部分著作才由阿拉伯文移译为拉丁文，此后他才逐渐发生影响。柏拉图的学园维持到公元六世纪，他的传统则一直没有断过。朗吉努斯在《论崇高风格》里显然受到他的影响。通过普洛丁和新柏拉图派，他的文艺思想垄断了大部分中世纪。在中世纪柏拉图的思想和基督教的神学结合起来。这确实可以说明它的思想较容易为反动派所利用。但是历史也证明他的思想对进步的人类并非绝对不曾发生有益的影响。在西方近代两大文艺运动中，柏拉图都起了不小的作用。一个是文艺复兴运动。当时意大利人文主义者研究柏拉图的风气很盛，他们十五世纪在意大利文化中心佛罗伦萨建立了一座柏拉图学园，研究柏拉图的思想，定期集会讨论文艺问题和哲学问题，参加这种活动的有大艺术家米琪尔·安杰罗，在当时著名的诗论家之中，从斯卡里格到佛拉卡斯托罗，很少有人没有受柏拉图影响。这情形也并不限于意大利，法国人文主义者杜·伯勒在《法兰西语言的辩护与提高》里以及英国人文主义者锡德尼在《为诗辩护》里都是柏拉图的信徒。另一个是浪漫运动。在这个时期许多诗人和美学家都在不同程度上是柏拉图主义者或新柏拉图主义者，赫尔德、席勒、施莱格尔和雪莱是其中最显著的。歌德本来基本上是一位唯物主义者和现实主义者，但是在他的《关于文艺的格言和感想》里，我们也发现有些段落简直是从新柏拉图主义者普洛丁的《九部书》中翻译过来的[20]。此外，柏拉图对启蒙运动也并非毫无影响。当时英国研究美学的风气是由新柏拉图主义者夏夫兹博里开创的，他是法德两国启蒙运动领袖们所最推崇的一位英国思想家。美学中美善统一的思想是由夏夫兹博里从新柏拉图主义派接受过来，又传到大陆方面去的。德国启蒙运动的先驱文克尔曼也是一位新柏拉图主义者。

这里所提到的柏拉图的影响只是一个粗略的梗概，但已足说明过去进步的人类，曾不断地发现柏拉图的美学思想中有足资借鉴的地方。究竟足资借鉴的地方是些什么呢？要回答这个问题，有必要先指出文化遗产批判继承的历史过程中一个发人深省的现象。每个时代都按当时的特殊需要去吸收过去文化遗产中有用的部分，把没有用处的部分扬弃掉，因此所吸收的部分往往就不是原来的真正的面貌，但也并不是和原来的真正面貌毫无联系。例如柏拉图在哲学上和美学上的中心思想都是"理式"，这是一个客观唯心主义的概念，但是也正是这个概念对后来的影响最大。文艺复兴时代大半把"理式"概念和亚里士多德的"普遍性"概念结合起来或混同起来，从而论证典型的客观性与美的普遍标准。浪漫运动时代大半把"理式"理解为"理想"，康德、歌德、席勒乃至黑格尔所标榜的"理想"都来自柏拉图，但是都是一般与特殊的统一，理性与感性的统一，并不像柏拉图那样把"理式"理解为不依存于感性与特殊的一般。最高的理式是真善美的统一，这是绝对不含感性内容的，但是后来论证现象世界真与美统一或真与善统一者也往往援柏拉图为护身符。再如柏拉图的灵感说和迷狂说都建立在希腊宗教迷信的基础上；到了浪漫运动时代，它却变成"天才""情感"和"想象"三大口号的来源，尽管当时人并不再相信阿波罗、缪斯和灵魂轮回说。

这里只能举这几个突出的事例，足见批判继承的实际情况是复杂的，柏拉图产生过深远的影响也并不是毫无内在原因的。美学史家们一方面要认识到柏拉图的客观唯心主义的反动性，另一方面也要追究他在西方既然起了那么大的影响，他的思想中究竟是否还有什么值得学习的，对于我们来说，这个工作还仅仅在开始。

*　　　　*　　　　*

关于本集的选、译、注——先说选。柏拉图写过近四十篇的对话，其中直接或间接关涉到文艺的很多。这里选的几篇取其最能代表他的文艺思想。《伊安篇》《斐德若篇》和《会饮篇》都译了全文。《大希庇阿斯篇》只删去开头无关本题的一段。《理想国》里最有名的关于文艺的两大部分（卷二至三，卷十）也都全译了。《斐利布斯篇》只选译关于美感的一段。《法律篇》只选译有关文艺教育和检查制度的段落。从这个选集，读者可以见出柏拉图文艺思想的大轮廓和中心观念。

关于译，译者不懂希腊原文，这是本集的基本缺陷。弥补这个缺陷的办法是多搜比较可靠的英法文译本，仔细对照着看，来窥探原文的意思。英译本《柏拉图对话集》有两种，都不完全，一是纠微特（Jowett）一手所译成的，一是《勒布古典丛书》（*Loeb Classical Library*）里由多人分译的。纠微特译本的长处在文字流畅易读，引论及本文的分析也很详细；短处在书成于十九世纪八十年代，比较旧了，对原文常有节略处，许多哲学的名词译的也不很精确。《古典丛书》本较忠实，但因不是成于一人手。名篇好坏不齐。此外零篇英译本甚多。《人人丛书》（*Everyman's Library*）所搜的林德塞（Lindsay）的《理想国》译本大体甚好。法译本以布德学会（Association Guillaume Budé）所印行的《柏拉图全集》为最好。这是由法国几个古典学者如罗本（Robin）、克若瓦塞（Croiset）等分工合作而成的，在译本中时代最近，附有希腊原文对照，每篇有很好的引论，说明写作年代、背景、来源、全篇结构、对话人物以及讨论的主题等等，译文偶附简明的注解。从各方面看，这个法译文都远胜于各种英译文。本集主要依据这个法译文，参照上述两种英译文及林德塞的《理想国》，诗人雪莱译的《伊安篇》，莱意特（G. Wright）译的《斐德若篇》，以及慕尼页（Meunier）的《会饮篇》法译本。《法律篇》因没有找到其他译本，只根据纠微特的英译本。译者所悬的标准只有两个：第一是对原文忠实，第二是译文尽量要流畅可读的口语。

最后说编写的注。这分两种：一是书末的每篇题解，说明各篇要义以及了解全篇所必要的一些知识；一是正文注解，说明典故，援引的书籍，译文有待解释的地方以及长篇中分段大意。这种注解颇有借助于法译本和斯密兹（Smith）的《古典词典》的地方。

译文和注释有些错误或不妥的地方，由罗念生同志根据希腊文审校，提出许多宝贵的意见，译者已遵照他的意见作了一些修改，趁此向他表示感谢。翻译古典是一件艰难的工作，虽经再三校正，错误和缺点恐仍难免，希望读者加以批评和指正。

朱 光 潜

一九六二年十一月校改于北京大学

注释

1. 参看本书第 279—282 页《斐德若篇》的题解：关于苏格拉底式辩证法的说明。

2. 参看本书第 66—75 页。

3. 参看本书第 224—227 页。

4. 阿斯木斯的《古代思想家论艺术》的序论第 9 页所引。

5. 参看本书第 226 页。

6. 参看本书第 111 页。

7. 参看《马克思恩格斯文选》（两卷集）第二卷 402 页第五条。

8. 参看本书第 83 页注 6。

9. 参看本书第 71 页。

10. 参看本书第 266—267 页。

11. 参看本书第 65—66 页。

12. 参看《资本论》第一卷，人民出版社，1953 年版，第 443 页。

13. 参看本书第 50—51 页。

14. 参看本书第 81 页。

15. 参看本书第 52 页。

16. 参看本书第 7—8 页。

17. 参看本书第 8 页。

18. 参看本书第 8 页。

19.《美学论文选》，人民文学出版社，1957 年版，第 129 页—139 页。

20. 例如就顽石和雕像的比较来说明形式与材料的关系。

人名索引

图书在版编目（CIP）数据

柏拉图文艺对话集／（古希腊）柏拉图著；朱光潜译. —— 北京：外语教学与研究出版社，2017.7
（朱光潜译文集）
ISBN 978-7-5135-9316-8

Ⅰ. ①柏… Ⅱ. ①柏… ②朱… Ⅲ. ①柏拉图（Platon 前427－前347）－文艺学－哲学思想 Ⅳ. ①B502.232

中国版本图书馆 CIP 数据核字（2017）第 183507 号

出 版 人	徐建忠
策 划 人	方雨辰
出版统筹	张 颖
特约编辑	曹雪峰　张立康
责任编辑	陈 宇
责任校对	张 畅
装帧设计	彭振威设计事务所
出版发行	外语教学与研究出版社
社 址	北京市西三环北路 19 号（100089）
网 址	http://www.fltrp.com
印 刷	山东临沂新华印刷物流集团
开 本	880×1230 1/32
印 张	10.25
版 次	2018 年 5 月第 1 版 2018 年 5 月第 1 次印刷
书 号	ISBN 978-7-5135-9316-8
定 价	68.00 元

购书咨询：（010）88819926　电子邮箱：club@fltrp.com
外研书店：https://waiyants.tmall.com
凡印刷、装订质量问题，请联系我社印制部
联系电话：（010）61207896　电子邮箱：zhijian@fltrp.com
凡侵权、盗版书籍线索，请联系我社法律事务部
举报电话：（010）88817519　电子邮箱：banquan@fltrp.com
法律顾问：立方律师事务所　刘旭东律师
　　　　　中咨律师事务所　殷　斌律师
物料号：293160001